走 进 田 野 丛 书

我们的田野

行 走 川 桂 粤

主　编◎周大鸣　　副主编◎张斯虹

知识产权出版社

全国百佳图书出版单位

—北 京—

图书在版编目（CIP）数据

我们的田野. 行走川桂粤/周大鸣主编. —北京：知识产权出版社，2021.9
ISBN 978 - 7 - 5130 - 7694 - 4

Ⅰ.①我… Ⅱ.①周… Ⅲ.①大学生—社会实践—调查报告—四川②大学生—社会实践—调查报告—广西③大学生—社会实践—调查报告—广东 Ⅳ.①G642.45

中国版本图书馆 CIP 数据核字（2021）第 178961 号

责任编辑：冯　彤　石红华　　　　　　责任校对：王　岩
封面设计：杨杨工作室·张　冀　　　　　责任印制：孙婷婷

我们的田野
——行走川桂粤

周大鸣　主　编
张斯虹　副主编

出版发行：	知识产权出版社 有限责任公司	网　　址：	http：//www. ipph. cn
社　　址：	北京市海淀区气象路 50 号院	邮　　编：	100081
责编电话：	010 - 82000860 转 8386	责编邮箱：	fengtong@ cnipr. com
发行电话：	010 - 82000860 转 8101/8102	发行传真：	010 - 82000893/82005070/82000270
印　　刷：	北京九州迅驰传媒文化有限公司	经　　销：	各大网上书店、新华书店及相关专业书店
开　　本：	787mm×1092mm　1/16	印　　张：	15
版　　次：	2021 年 9 月第 1 版	印　　次：	2021 年 9 月第 1 次印刷
字　　数：	260 千字	定　　价：	78. 00 元

ISBN 978 - 7 - 5130 - 7694 - 4

编写者名单

（按姓氏笔画排序）

毛继辉　卢义行　白　帆　伍碧怡　刘文迪

刘年华　邢雨歌　余　蕙　吴　仁　吴仁浩

吴冬淳　张曼韵　李国泓　李禧炫　杨凯彬

杨梦婷　陈　意　陈卓敏　麦立丽　周红利

周昕瓴　林佩儿　郑智浩　项锦饶　崔家铭

梁　崴　黄子茹　黄思琦　雷　霄

序

　　博雅项目是中山大学社会学与人类学学院开展的一项综合性社会实践活动。本项目坚持"立德树人"原则，发扬"博雅教育"精神，旨在培养具有人文关怀、公益精神、创新能力和实践能力的新时代大学生。

　　2008年，博雅项目开始筹划，并在2009年首次开展，当时被称为"博雅教育——汶川震后社区重建计划科研考察与志愿服务"活动。博雅项目的初心有两个：一是雪中送炭，为汶川地震灾区的恢复重建工作提供力所能及的帮助；二是立德树人，通过在当地的科研考察和志愿服务，培养学生的社会实践能力和社会责任意识。

　　本项目以人类学、社会学学科特色为基础，从开始重点关注灾后的基础设施建设，到逐渐将调研领域扩大至当地的民族文化、旅游发展、婚姻家庭，甚至是扶贫工作、基础教育等方面。经过十年的积淀，博雅项目取得丰硕的成果。博雅项目的实践教学基地已经从最初由张和清教授主持的映秀站、罗观翠教授主持的水磨站，以及由笔者主持的南坝站，发展到如今地跨三省十地十四个站点的教学实践基地。在十年的探索中，在学校领导、学院老师以及校外社工站点的支持下，博雅项目结合人类学专业知识，将学生培养和灾区重建的研究与服务相结合，逐步探索出"学生—学校—社区"互动的服务实践育人新模式。博雅项目的教学模式和服务成果吸引了中山大学各院系专业的诸多学子参与其中，也受到学校和社会各界的好评。

　　我们采取成果结集的形式，展示博雅项目的成效。此成果集摘录了博雅项目开展的十年里，学生们在田野调查和社会服务工作的部分成果，内容包含当地基础设施的灾后建设、民族习俗、各地区旅游业发展、婚姻家庭、民族特色建筑、灾难记忆、扶贫工作、基础教育等。这些成果均是学生在老师的指导之下，融合多学科的研究视角，结合自身专业优势，共同合作完成的。这既是对过去十年成果的梳理，也是对项目教学成果的一次检阅，恳请各位提出批评和指导！

这本博雅项目十周年的结集，不仅是对过往历次活动沧海撷珠般的挑选和整理，更是对整个项目提纲挈领的总结。同时，我们培养每一位中大学子的批判精神和创新思维，激发他们的公益热情和社会责任感，对他们真正恪行"博学、审问、慎思、明辨、笃行"中大校训寄予希望。博雅项目已然进入第十个年头，在这十年里，有成长、有收获，也有挫折。能够坚持十年举办博雅项目，并将博雅项目发展成现在的规模，实属不易，在此要特别感谢学校和学院的各位领导、老师为博雅项目付出的努力，给予的无私支持。当然，博雅项目的成功还离不开全体师生对学术的钻研，对传统的敬畏，对文化的不懈追求。我们热忱希望每一位志愿者都能践行"德才兼备、家国情怀、领袖气质"的中大人才培养方针，在田野中，在社会中，找寻到真正属于自己的人生价值。

俗话说十年磨一剑，期望呈现在大家面前的十年成果集能让大家看到我们十年的磨砺、十年的努力！

周大鸣

2018 年 6 月 15 日

目　录

第一部分

少数民族社会文化研究

龙脊古壮寨：文化保护与旅游开发中的
多元主体互动（第九届）[*]

一、问题的提出

龙脊村古壮寨，隶属桂林市龙胜各族自治县，位于广西东北部的崇山峻岭之中，是广西龙胜龙脊壮族生态博物馆的所在地。龙脊地区的许多村寨，包括古壮寨、平安寨、大瑶寨、小瑶寨等，以其令人惊叹的梯田耕作方式和颇具特色的各少数民族风情而闻名。❶

古壮寨内有大量的壮族传统文化景观，例如风雨桥、凉亭、石碑等。近年来，人们有意识地对其进行保护。2009 年，县文化局牵头在此建设生态博物馆，2010 年 11 月建成并对外开放。生态博物馆每年都抽出部分经费投入修缮7 座百年古屋和其他一些建筑当中。2015 年，龙脊壮族生态博物馆被评为全国首批生态博物馆示范点之一，此类示范点全国仅 5 个。

然而，由于种种原因，古壮寨没能跟上现代化的步伐。2016 年，广西仅剩 28 个国家级贫困县，而龙胜各族自治县就位列其中。作为位置较为偏远的村寨，由于交通等方面的原因，龙脊村古壮寨的经济发展水平也相对落后。

古壮寨村民主要的经济来源有三个方面：①农产品相关的收入；②外出务

---

* 第九届调研时间为 2017 年。

❶ 文中几个地名间的隶属关系：广西壮族自治区—桂林市—龙胜各族自治县—龙脊镇（又名和平乡）—龙脊村—古壮寨。古壮寨包括平寨、平段寨、侯家寨、廖家寨四个寨子。龙脊村共有 13 个生产小组，其中古壮寨占 9 个，可见古壮寨是龙脊村的主体。本文主要针对古壮寨进行研究。

工的收入；③旅游业相关的收入。其中，农产品相关收入较低；外出务工收入颇高，但带来人口外流、留守儿童、空巢老人等一系列发展问题；旅游业相关收入虽然不算高，但有相当的发展潜力。旅游业被龙胜县"作为全县支柱产业、核心产业、品牌产业来打造"。

在发展旅游业方面，古壮寨并非没有前例可供借鉴。相距仅 2.5 公里的平安寨早在 20 世纪 80 年代就开始进行旅游开发，如今已经形成较为成熟的旅游景点，2016 年游客流量达到 35 万人次。金坑大寨 2003 年开发旅游项目，2016 年游客流量已达 46 万人次。相比之下，2011 年开发的古壮寨，2016 年游客流量为 11 万人次，仍有发展的空间。

在发展的过程中，旅游开发与文化保护显示出了一些矛盾，由此产生了古壮寨自身特有的发展问题。因此，在这个时间点对古壮寨的旅游开发现状、文化保护现状以及二者之间关系进行考察和研究，就显得十分必要。

通过收集相关文献发现，针对龙脊古壮寨的研究主要集中于旅游建筑、环境、农学、法学、民族学、人类学等领域。

就旅游学领域而言，主要有旅游开发模式、以生态博物馆为代表的文化保护等方面的研究，但是这些研究的时间都比较早，有很多是在古壮寨正式开发旅游之前的研究成果。一方面，古壮寨目前的旅游开发与正式开发之前相比，开发更加规范，利益主体更加多元；另一方面，古壮寨的文化保护也与正在开发的阿里旅游活动产生互动。文化保护与旅游开发同处于古壮寨范围中，在这种条件下，出现许多新的问题，这些都是此前的研究所没有关注到的。

古壮寨作为壮族聚居地，具有丰富的旅游资源，除了有规模大、观赏价值高的梯田景观，还有独特鲜明、悠久深厚的壮族文化。古壮寨的旅游开发模式，不仅是观赏梯田的观景旅游，更深层次的是体验民族文化的民族旅游。

国内外学者对于民族旅游的概念说法不一。李忠斌、文晓国在对各种民族旅游概念总结归纳的基础上，提出民族旅游是不同的民族旅游者以某一民族聚居区域为旅游目的地，以该民族文化为内核，以经济、社会生活为主线，以全面了解该民族文化特质及生产、生活状态为目的的一种参与、体验活动。❶ 这是对"民族旅游"较为全面和客观的定义。

民族旅游概念包含以下几个方面的内容。一是旅游者。旅游者具有区别于

---

❶ 李忠斌，文晓国. 对民族旅游概念的再认识 [J]. 广西民族研究，2012（4）：177 - 184.

旅游民族的民族身份符号，是出于各种目的来到旅游地进行旅游的主体。旅游者的旅游目的是多样的，都是为了满足感知、了解、学习、参与、放松、传播等一系列活动产生的真实心理感受。二是民族旅游目的地。民族旅游目的地是客观存在的且能提供旅游活动的民族聚居地。三是民族旅游体验。民族旅游体验是指旅游者对旅游情景的主观判断和价值认定，是基于个人体验的主观感受。四是民族旅游的组织管理。民族旅游的组织管理重点在于旅游目的地的管理，其核心是合理有序地开发利用民族旅游资源，高效地安排、组织旅游活动，提供高质量的旅游产品和服务，使旅游者能获得最大化的旅游效能。❶ 民族旅游的组织管理，本质上是一种旅游开发模式。关于旅游开发模式，当今学者从不同角度做出了不同的研究。从经营管理的角度来看，麻学锋、龙茂兴提出"政府主导、公司运作、社会参与"的开发模式，认为政府需要有力组织、争取政策、合理规划，通过引入市场化管理机制，动员当地居民广泛参与，使多主体联动，合力推动旅游业发展。❷ 从地区发展方式来看，民族村寨旅游成为研究者关注的焦点。"民族村寨"是指具有一定地区性的传统民族文化保护价值的村寨，❸ 它是民族文化保护和发展的载体，是一类重要的民族旅游景区。"民族村寨旅游"则是指以少数民族乡村社区为旅游目的地，以目的地人文事象和自然风光为旅游吸引物，以体验异质文化，满足"求新、求异、求乐、求知"心理动机为目的的旅游活动。它属于民俗旅游范畴，同时又具有乡村旅游和生态旅游的特征。❹ 建立民族生态博物馆，在保护传统民族文化的同时，进行旅游开发，是民族村寨旅游的一种特色。在此研究中，古壮寨的旅游开发模式属于民族村寨旅游类型。

运行民族村寨旅游开发模式的龙脊古壮寨，其比较引人注目的一点便是民族生态博物馆的文化保护模式。

生态博物馆发展模式是龙脊古壮寨文化保护的主要模式。生态博物馆起源于 20 世纪 70 年代的法国，《法国生态博物馆宪章》把生态博物馆定义为"在一定的地域内，由住民参加，把表示在该地继承的环境和生活方式的自

❶ 李忠斌，文晓国. 对民族旅游概念的再认识［J］. 广西民族研究，2012（4）：177 – 184.

❷ 麻学锋，龙茂兴. 欠发达民族地区旅游发展模式研究——以湖南凤凰县为例［J］. 商业研究，2006（14）：179 – 181.

❸ 刘婷. 浅论少数民族地区的传统文化和自然生态的保护及可持续发展：来自建设"民族文化生态村"彝族村寨的调查［J］. 楚雄师范学院学报，2002（5）：53 – 58.

❹ 罗永常. 民族村寨旅游发展问题与对策研究［J］. 贵州民族研究，2003（2）：102 – 106.

然和文化遗产作为整体，以持久的方式，保障研究、保存、展示、利用功能的文化机构"。

中国第一代生态博物馆是 1995 年在贵州展开建设的，分别是梭戛（苗族）、镇山（布依族）、隆里（汉族）和堂安（侗族），挪威专家与中国专家苏东海、胡朝相等共同制定了博物馆的建设指导思想——"六枝原则"。"六枝原则"继承并发展了《法国生态博物馆宪章》的精神，提出了以下内容。

（1）村民是其文化的拥有者，有权认同与解释其文化；

（2）文化的含义与价值必须与人联系起来，并应予以加强；

（3）生态博物馆的核心是公众参与，必须以民主方式管理；

（4）当旅游和文化保护发生冲突时，应优先保护文化，不应出售文物但鼓励以传统工艺制造纪念品出售；

（5）长远和历史性规划永远是最重要的，损害长久文化的短期经济行为必须被制止；

（6）对文化遗产保护进行整体保护，其中传统工艺技术和物质文化资料是核心；

（7）观众有义务以尊重的态度遵守一定的行为准则；

（8）生态博物馆没有固定的模式，因文化及社会的不同条件而千差万别；

（9）促进社区经济发展，改善居民生活。

尹绍亭和乌尼尔在 2005 年探访贵州梭戛与镇山等中国第一代生态博物馆后，提出三个问题：①资料中心不能发挥预期功能，目前阶段与展览馆无异；②资料中心与村寨保护区的文化差异极大，不能实现"文化的就地保护与整体保护"的动机；③建设由政府与专家主导，当地村民参与性弱，"六枝原则"的实现不具备条件。❶

龙脊壮族生态博物馆属于 2005 年启动的广西民族博物馆"1 + 10 工程"，是中国第二代生态博物馆。尹绍亭和乌尼尔在对龙脊壮族生态博物馆的跟踪观察中，发现其在定位、模式构想、"1 + 10"博物馆体系、管理制度和规划上都有令人印象深刻的地方，具体体现在以下几点。

---

❶ 尹绍亭，乌尼尔. 生态博物馆与民族文化生态村 [J]. 中南民族大学学报（人文社会科学版），2009，29（5）：29 – 30.

（1）定位定性结合实际，建设旨在促进社区文化保护、传承和发展，推动社区居民生活水平的改善，基本任务为文物的征集、整理、展示、保护等工作及建设民族文化的研究基地，符合"六枝原则"。

（2）模式构想思路清晰，明确博物馆分为"信息资料中心"与"生态博物馆保护区"，实现了"馆村结合、馆村互动"。

（3）创造性地建立"1+10"博物馆体系，促进博物馆间信息交流与工作合作，探索本土化生态博物馆建设之路。

（4）管理制度较健全，有明确规章制度。

（5）规划比较详细，包括总体思路、历史文化文物资源、保护方法、民意诉求与详细的投资预算等内容。❶

龙脊壮族生态博物馆的建设与运营得到国家的肯定，2011年8月成为首批生态博物馆5个示范点之一。从文献资料来看，龙脊壮族生态博物馆兼顾人文环境与自然环境的保护，与梯田农耕文化相结合，将文化遗产置于该地区整体生态环境中，将文化遗产置于人类生存与发展的动态过程，兼顾生态环境的保育，赋予文化遗产动态、鲜活的生命。❷潘守永和覃琛对龙脊壮族生态博物馆的保护区古壮寨的文化保护现状进行实地考察，着重调查其传统建筑、石文化遗存资源与梯田的保护现状，对其文化气息评价较高，生态博物馆的建设效果较好。

在后续对龙脊壮族生态博物馆的研究中，方昌敢运用"文化空间"的理论对龙脊壮族生态博物馆的建设效果进行评估。方昌敢认为，"文化空间"是在特定的时间与空间内进行的一系列文化元素的展示。❸

方昌敢指出，生态博物馆的运营，实际上是对文化空间的合理配置及发展，即是厘清博物馆领域内的文化生态、文化元素与文化多样性，营造文化气氛、营销文化市场、建设文化内涵，增强生态博物馆文化吸引力，实现游客的文化体验与社区居民文化认同的双重价值。

方昌敢还从中心理念、核心象征、符号系统、社区参与四个层次探讨龙脊

❶ 尹绍亭，乌尼尔. 生态博物馆与民族文化生态村［J］. 中南民族大学学报（人文社会科学版），2009，29（5）：30-31.

❷ 潘守永，覃琛. 龙脊壮族生态博物馆的现在与未来［J］. 中国文化遗产，2011（6）：74.

❸ 方昌敢. 民族生态博物馆旅游可持续发展研究——以广西生态博物馆群为例［J］. 民族论坛，2016（9）：54-55.

壮族生态博物馆的文化空间建构。龙脊壮族生态博物馆的中心理念是在就地保护传统文化的同时，享受现代社会及科技发展的优秀成果；在发展旅游的同时，更加注重自然及文化生态的保护。在中心理念之下，核心象征便是梯田文化、壮族建筑文化、石文化等。具体到符号系统便是对梯田、干栏建筑、弯歌等民族符号的保护。社区参与则是龙脊壮族生态博物馆对符号系统进行保护的主要手段。

应该说，龙脊壮族生态博物馆的建设与发展对"六枝原则"贯彻得比较好，但"六枝原则"是在生态博物馆发展模式主导下的理想状态。当旅游业发展到一定程度后，为生态博物馆的发展注入新活力的同时，也会对生态博物馆所在场域造成冲击，形成一种新的生态——文化保护—旅游开发混合生态。

许多学者都曾针对文化遗产旅游开发中的矛盾进行了深入研究，如赵悦、石美玉提出非物质文化遗产旅游开发中"保护与开发矛盾""开发主体的矛盾""利益相关者之间的矛盾"三大矛盾，并清楚罗列了文化遗产旅游开发中的主要利益主体，[1] 对古壮寨文化遗产旅游目的地开发中的矛盾的讨论和分析有一定参考价值。

此外，也有很多学者注意到了民族村落旅游开发的可持续性问题，而且我国学者对于古村落旅游开发的研究成果十分丰富。如罗剑宏、叶卉宇曾做过针对民族村寨旅游开发可持续性的研究，从村寨发展、资源、村寨稳定等方面分析民族村寨旅游开发可持续的必要性，并对比了可持续发展模式和不可持续发展模式的区别，指出民族村寨旅游可持续发展的困境，并为解决这些困境提供新思路。[2] 文章对于民族村寨可持续旅游开发的研究较为深入，古壮寨作为一个少数民族村寨，从对其的研究中可以获得一些启示，可更好地研究和解决古壮寨现阶段旅游发展遇到的问题。

胡道生在其《古村落旅游开发的初步探究》一文中强调，古村落旅游开发一定要遵循可持续旅游发展规划，不能只是将其视为一个单纯的旅游景点，而是要注重古村落中的居民，要遵循以人为本、保护重于开发的原则。此外胡道生对于古村落旅游开发方向提出几个可行的建议，即观光旅游、康体旅游、

---

❶ 赵悦，石美玉. 非物质文化遗产旅游开发中的三大矛盾探析 [J]. 旅游学刊，2013，28（9）：84–93.

❷ 罗剑宏，叶卉宇. 民族旅游村寨可持续发展困境及路径探讨 [J]. 中华文化论坛，2016（10）：184–190.

修学旅游和生态旅游，遵循这些开发方向能够最大限度上做到保护为主，并保持古村落的原真性。❶ 这些都可以为古壮寨的旅游开发提供参考。

许多学者在研究中都特别强调要保持古村落的原真性。张建忠、刘家明和柴达在《基于文化生态旅游视角的古村落旅游开发——以后沟古村为例》一文中，特别强调古村落旅游开发中要规范旅游市场，保护文化的原真性，倡导保护式开发。❷ 古壮寨在龙脊梯田风景区中有着最为丰富的文化遗产资源，如何在文化保护和开发中取得一个平衡是一项很有意义的研究。

除了开发模式，古壮寨的旅游开发当中还涉及村寨内部居民参与旅游的方式，如村民用自家房屋经营客栈接待游客。齐学栋针对古村落与传统民居旅游开发模式进行研究，提出当前古村居的开发模式主要有外部介入性开发和内生性开发两种，提出当前开发模式中居民素质、投资、产权对于旅游开发效果的影响，❸ 这些都给古壮寨的发展以启示，古壮寨内部应当明确产权、提高居民素质，从而促进文化的保护和旅游的发展。

在以上研究中，针对古壮寨此种情况，不少学者提出体系性的发展思想和解决措施，但我们研究发现，这些建议的效果并不明显。本研究将针对古壮寨现阶段文化保护与旅游开发机制展开调研，通过案例调研、文献研究等方法，厘清各个利益主体间的关系，对古壮寨现阶段旅游开发中的矛盾进行分析，进而找出影响场域内保护与开发体系运行的因素，并提出建议。

基于此，本文的研究问题是：①古壮寨拥有哪些独特的自然资源与历史文化资源？这些资源是否受到良好的保护或是传承？②这些资源是否已经进行或正在进行旅游开发？旅游开发的过程是怎样的？③古壮寨自然与历史文化资源的开发与保护分别遇到什么阻力？④古壮寨的保护与开发之间的关系是怎样的？是否同时存在着张力与黏合力？

研究框架如图 1 所示。

---

❶ 胡道生. 古村落旅游开发的初步研究——以安徽黟县古村落为例 [J]. 人文地理, 2002, 17 (4)：47 – 50.

❷ 张建忠, 刘家明, 柴达. 基于文化生态旅游视角的古村落旅游开发——以后沟古村为例 [J]. 经济地理, 2015, 35 (9)：189 – 194.

❸ 齐学栋. 古村落与传统民居旅游开发刍议 [J]. 学术交流, 2006 (10)：131 – 134.

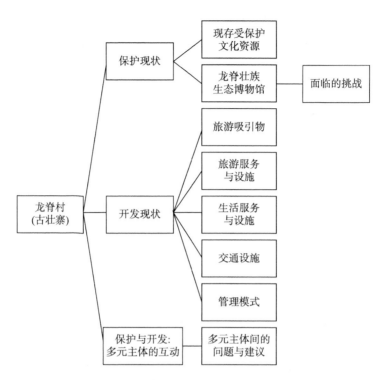

图1 研究框架（资料来源：卢义行）

从理论层面上看，在经济发展中，开发和保护存在着永恒的矛盾。旅游开发作为经济发展的一种手段，开发和保护的矛盾表现得尤为明显。一方面，不开发旅游，当地资源得不到利用和发展；另一方面，保护当地资源，又会给当地旅游开发带来制约。二者的终极目的都是推动当地社会的进步和提高人民生活水平。因此，如何使开发和保护取得一个平衡点并获得最大效益，值得深思。

另外，在现有文献资料当中，专门针对古壮寨开发和保护的研究较少，因此本文也许能在一定程度上为现有研究起到补充作用。

从现实层面上看，古壮寨正处在社会经济发展的上升期，研究当地开发和保护状况，能为当地决策提供资料和理论依据，对于加快当地小康社会建成，保护当地独特的民族文化资源，具有深远的历史意义和现实意义。

从具体的研究方法角度出发，本次对古壮寨进行的调研主要采用下列几种研究方法：调查法、观察法、文献研究法、定性分析法、跨学科研究法、个案研究法和描述性研究法等。

运用调查法、观察法和描述性研究法，我们收集到有关龙脊古壮寨文化保护和旅游开发现状的信息并制作图表、整理成文；运用文献研究法，收集、鉴别、整理相关文献，并通过对文献的研究和对文献中提及的理论的借鉴，形成对古壮寨各方面事实的科学认识；运用定性分析法，通过参与式观察和深度访谈获取资料，对古壮寨的基本情况有了全局性的掌握；运用跨学科研究法，使学科间的知识和视角碰撞，设身处地探究古壮寨的社区生态模式；运用个案研究法，对影响古壮寨资源保护和开发的关键人物和重点事件进行全方位多层次的调查。

本次调研中我们着重使用多种相互补充的研究方法，同时也注意在研究的不同阶段选择、使用不同的研究方法，为调研成果的最终产生奠定基础。

本文以收集到的访谈资料以及古壮寨相关信息为基础，主要对古壮寨文物古迹保护、旅游开发、生态博物馆建设过程中参与各主体间错综复杂的关系进行分析，并试图对相关问题提出自己的看法与建议。

本研究的概念包括：（1）生态博物馆。法国政府在1981年3月界定了生态博物馆的官方定义："生态博物馆是一个文化机构，这个机构以一种永久的方式，在一块特定的土地上，伴随着人们的参与，保证研究、保护和陈列的功能，强调自然和文化遗产的整体，以展现其有代表性的某个领域及继承下来的生活方式。"[1]（2）旅游吸引物。基本概念是指对旅游者能产生吸引力的事物。目前学术界对这个概念的理解和使用方式不但存在国别差异，还存在概念内涵与外延理解的深层次分歧。有学者认为："景点应该是一个独立的单位，一个专门的场所，或者是一个有明确界线的、范围不可太大的区域，交通便利，可吸引大批的游客闲暇时来到这里，作短时间访问。即景点应该是能够界定、能够经营的实体。"[2] 旅游吸引物又称旅游资源，是指"对旅游者具有吸引力的自然存在和历史文化遗产，以及直接用于旅游目的的人工创造物"[3]。

---

[1] 《生态博物馆宪章》。

[2] 约翰·斯沃布鲁克. 旅游景区开发与管理［M］. 龙江智，李淼，译. 北京：旅游教育出版社，2006.

[3] 保继刚，楚义芳. 旅游地理学［M］. 3版. 北京：高等教育出版社，2012.

二、龙脊古壮寨的文化保护现状研究

(一) 现存受保护文化资源

1. 梯田景观

龙脊古壮寨人民的祖先是从河南云阳迁到广西河池，再迁到龙脊的。最初为三个寨子（平寨、侯家寨、廖家寨），后来发展为现在的龙脊十三寨。当地最具特色的文化景观当属梯田。龙脊梯田的开垦始于元朝，已有六百多年历史。整个梯田的灌溉利用的是山顶的流水，利用的是一级级梯田之间联系的水道，充分体现了古代龙脊人的勤劳与智慧。

现古壮寨共有梯田约 800 亩，其中 200 亩已荒废，600 亩仍在种植。梯田既可作水田，也可作旱田，可出产的作物有很多。水稻、糯米、罗汉果、百香果、玉米、西红柿等都是当地村民耕种较多的农作物。农业是古壮寨的根基，梯田是当地村民赖以生存的基础。

梯田文化不仅本身具有特色，还连带催生了其他特色产业。被当地人称为"龙脊四宝"的龙脊茶叶、龙脊辣椒、龙脊水酒、龙脊香糯，正是梯田的特产。此外，当地村民的大型节日（如开耕节）有许多与梯田密切相关。

龙脊古壮寨作为旅游景点开发后，旅游公司每年会给出部分资金来维护梯田，可以说是加强了对梯田的保护。但旅游公司对梯田的保护存在功利性，例如许多非观景区、游客看不到的小块梯田没有得到很好的维护，已经荒废。

另外，古壮寨存在乱建房屋的情况。例如全寨最大的客栈"水云间"就直接建在梯田里，对梯田造成破坏。

由于景观需要，景区管理局规定村民在景观梯田内必须种植水稻，因此梯田每年能产出相当数量的大米。据时任村党支部书记介绍，村里一年种出的大米可供全村食用三年。村中有的农户开设了客栈。多出的大米，除了卖给村中开客栈的农户外，还有剩余。以往，这些剩余农作物销路就不佳，与外出打工收入相比原本就不高的种田收入显得更低。于是有很多年轻人为了谋求更好的发展，去外面城市里工作。村里只留下一部分年轻人和老年人，老年人成为耕种的主力。但老年人毕竟劳动能力有限，导致一些梯田没能力耕种。这也是梯田荒废的一部分原因。

现在，剩余的粮食会由龙脊旅游公司统一收购，这略微增加了农民的收入。

2. 壮族传统建筑

（1）干栏式古木屋。

古壮寨的古木屋为干栏式建筑，全屋采用木质结构建成，有的古屋"整体建筑全靠凿、打眼、木栓穿合，全楼不用一颗铁钉"。地基的选址、大门的朝向、祖宗神，都请地理先生看过，以达到避凶趋吉的意愿。据侯玉金家古屋前"龙脊百年古屋简介"介绍，"干"在壮语中有"上面"之意，"栏"则有"房屋"之意，"干栏"是上下层房屋的意思。

十余年前，古壮寨 240 户人家的房屋全都是祖先留下的木质房屋，整齐美观，其中不乏上百年历史的古屋。据村民透露，近十年来，不断有村民拆除原来的房屋建新房。目前，古壮寨仅剩百年古屋 9 座，能够开放参观的只有 7 座。

古屋的维护工作主要由龙脊生态博物馆承担，但博物馆缺少维护资金，此问题详见下文。

龙脊村被评为全国第一批传统村落，国家拨款 150 万元维护经费。县住房和城乡建设局准备牵头维护，经费先拨到县财政城乡住建部门，再拨到村子。计划先维修百年以上的古屋，其中 105 万元维修 8 座百年古屋，8 万元维护古碑刻等不可移动文物，工作在落实中。

原县国土局曾因一座七十余年历史的木屋建在"农耕保护地"上而将其拆除。

（2）其他建筑景点。

龙脊古壮寨有大量其他的人造景观，绝大多数为石料制成，体现了当地的石文化。表 1 是对这些景观的统计。

表 1　龙脊古壮寨现存古迹统计

名称	数量	内容	地点	现状
百年古屋	9 座	廖志国家（约 160 年）、廖志解家（约 130 年）、廖仕汉家（约 140 年）、侯玉金家（约 150 年）、潘庭飞家（约 110 年）、侯家昌家（约 130 年）、侯德会家（约 150 年）、侯荣明家（约 130 年）、侯荣权家（约 130 年）	廖家寨、侯家寨、平段寨、平寨	生态博物馆已对 7 座古民居进行修缮，保存较完整
凉亭（泉亭）	7 座	清风亭、平寨凉亭、侯家凉亭、八乾亭、龙泉亭、清泉亭、瓦窑凉亭	各村口寨头	完整（生态博物馆已出资进行修缮）

名称	数量	内容	地点	现状
三鱼共首石刻图	1座	三鱼共首寓意廖、侯、潘三姓团结一心	廖家寨风雨桥	原石条已断裂，图案尚清晰。（注：现在所展示出的是后来重新刻的，原来的放在旁边做椅子）
石寨门	2座	万年门、福坚门（皆于光绪年间立）	廖家寨	完整（生态博物馆已出资进行修缮）
记事石碑	6座	《康熙剿瑶营盘石刻》，康熙六年	平段路旁田埂	《康熙剿瑶营盘石刻》较完整；碑1、碑2的碑文字迹已模糊；碑3断为两段（生态博扬馆已出资进行修缮）；碑4已断裂成数块无法修复；《龙胜理苗分府禁革事项碑》碑文字迹模糊
		平段碑碣：1.《奉宪永禁勒碑》，乾隆五十七年；2.《严规安民碑》（龙脊乡规碑），道光二十九年；3.《阆桂腾芳碑》，民国十七年；4.《奉宪永定章程碑》，咸丰十一年	平段寨	
		《龙胜理苗分府禁革事项碑》，清光绪九年	廖家寨	
其他石碑	1座	《永禁安民碑》（禁约碑），道光二年	侯家寨	《永禁安民碑》碑体残缺，碑文字迹模糊
	1座	《依古历碑》（祭祀碑），清同治元年，记载了三寨人对广福大王、莫一大王和三将太子的崇拜	廖家寨	《依古历碑》碑文字迹模糊，碑面有断痕
太平青缸	1座	蓄水池，建于清同治壬申年，是龙脊壮族人民蓄水防火潜在意识的象征	廖家寨	较完整
绣球石刻	1座	位于平段寨的消防水池旁，正面刻有绣球图案	平段寨	已断裂
石板桥	7座	纳远石板桥平段上、下石板桥，潘家石板桥，侯家石板桥，廖家石板桥，拉鱼石板桥，拉强石板桥	村寨各处	一部分保存良好，一部分有断裂现象

3. 壮族传统民俗

古壮寨悠久的历史及特殊的地理环境孕育出了独特的文化，这种文化以壮族文化为基础，紧紧围绕梯田稻作生生不息的发展，代代相传至今。在古壮寨的十天里，我们通过走访龙脊生态博物馆、采访当地村民了解到以下关于古壮寨传统民俗文化的信息。

（1）布贴绣。

布贴绣是用彩布剪出形状，镶缝花边而成型的刺绣类型。图案多为呈现吉祥意义的龙、凤、麒麟、太阳、蝴蝶、三鱼共首等，用于制作背带、腰带、背包、小孩帽子、绣花寿鞋等。❶ 我们采访了寨子里的廖阿婆，她是布贴绣的代表性人物之一。廖阿婆是布贴绣家传第三代，其女儿也掌握了布贴绣这门手艺。阿婆所做的布贴绣主要用于制作背带。我们在采访中发现，阿婆做的布贴绣图案主要是麒麟、龙、凤凰、太阳、蝴蝶，且大部分图案对称。这些图案用在制作背带时，不管男女皆可使用。在古壮寨，外公外婆送刚出生的外孙女、外孙子背带是一个传统。背带除布贴绣外，有的还会加上银饰。不含银饰的布贴绣背带成品价格一般为 1000～2000 元，带银饰的价格在 4000 元以上。制作一副完整的布贴绣背带一般需要一个月的时间。阿婆表示希望这门手艺能在外孙女一辈继续传承下去，但外孙女已嫁至桂林市，并未跟随其学习；村中虽然也有人拜师学艺，但由于自身素质不佳，没能继续学下去。

（2）建房。

古壮寨村民大多称"建房"为"起房子"。房子的朝向由地理先生确定，地理先生要根据主家夫妇的生辰八字来推算吉利的朝向和建房时间。近几年随着生活水平的提高，村民大多选择从外地购买建房的木料，这种方式更加省力省时。木匠师傅建房时不用图纸，整个建房流程都清楚地记在脑海里。建房用的尺子是用木料做成，不同房子对尺寸有不同的要求，所以每建一座房屋，木匠师傅都要根据房屋主人所要求的长、宽、高数据制作新的尺子。在建房子的时候，寨老会去现场，担任主管理事，指挥整个建房过程，安排、调动人员。建房的具体事项则由木匠负责。

按照传统，每间房屋需要 5 根木头做柱子。如今为了方便游客居住，建房时大多只用 4 根木头做柱子。现在很多新建的房屋已经不再严格按照传统的要求来建造，这些房屋内部大多是砖混结构，外部按照旅游公司的要求用木料进行包装。

---

❶ 引用自龙脊生态博物馆资料中心。

但村子里的 9 座百年古屋依旧保留着最传统的壮族干栏建筑的风貌。我们采访了一座百年古屋的主人侯奶奶，她告诉我们古屋大都是用杉木建造的，一棵杉树长到能够建造房屋的程度需要几十年。龙脊生态博物馆也是按照古壮寨传统壮族建筑建设的，从打地基到木匠活都是由当地村民完成的。

（3）上梁仪式。

在古壮寨，建房最重要的仪式就是上梁。这个传统一直沿袭至今，即使是建造现代砖木混合结构的房屋也都会举行上梁仪式。上梁仪式有很多讲究，首先是梁木。梁木需要进山砍，选中做梁木的树木需要有两根树干，砍一根留一根，这样即使树木被砍一根后也能继续生长，当地人对此的说法是："这样树木才有子孙后代，我们不可断绝树的后代。"砍树的人一定要父母双全，讨个吉利，希望上梁的这一家人也一样能家庭幸福。砍树的时间是邀请地理先生来确定，具体到哪一天，哪一个时间段。一般来说，在早上天没亮前就要带上手电筒上山砍树，因为在当地流传着这样一句古话"起房要早，安葬要老"，按照自然规律，上梁要在早晨 9 点之前，安葬老人要在下午。新的房梁随着旭日诞生，去世的人和落日一同归去。砍树的方向以及梁木的摆放也大有讲究。砍树时，树干一定要倒向东边，梁木从山上运下来之后，树冠一定要朝武场方向，并且横着放。

上梁仪式由木匠师傅主持。仪式中，许多木匠师傅爬上梁木，同时还有人在念经。木匠师傅从梁木上往下扔凉粑、糖果，底下的人去抢。这些凉粑用糯米蒸熟，还要用木头或红薯雕刻而成的印章沾红纸在其表面印字。除了扔凉粑，木匠师傅还会在梁木上系上写有祝词的红布条，这些红布条将会一直保留在梁木上。龙脊生态博物馆在建设时也举行过上梁仪式。博物馆保留了一张上梁当天的照片，照片中几位木匠师傅正在往梁木上系红布条，最中间的三条红布上分别写着"上梁大吉""保护生态""万古流芳"。

（4）宗教信仰。

龙脊壮族信仰多神，道、佛、巫三教合一，相互渗透。当地人将专习宗教法事者称为"师公"和"道公"，两者职能各不相同。师公主要主持安花筒、架桥、摆鸡、贡太岁、安香火、安龙、谢坟和祭社等仪式；而道公则主要主持丧葬仪式。❶ 在古壮寨内，廖、侯、潘三姓还信仰各自的灶王神。廖氏家族信

---

❶ 引用自龙脊生态博物馆资料中心。

奉莫一大王；潘氏家族信奉京朝太子；侯氏家族信奉土管一主二主。三姓名有不同的神庙来祭祀灶王神，神庙内有本姓所信奉的灶王神的石刻神像。除了三姓各有的神庙，寨子里还有树神庙、土地庙、水神庙。这些神庙除了莫一大王庙用红砖修缮过以外，其余都由石头堆砌建造而成。

（5）节日。

龙脊地区农耕各个阶段不同的节日。

1）备耕阶段。

① 正月初一至十五：春节。祭祖、探亲、包粽子、打糍粑、唱山歌、郊游对偶。

② 二月社日：春社节。宰猪供社主、唱古缘歌、讲解农事耕作时间和方法。

2）播种阶段。

① 三月初三：上司神农诞辰。杀猪烧香祭祀神农。

② 三月：清明节。祭祖扫墓、蒸糯米饭、做"艾茇粑"。

③ 四月初八：牛王节。祭牛、蒸糯米饭、赶歌圩会期。

3）中耕及田间管理阶段。

① 五月初五：端午节。祭药王菩萨、供奉祖神和庙社、包凉粽、采药。

② 六月初二：五谷庙节。祭祀莫一大王诞辰。

③ 六月初六：尝新节。割青禾、祭谷神。

4）收获阶段。

① 七月十三至十五：盂兰盆节。宰鸡鸭拜祖先、赶歌圩会期、包粽子。

② 八月十五：中秋节。祭祖、吃月饼。

③ 八月：秋社节。秋社节寨子里会组织村民修桥修路，有时也会宰鸡、鸭、猪举行聚会。

5）归仓阶段。

九月初九：重阳节。做糯米粑庆贺新谷登场。❶

近几年为了促进旅游业的发展，龙脊地区每年都会举行隆重的开耕节仪式，时间在三月初三前后几天。在开耕节当天，村民首先穿着壮族民族服装在寨门口迎宾。接着是供田仪式，开耕之前向土地神上香，祈求神灵保佑全寨风

---

❶ 引用自龙脊生态博物馆资料中心。

调雨顺、五谷丰登。仪式完毕，举行大型集体农耕，全体村民在梯田上展开十二道农活。下午最先开始的是爬梯田大赛，参与者事先通过网络或旅游公司报名，大赛的第一名将会获得 1 万元奖金。比赛结束后是梯田捉凤鸡、捉翠鸭活动。夜幕降临，梯田将会亮起火把，同时还有篝火晚会。如今开耕节已经成为一个旅游亮点，每年都会吸引大量的游客。

（6）歌舞。

1）北壮二声部民歌。

北壮二声部民歌分为酒歌和弯歌。酒歌一般于喜筵的当晚，主、客两队坐于堂屋轮流歌唱，歌词为五言四句，第二句的第一或第二字一定要押首一句的尾韵，第三句尾韵押第二句尾韵，而第四句的首一或第二个字定要押第三句的尾韵，引子要用壮语起音。弯歌又称"古壮歌"，多在喜庆场合中围火塘演唱，因其歌词长，弯来弯去而得名。内容多为对人的劝解、各种苦情、农事活动及长篇叙事等。古壮歌曲调开头有一段引子，为上下句结构，每唱完四句歌词唱一句衬腔。侯庆恒是桂林市第二批非物质文化遗产"龙脊二声部民歌"项目代表性传承人。❶

2）山歌。

龙脊壮族山歌可分为劳动歌、酒歌、情歌、婚礼歌、祭祀歌等，用桂柳官话唱，格式如七言绝句，七字为一句，四句为一段，也有开头第一句是三个字的，其中第一、二、四必须押韵。歌词均为即兴编，男女对唱，一方唱完一段，另一方则必须在短时间内对上一段，对不出者为输。歌王更需要反应敏捷，对答迅速，内容机智有趣，在对手众多的情况下有时对歌长达三天三夜不停歇。山歌对唱活动大多在婚娶、进新房、三朝酒等各类红喜事中开展。❷

3）壮族扁担舞。

龙脊壮族将扁担舞称为"椿堂""提榔舞"，是龙脊壮族抒发丰收喜悦心情的传统舞蹈。扁担舞开始是对稻作社会舂米劳动的模拟，后来发展到拿起扁担舞出插秧、打水、赶牛下田、打谷、舂米等一系列水稻生产的过程。❸古壮寨为了适应旅游发展的需要，在村内建造了歌舞表演的场地，组建了自己的歌舞队。歌舞队有四五十位成员，中老年人居多，没有固定的表演时间，只有在

---

❶ 引用自龙脊生态博物馆资料中心。
❷ 引用自龙脊生态博物馆资料中心。
❸ 引用自龙脊生态博物馆资料中心。

旅行团预定的情况下才会进行演出。观看歌舞表演这一项目一般包含在高价旅行团中。

相比之下，黄洛瑶寨有专门的歌舞场，规模较大，另外收取门票费。歌舞表演节目有十几个，团队预订多。

（7）服饰。

龙脊壮族服饰有着浓厚的民族特点。清末以前，龙脊壮族男子上着黑布铜扣大襟衣，下穿黑布龙头大宽裤；女子上着对襟黑色布衣，下穿过膝长裙。民国年间，男上装改着布扣小襟衣或有领破胸对扣便衣，与唐装类似；女上装改为破胸对扣、袖口镶栏干的无领上衣，下装改裙为裤。当今的女装式样则为：头扎绣花白手巾，上身穿青底衫，领边袖边及袖筒均镶红、蓝、绿色花边；下身穿宽口裤，裤筒镶红、蓝、绿三条花边。女子夏季上身多穿白色衣服，龙脊壮族又因此被称为"白衣壮族"，而在秋冬两季则着深黑色服装。❶

据当地人介绍，年龄越大的女性戴的头巾颜色越绿，越年轻的女性戴的头巾则越红。古壮寨妇女所穿的服装都由自己亲手缝制。寨内大部分中老年人都穿传统壮族服装，但年轻一代基本不再穿传统民族服装。

4. 古壮寨石文化

龙脊壮族人民利用当地丰富的石材，创造出了独特的石文化。村寨内有上百年历史的青石板路、青石板桥、木楼石地基、石水缸、石水槽、石寨门、石碾、石磨、石臼、石头墙、石绣球、石庙、石刻，以及一系列的碑刻。

5. 饮食文化

"龙脊糯谷龙脊辣，龙脊水酒龙脊茶"。龙脊有四宝：云雾茶、龙脊水酒、龙脊香糯、龙脊辣椒。"龙脊水酒"风味独特、香醇甜美，是以龙脊本地优质大糯米为原料，按祖传秘方配制的酒药，并用洁净的矿泉水酿制。九月重阳，气候温和，是酿造"龙脊水酒"的最好时机。全寨40岁以上的妇女基本都会酿酒，用于自家饮用、招待客人或销售。❷ 当地人还会在米酒中加入水果酿制果酒，例如百香果酒、野葡萄酒，这些自家酿的酒大多是销售给游客。

---

❶ 引用自龙脊生态博物馆资料中心。
❷ 引用自龙脊生态博物馆资料中心。

（二）龙脊壮族生态博物馆

龙脊壮族生态博物馆位于广西桂林市龙胜各族自治县和平乡东北部龙脊村平寨，是龙胜各族自治县首个壮族历史资料和展品最全面的博物馆。龙脊地区的壮族是广西北部壮族的典型代表，博物馆将展示龙脊地区壮族以梯田景观为代表的山地农业稻作文化、以"白衣"为代表的服饰文化，以干栏民居为代表的居住文化、以碑刻和石板路为代表的石文化、以铜鼓舞和弯歌为代表的歌舞文化，以寨老制度为代表的民族自治制度文化和以"龙脊四宝"为代表的饮食文化。

生态博物馆是一种以特定区域为单位，没有围墙的"活体博物馆"。它强调保护、保存、展示自然和文化遗产的真实性、完整性和原生性，以及人与遗产的活态关系。龙脊壮族博物馆以龙脊古壮寨社区为基础，以原地保护方式对北部壮族传统文化进行原生态状况下的保护与展示，为古壮寨建立起一个旅游与文化保护良性互动的发展模式。

1. 管理结构

（1）龙胜县文化新闻出版广播电视体育局是龙脊壮族生态博物馆的主管单位。相应地，博物馆是一级机关管理下的二级机构事业单位。

（2）龙脊壮族生态博物馆管理委员会是博物馆的运行机构，管委会成员由博物馆馆长、龙脊村村党支部及村委会成员、龙脊村各村民小组组长与广西壮族自治区民族博物馆分管人员组成，每年都会召开会议讨论博物馆的运行管理事宜。管委会贯彻了生态博物馆以社区为本、以居民为本的理念，依托社区居民力量进行发展。由于政府主导、村民积极参与，提高了社区参与度。

（3）目前龙脊壮族生态博物馆还未与龙脊梯田景区管理局和旅游公司形成联动协调机制。虽然博物馆坐落于景区内，但博物馆并未参与门票收成，在文化保护方面也未与景区相关方面有合作。

2. 文化保护经费来源、用途及相关问题

（1）每年县政府会下拨1万至2万元工作经费，主要用于支付水电等费用。生态博物馆只有一个馆长编制，工资是由县财政另外拨款。

（2）龙脊壮族生态博物馆在2015年成为全国生态博物馆示范点，国家一次性拨给300万元的建设经费。经费被用于保护整个村寨，如帮助传统文化示

范户整理文物展示和维修房子。调研得知博物馆已经出资维修了 7 座百年古屋。

（3）2015 年自治区文化厅一次性下拨 65 万元帮助建设生态博物馆。这笔经费与之前的 300 万元用于扩建文化传习中心，内容主要包括建设演出舞台、培训非物质文化遗产艺人传承人、收集文物用于布展等。

（4）自治区文化厅和财政厅调出 1000 多万元作为小文化机构专项资金。龙脊梯田风景区申报世界遗产，位于景区内的龙脊壮族生态博物馆得到了 5 万元的资金支持。

（5）龙脊村入选全国第一批传统村落名单，有 158 万元的经费支持。在经费利用计划中，15 万元用于维修风雨桥头的老村部，30 万元用于维修护城河，105 万元用于维修村内 8 座百年古屋，另有 8 万元维护古碑刻等不可移动文物。但调研时大多数工程没有实施，维修主导方也是住建部门，而非生态博物馆。

（6）生态博物馆管委会是没有经费支持的，文物保护也没有持续性的经费支持。

3. 面临的挑战

（1）生态博物馆与龙脊景区管理局和旅游公司还没有联动起来，在维护经费来源不稳定、不充足的情况下，位于景区内的生态博物馆并未分享到门票的分成。在维护古屋方面，生态博物馆与景区方面也是各做各的，没有紧密的合作。

（2）村民文化保护意识不强，具体表现为在违建问题上村民不理解不配合。由于古壮寨是生态博物馆的载体，同时又在龙脊梯田景区范围内，文化部门与旅游部门为了保护村寨传统民族文化风貌，对建筑做出了严格的限制，包括不准随便拆古屋、房屋保留传统北壮干栏式木质结构等。但不少村民不遵守规则，在建设违章建筑时甚至会出现宗族包庇现象。

三、龙脊古壮寨的旅游开发现状研究

（一）旅游吸引物

本文仅依照旅游吸引物的基本概念进行讨论。根据旅游吸引物的基本概念，龙脊古壮寨的旅游吸引物包括但不限于梯田景观、壮族传统建筑、壮族传统民俗、古壮寨石文化、壮族饮食文化、龙脊壮族生态博物馆。

1. 梯田景观

梯田是在丘陵山坡地上沿等高线方向修筑的条状阶台式或波浪式断面的田地。种植水稻需要大面积的水塘，而中国东南省份却多丘陵而少适于种植水稻的平原地形，为了解决粮食问题，移民至此的农民构筑了梯田，用一道道的堤坝涵养水源，使在丘陵地带大面积种植水稻成为可能，解决了当地的粮食问题。但是梯田的种植对于人力的消耗相比平原要高出很多，而产量没有任何优势，而且对丘陵地带的植被破坏很严重，所以这一耕作方式逐渐被淘汰，现时只为旅游景点。

据龙脊村时任村委会主任介绍，龙胜龙脊古壮寨村落梯田面积共约 1000 亩。由于东北部地势陡峭，难于种植且游客较少，那里的梯田有约 200 亩（20%）已荒废。余下的 800 亩仍在种植，其中作为景观梯田的约 500 亩（50%），冬天收割后梯田会干涸，但其中 250 亩（25%）梯田在冬天也会引水灌溉（即已开发为全年景观田）。图 2 是龙脊村梯田构成的扇形图。

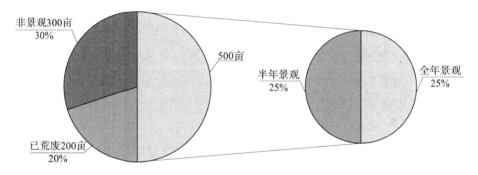

图 2 龙脊村梯田构成（资料来源：梁崴）

龙脊村包括四个古壮寨（平寨、平段寨、侯家寨、廖家寨）和一些小村寨。古壮寨共有 9 个村民小组，小村寨共有 4 个村民小组。据时任村党支部书记介绍，属于古壮寨的梯田共 800 亩，目前荒废 200 亩，有 500 亩开发为景观梯田（必须种植水稻），其中 200 亩在冬天会进行灌水"亮化"处理，以便游客观赏（即全年景观田），如图 3 所示。

古壮寨设有 4 个梯田观景台，即"游龙入江""群龙探海""长沟""始祖田"。作为对比，开发较早的平安寨有两个热门观景台，即"七星望月""九龙五虎"。平安寨设有游客下梯田体验服务，收费 10 元/人，而古壮寨则

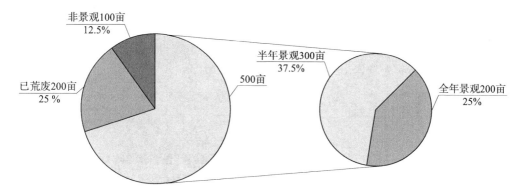

图3　古壮寨梯田构成（资料来源：梁崴）

没有提供此类服务。

在每年的10月8日前，所有的景观梯田不允许收割，以便在国庆节假期期间吸引游客。

寨子游客年流量达到一定程度，旅游公司就会给种植梯田的村民发放补贴。据时任村党支部书记讲述，单个寨子游客年流量在30万至35万人次的，每亩梯田每年会发放500元补贴。客流量达35万人次以上的，每亩梯田每年发放1000元补贴。

梯田的平日灌溉依靠高山流水。在冬天，流水减少，部分梯田会干涸，不利观景。所以水稻田冬天时会进行"亮化"处理，引水灌溉，用水"包住"梯田，每年的费用为十几万元。这些费用旅游公司承担2/3，村委会承担1/3。

2. 壮族传统建筑

古壮寨现存干栏式百年古木屋9座（廖志国家160年、廖志解家130年、廖仕汉家140年、侯玉金家150年、潘庭飞家110年、侯家侣家130年、侯德会家150年、侯荣明家130年、侯荣权家130年），其中7座经过修缮，保存较完好，周围有"百年古屋"标识，成为景点，开发率达78%。7座经修缮的古屋中，有6座由龙脊壮族生态博物馆每年出资修缮，1座（侯玉金家）与旅行社签订协议，配备专门的讲解员，修缮费用由旅行社承担。侯玉金家古屋内有编织袋、银饰、百香果酒、辣椒等物品出售，游客流量最大。

我们将《龙脊壮族生态博物馆文物古迹示意图》中标注出的景点称为"热门景点"。7座古屋中有3座（廖志国、侯玉金、潘庭飞）在示意图上有标注，是热门景点，故作为热门景点的古屋数占总古屋数的33.3%。

从景区售票处去往古壮寨的路上有百年古屋景点指示牌，这些指示牌最终指向的是侯玉金家和潘庭飞家的古屋。

（二）旅游服务与设施

1. 旅游服务

（1）背行李。

我们注意到，在古壮寨景区大门口聚集着帮游客背行李的阿姨阿婆，她们形成了一道独特的风景。进寨那天因为暴雨滂沱而行李又过于沉重，我们也选择了由阿姨阿婆们帮我们把行李背进去（见图4）。

图4　背行李的阿姨阿婆（资料来源：郑智浩）

经过走访我们了解到，龙脊村一共分成13个村民小组，背行李这种行为是以村民小组为单位轮流进行的。古壮寨有9个村民小组。每天由一个村民小组中的阿姨阿婆在景区门口等候游客到来，但每组阿姨阿婆的人数是不固定的，轮到这一组背行李的时候采取自愿原则，阿姨阿婆们愿意去就去，基本每组都会有十几个到二十几个。既然是阿姨阿婆，就说明背行李的人群以中老年妇女为主。背行李是村里刚开始进行旅游开发时就提出来的增加村民收入的做法。村里领导出去考察看到别的地方有这种形式，于是就模仿学习别人的做法。由于从停车场到寨子里面有一定距离，游客以观光为目的带着箱子很不方便，有这些阿姨阿婆帮助背行李既帮游客减轻了负担，又提高了经济效益，是一种两全其美的做法。轮流背行李这种形式是村民自己讨论的结果。一开始是很多阿姨阿婆不分组都聚在景区门口等着帮忙背行李，但人一多难免产生争抢的现象，导致村民内部产生矛盾。后来一是为了避免这种矛盾的产生，二是因为人多争抢会在游客面前显得不文明不礼貌，村民小组之间自发讨论才想出这种轮流接待的做法。

我们询问这些阿姨阿婆们得知，一般晚上在古壮寨安排了住宿的游客会集中在下午时段上山进景区，所以她们一般会在下午3点左右聚集在景区门口等候游客，时间基本没有限制，只要游客需要就会来背。

我们对影响这样一个特殊工种的因素进行了推测，认为背行李应该会受到天气、路程、客流量和行李大小的影响。访谈中我们得知，天气因素对背行李的影响不大，下雨时只要有游客来她们也会背行李，就像我们一行人进寨那天一样。路程因素主要影响背行李的报酬，因为到山顶的小路很陡，而行李箱一般只能背上去，所以背到山顶的行李就会多收一点，路程远近也会影响收费。背行李的客流量即游客数量一般决定背行李的阿姨阿婆的人数，在开耕节、五一黄金周、秋季水稻成熟时、十一小长假和元宵节的时候游客众多，来背行李的人也就多；行李大小这一因素也会影响收费，一般背行李的统一标准是30元/个，但也可以看具体情况双方协商收费，小一点的箱子收费可以20元/个，大的或者需要背到山顶的行李收费40元/个，但一般情况下不会超过上限50元/个。阿姨阿婆们说，背行李所得的钱是自己的辛苦费。而且这些阿姨阿婆家大多都开着客栈，轮到她们帮那些还没有定好客栈的散客背行李的时候，第一选择肯定是直接背到自己家客栈，这样就可能增加自己家客栈当天的客流量和收入。

我们在景区门口走访观察游客的时候也发现，游客和接客阿姨阿婆之间也会出现讲价现象，有的游客也会因为他们刚进寨就被人纠缠找客栈、挑行李，而产生一种村民一心想挣钱的看法。而且目前看来，背行李虽然是每日一组轮流进行，但在实际操作过程中也没有很严格地按照这个规定执行。

（2）导游。

我们通过在古壮寨景区门口对一些导游的随机走访得知，所有带团过来的导游均持有导游证。另外还了解到，根据桂林龙脊旅游开发有限公司与各旅行社签订的合同，门票价格会视各旅行社带过来的游客数量决定。一般每年旅行社团体游客数量在5万人次及以下的，单张门票价格是80元/张，超过5万人为75元/张。按这个比例，人数超过多少单张门票价格就会相应减少多少，实际上单张门票的差价就是旅行社能拿到的回扣。

在古壮寨，一个比较重要的旅游收费项目就是民族歌舞表演。这种歌舞表演是按场次收费，安排游客进寨看表演是旅行社的项目，团队一般是由该旅行社的导游带过来，导游也会提前通知寨中的歌舞队做好准备，歌舞表演的收费导游也会从中抽成。

在我们去平安寨和大寨的调查中也随机采访了几位导游。从平安寨导游口中得知，游客如果去平安寨，导游就会跟过去介绍；如果游客游览完平安寨还想去古壮寨是无须另外收费的，这笔费用已经包含在团费内。从大寨导游处我们得知，导游会从古壮寨的特色项目——缆车票中拿到回扣。一般导游的底薪是每名游客 80 ~ 90 元，缆车的票单价是 110 元，那么这之间的 20 ~ 30 元即为导游的回扣。

（3）体验服务。

古壮寨的旅游体验服务并不是很多，主要集中在古壮寨村民传统节日开耕节举行的活动中。开耕节时，游客可以和村民一起下梯田体验，这些游客主要是对梯田好奇的大学生，而且主要目的是拍照，这样的活动在古壮寨是不收费的。平安寨的梯田体验是收费的（见图5）。

图5　平安寨梯田体验（资料来源：郑智浩）

（4）讲解。

调研得知古壮寨村民当中并没有专业的讲解员，但有经历的老人家都大概清楚各种古迹、老屋等背后的故事。通过龙脊壮族博物馆侯馆长的介绍我们得知，由于编制和经费有限，这样的专业博物馆讲解员是很难找到的。游客来参观时如果需要讲解，旅行社会提前和桂林龙脊旅游开发有限公司中的讲解员取得联系。寨子里面本身也有导游类型的村民可以带领游客参观，也就不大需要讲解员了。

但同时侯馆长也提到，如果有上级领导或学者下来调研，上级会提前通知，由馆长亲自讲解。进寨参观时博物馆是必去之地，所以馆长也希望在馆内设置讲解员，接待散客，提高接待水平。

2. 旅游设施

（1）旅馆。

古壮寨内的旅馆主要分为家庭旅馆和度假酒店两种类型。家庭旅馆是龙脊古壮寨内向游客提供饮食、住宿服务的主要旅游设施。

在接待能力方面，龙脊古壮寨景区旅游公司公示的资料显示，2012年4月，古壮寨内共有24家旅游接待户经营家庭旅馆（包括农家乐等经营形式），共有244个房间、491个床位。我们在对龙脊村党支部书记和村委会村主任的采访中了解到，目前古壮寨中的旅游接待户已经增加到七十多户，接待能力在六七十人的有十多家，接待能力在二三十人的有二十多家，剩余的三十多家小型家庭旅馆没有申请营业执照，接待能力难以评估。

在接待条件方面，饮食主要以农家菜为主，由经营方负责准备，食材自给自足。在住宿方面，大部分家庭旅馆都有标间（包括二人间、三人间），有独立卫生间，但较少家庭旅馆设置空调。由于大部分家庭旅馆为木结构，隔音效果较差。

家庭旅馆接待的客人多为跟团游客。我们在对桂林假期与桂林国旅两个旅行社共6个旅行团客人的采访中发现，跟团客人多在此住一晚上，第二天便下山。家庭旅馆的价格也有季节性变化，旺季期间普遍高达1000元一间房，淡季则一般为100元一间，价格变化较明显。

家庭旅馆的收入情况也不尽相同，旅馆间收入差距明显。古壮寨接待能力最强、一天可接待60人以上的水云间家庭旅馆年收入可达200万元，其他接待能力中等、一天可接待30~60人的中型家庭旅馆，一般年收入为70万~80万元。

调研期间古壮寨内只有一家未挂牌的度假酒店，正处于装修阶段。与家庭旅馆坐落于古壮寨内不同，这家度假酒店坐落在山顶观景台附近，接待能力较强，能容纳100多人。在接待条件方面，这家度假酒店的建筑比较现代化，装修比较豪华，空调等设施齐全，条件明显比家庭旅馆好。度假酒店的定位是养生，属于高端消费类型酒店，面向的客人是企业培训班成员、老人养生团、私人度假客等有较强消费能力的人群。

（2）旅游法庭。

在古壮寨侯家寨设有旅游法庭，主要为附近村民提供便民法律服务。

（3）商业点。

古壮寨内没有专门的商业街，商业点主要分布在村寨内的路口、景点和进村道路上。商业点的类型主要为生活用品小卖部与旅游工艺品销售点。

调研得知古壮寨内共有6家生活用品小卖部，主要在村内道路交叉处，销售日常生活用品和零食。通过对店主的采访我们了解到，小卖部的客源主要是当地村民，主要采用现金交易。由于近年来古壮寨游客逐渐增多，小卖部也经常有游客光顾，因此在2015年增加了微信支付等第三方支付方式。商品的价格比桂林市区略高，与运费等有关。

旅游工艺品销售点主要分布在古壮寨的景点与进村道路上，主要有固定销售点和流动销售点两种类型，一般由村民自己运营。销售的商品主要为壮族传统饰物、百香果及百香果酒等当地特产。据摊主介绍，部分商品并非古壮寨原产，而是从外地进货，进货地主要为义乌。各摊点商品的价格也不统一，价差有时达1倍，摊主有很大定价权。

据观察，部分景点的旅游工艺品贩卖点已被废弃，如长沟观景点的二号观景台，推测可能是离主要道路远，客流量少，收入少，难经营。

（4）餐厅、酒吧、咖啡厅等消费性场所。

古壮寨的餐厅主要与家庭旅馆合体经营，基本上所有经营家庭旅馆的店家都设有餐厅，提供早、午、晚三餐，此外部分位于村内主要道路旁的餐厅会有夜宵、烧烤服务。餐厅的夜宵与烧烤服务时间不固定，多在旺季才有，淡季多数店家不提供服务。餐厅的菜品价格较亲民，与桂林市区差不多。

部分餐厅有自己的特色旅游服务，如某餐厅与广东某旅行社合作举办"宰猪宴"活动。

古壮寨目前并没有酒吧、咖啡厅等消费性场所。

（5）观景点。

古壮寨目前有4处观景台（点）：群龙探海、游龙入江、长沟和始祖田。其中"群龙探海"与"游龙入江"位于进寨道路上，客流量较大；长沟观景点和始祖田观景点离古壮寨村寨区与景区主要道路较远，约有15分钟以上的距离，且道路较险，基础设施多荒废，客流量较小。

在群龙探海观景点有拍照服务，价格为10元/张。群龙探海和游龙入江均有固定旅游工艺品销售点。长沟观景点旅游工艺品销售点已荒废，始祖田观景点没有旅游工艺品销售点。

（6）金融机构。

古壮寨目前没有金融机构，取钱需要到山下龙脊镇的银行。

（7）旅行社。

古壮寨内没有固定的旅行社驻点，但旅行社与村寨内的几间旅馆有固定的合作关系，如承办"宰猪宴"的家庭旅馆与广东某旅行社有合作。

游客在龙脊的行程通常是由旅行社决定的，是出发前已经协商好的旅游产品。桂林各地旅行社按地域负责龙脊当地的导游服务，如广东团固定由某两家桂林当地旅行社接待。

（8）停车场。

古壮寨的停车场约能容纳100辆车，在旺季停车场接待能力严重不足，正在进行扩建工程，停车场接待能力可提升到600辆。

（9）特色旅游服务项目。

古壮寨的特色旅游服务项目有壮族传统舞蹈表演与山歌、弯歌表演，有专门的、固定的表演队伍，会进行定期训练。一场表演通常1个小时，价格为800～1000元。

古壮寨的民族歌舞表演主要在龙脊壮族生态博物馆传习中心演出，但无固定演出时间，需要客人提前预约。

（三）生活服务设施

生活服务设施指设置在居住区内主要为满足本居住区居民日常生活需要的各项公共建筑和设施。从功能上分，生活服务设施可分为两大类：商业服务业设施和文教体卫设施。商业服务业设施与旅游服务设施有一定的重合，其服务对象不限于本村村民，还包括相当一部分的外来游客。文教体卫设施的主要服务对象是常住村民。有些服务设施如交通服务设施的服务对象既包括本地村民，也包括外来游客。本文将着重分析面向游客的生活服务设施，见微知著，以此展现古壮寨的旅游开发现状。

1. 商业服务设施

（1）银行。

古壮寨没有银行，取钱需要到龙脊镇。而离古壮寨步行约30分钟的平安寨有农村信用社。

（2）商店。

据古壮寨村委会主任介绍，古壮寨有六七个商店，基本做村民生意，主要卖日常生活用品（见图6）。蔬菜、水果、肉类都需要下山到龙脊镇上买。

图6　古壮寨某小卖部（资料来源：郑智浩）

平安（寨）早就开发搞商店，这边（古壮寨）客人少，搞咖啡馆、酒吧不划算。以后客人多可能也会搞。（古壮寨村委会主任）

由此可以看出，古壮寨面向游客的零售业尚未起步。旅游特产的售卖点大多在几个零散的景点周边，摊位没有统一的规划。

（3）运输服务。

游客进出古壮寨的方式主要有三种。第一种是乘坐景区旅游大巴进寨。团客一般使用这种交通方式入寨。景区的旅游大巴只接待团队游客而不接待散客，而旅行社自己的大巴车也是不允许进入景区的，只能在景区大门换乘景区的旅游大巴。景区旅游大巴需要额外收费，这也是景区增加收入的一个措施。第二种是租用当地私人车辆或摩托车入寨。散客一般选用此种方式入寨，但价格较贵且缺乏监管，安全性得不到保障，这几乎是散客唯一的选择。第三种是自驾车进入景区，适用于自驾游游客。

村民进出古壮寨大多乘坐由龙胜县城出发的公交车。由于公交车时间固定，每天只有3趟，不熟悉班车时间的游客很少出现在这趟公交车上。而且，这种公交车的票价存在双轨制，游客的票价比当地村民的票价高，外国游客更高。票价随意性较大，具体票价由售票员说了算。

景区旅游大巴与客运公交车都是由龙胜县骏龙旅游运输公司管理。骏龙公司是古壮寨运输服务的主要供给者。

2. 文教体卫及基础设施

（1）学校。

据古壮寨村委会主任介绍，古壮寨有一个幼儿园，只有一个老师，就是园长；有十七八个学生，要去镇上上小学。而平安寨有老年活动中心和小学。

据古壮寨村委会主任介绍，在古壮寨打针、输液只能到镇上，寨子里面不可以。上级政府控制药品，不允许在古壮寨内办大的药店。

哪一村都是这样，以镇为单位才可以有医疗。以前有中医，技术失传了。寨子里有一个五十多岁的医生，紧急时候请他也会去。摔伤一般用草药。有几个这样的医生。（村委会主任）

通过观察我们看到，古壮寨内有卫生室，但医疗服务与设施有限。

（2）排污。

据古壮寨村委会主任介绍，平段寨有一个大的排污处理池，古壮寨总共有4个处理池，但还有80户没有覆盖到。古壮寨以前用沼气池，有沼气灶。

（3）水电气。

据古壮寨现任村主任介绍，古壮寨的自来水都来自山上的泉水，没有经过过滤。山顶有大水池，用水管接下来，很少有停水现象。电线从镇上一直拉过来。现在一般用煤气罐，也用热水器，以前洗澡需要烧开水。寨子里没有太阳能热水器。没有煤气站，煤气需要每家每户用摩托车从镇上运回来。

（4）网络通信。

据古壮寨村委会主任介绍，古壮寨2014年前后才有网络，2015年有无线网。通信方面，2012年古壮寨才有中国电信服务，2014年才增加了中国移动通信。

（5）保洁。

古壮寨景区观景台垃圾桶配套设施齐全。反观平安寨，垃圾桶摆在角落，比较脏乱，出现了烧垃圾的现象，垃圾处理不如古壮寨。平安寨垃圾桶不多，古壮寨隔一段路就有垃圾桶。

从综合商业服务业设施和文教体卫服务设施来看，古壮寨的生活服务设施基本与目前的旅游开发现状是相适应的。倘若在短时间内大量游客涌入古壮寨，寨内的水电、通信甚至是商业等各项服务设施都无法满足需求。

（四）交通

1. 外部交通状况

龙胜县隶属广西壮族自治区桂林市，位于自治区东北部，地处越城岭山脉西南麓的湘桂边陲。龙脊村位于龙胜各族自治县县城东南的龙脊镇境内，地处群山之中，海拔较高，地形复杂，交通较为不便，旅游开发之后交通状况有了很大改善。由于桂林市区交通区位条件较好，与外部沟通便利，游客多经过桂林市辖区来到龙胜县城，再到达龙脊村。

32国道经过龙脊镇和平村，按这条道路计算，龙脊村距桂林市约76公里，距县城约21公里。国道路况较好，道路宽阔。从桂林市出发到龙脊村多走此路。在桂林市辖区到龙胜县的公共交通方面，桂林汽车客运总站、桂林琴潭汽车客运站、桂林汽车客运北站均有往返至龙胜汽车站的长途汽车，车次密集。以桂林汽车客运总站往返龙胜汽车站的车次为例，每20分钟发车一次。从桂林两江国际机场途经32国道即可到达龙脊镇，没有直达的公共交通。

从龙脊镇到古壮寨梯田风景名胜区（即龙脊村）的景区门口，有一段盘山公路。在旅游开发之前，这是一条石子路。后来政府出资在原来道路的基础上修建了柏油路。车程20多分钟，道路较狭窄为双向单车道，坡度较大，弯道较多，在雨季易受山体滑坡的影响。在公共交通方面，每天有三班小巴往返景区门口和龙胜县城；在龙脊镇也有少量私人轿车、面包车和摩托车拉客。

2. 内部交通状况

从景区门口到村寨内部还有一段距离，步行约20分钟。该路段为梯田观光路段，沿途风光秀丽，可以一览龙脊梯田壮景。该路段原为石板路，较为狭窄，只能供人和摩托车等通过，后来旅游公司出资拓宽，在石板路两侧铺设水泥路面（见图7）。现在该路段正在继续拓宽，铺设人行道，计划今后做到人车分离。该路段有两条岔路，一条通往地势较低的博物馆，较为狭窄，能通三轮车等，另一条地势较高，一直延伸至村寨东缘，且较为宽阔，能通小型汽车。

村寨内部由于建筑错综复杂，地势陡峭，道路为狭窄的石板路和石板阶梯，阶梯大多只能供一两人通过。寨子内各景点都由这种路连接（见图8）。

图7　古壮寨内石板路（资料来源：雷霄）　图8　道路较为狭窄（资料来源：雷霄）

（五）管理模式

1. 管理结构

（1）龙脊梯田国家湿地公园风景名胜区管理局（原龙脊风景名胜区管理局）。

龙脊梯田国家湿地公园风景名胜区管理局（下称"管理局"）是龙脊梯田景区的直接监管部门，主要涉及龙脊梯田景区内的规划、建筑等规章制度的制定和执行。

在景区开始开发旅游的阶段，管理局负责审批村镇的旅游开发申请，招聘旅游规划公司对景区进行旅游规划，对丢荒的田地进行恢复，审批村委与村民商议过的旅游收入分配方案，审批村镇居民开办客栈、民宿的申请等。

在景区旅游开发之后，管理局主要负责景区日常运营的监管，监督村镇居民新建房屋是否符合规定。龙脊古壮寨的新建房屋需要保持传统房屋的样貌，若村民新建的房屋不符合规范，管理局会对其进行处罚。在梯田景观维护方面，管理局通过卫星观测的方式，划定只允许种植水稻的范围，以规定的形式下达到村寨，并进行监管，如果有违规种植的行为，如在规定范围内违规种植罗汉果、百香果等经济作物，管理局会进行拔除，这样强硬的执法方式使村民和管理局之间有一定的矛盾。此外，管理局也涉及一部分游客投诉的处理和解决。

（2）桂林龙脊旅游有限责任公司。

桂林龙脊旅游有限责任公司（下称"旅游公司"）是龙脊梯田景区的实际运营者，负责景区的经营和管理。旅游公司的员工主要是本地人，当地村民通过应聘和面试筛选进入旅游公司工作，参与景区的建设与管理。

在旅游开发前，村委会会与旅游公司商量，旅游公司同意开发村寨之后，就开始着手进行村寨内部的旅游基础设施的建设，包括游客服务中心、景区内道路、公共卫生间、观景台、路标等设施。进行基础设施建设的资金主要来源于公司自己融资和财政拨款。在开寨（即正式开始接待游客）之前，旅游公司还会与村寨内所有居民签订旅游开发协议。

在景区的日常运营中，旅游公司负责景区设施的维护，如拓宽、维修景区内的道路，这些工程是旅游公司通过招标的方式，由中标工程公司来施工建设。此外，旅游作为村寨扶贫的一种方式，旅游公司会对村民经营客栈进行引导，教村民如何经营客栈。旅游公司有专门的宣传部门，负责景区对外宣传，提高景区的知名度。旅游公司还通过引进保洁公司的方式，维护景区卫生，保证景区清洁。旅游公司通过经营景区盈利，并给村寨补贴和分红，分红和补贴根据进入寨子的游客人数进行分配。30万人次以下，无补贴；30万~36万人次，每亩补贴50元；大于36万人次，每亩补贴100元。分红根据游客量报给政府相关部门，然后拨给村委会，村委会再根据分配方案分配到村民手中。据统计，2016年有100万人次入景区，其中大寨46万人次，平安寨35万人次，古壮寨11万人次，差距较大。

（3）龙脊村社会基层组织力量。

龙脊村的基层组织主要由中共龙脊村党支部与龙脊村村委会组成，负责龙脊村中各项事务的管理工作。

村党支部是党的基层组织，按照《中国共产党章程》的规定，党的基层组织是党在社会基层组织中的战斗堡垒，是党的全部工作和战斗力的基础。街道、乡、镇党的基层委员会和村、社区党组织，领导本地区的工作和基层社会治理，支持和保证行政组织、经济组织和群众自治组织充分行使职权。❶村民委员会是村民自我管理、自我教育、自我服务的基层群众性自治组织，实

---

❶《中国共产党章程》，第五章，第三十一条、第三十二条。

行民主选举、民主决策、民主管理、民主监督。村民委员会办理本村的公共事务和公益事业，调解民间纠纷，协助维护社会治安，向人民政府反映村民的意见、要求和提出建议。村民委员会向村民会议、村民代表会议负责并报告工作。❶

村党支部与村委会是领导与被领导的关系。中国共产党在农村的基层组织，按照《中国共产党章程》进行工作，发挥领导核心作用，领导和支持村民委员会行使职权；依照宪法和法律，支持和保障村民开展自治活动、直接行使民主权利。❷

村党支部对村委会的领导作用主要体现在三个方面：一是领导核心作用，提出全村经济发展与精神文明建设的意见，通过村委会的工作，把党的方针政策和党支部的意图变为群众的自觉行动，协调村委会同其他组织的关系；二是战斗堡垒作用，按照先党内后党外的原则，讨论决议村内的重大事情，充分发挥党员的先锋模范作用，对村民会议或村民代表会议作出的决议决定自觉维护和遵守，并监督考核在村民自治组织中工作的党员和干部；三是支持保证作用，支持和保证村委会依照法律规定独立负责地开展活动，行使职权。

从组织结构来看，龙脊村党支部与村委会作为龙脊村的社会基层组织，已经能在内部形成一套从决策到具体实施的程序。同时，在对古壮寨的管理上，两者的工作密不可分。因此，在这里笔者将村党支部与村委会都视为龙脊村的社会基层组织力量。

在景区的日常运营中，社会基层组织力量接受村民对于旅游开发的意见，并将这些意见反馈给旅游公司与管理局，得到解决方案之后再传递给村民。在管理局制定规章制度的时候，会通过村委会和村民商量，征求意见，进行修订，得到最终方案后进行推行，社会基层组织也起到传达规章制度和保障制度顺利实施的作用。

2. 运营关系

本文拟通过以下两个实例来说明景区管理结构中各个主体的运营关系。

（1）旅游开发申报过程。

如图9所示，龙脊村社会基层组织和村民群众协商后，根据自身发展需

---

❶ 《中华人民共和国村民委员会组织法》，第一章，第二条。

❷ 《中华人民共和国村民委员会组织法》，第一章，第四条。

要，主动与旅游公司协调。旅游公司评估当地开发效果和能力后，结合当地情况，投入资金进行基础建设。基础建设完成之后，社会基层组织向国家湿地公园景观管理局与桂林市文化和旅游局提出立项申请，管理局、文化和旅游局再根据一定标准对当地旅游开发申请进行审批。审批通过后，管理局招标规划公司对当地进行规划开发。

图9　旅游开发申报过程（资料来源：林佩儿）

（2）梯田景观维护。

如图10所示，梯田景观的维护是村民群众、社会基层组织、管理局和旅游公司四方共同联动维护。当开发立项通过之后，管理局会根据景区旅游资源情况和规划开发要求，划定梯田景观范围，规范种植农作物类型，并出台相关规定，有权力执行行政监督与处罚。社会基层组织也在一定程度上参与规定的决策，但为了村寨发展，必须配合管理局要求，进行群众工作，制定相关村规民约。村民群众为了自身利益，也必须遵守规定。

图10　梯田景观维护（资料来源：林佩儿）

3. 小结

龙脊景区各个村寨中的运营关系之间有一定差别。但一般来说，在旅游开发申报与管理当中，社会基层组织作为村民与村寨的利益代表充当旅游开发牵头人，参与旅游管理规定决策；旅游公司作为企业单位则主要根据当地情况提供资金进行基础设施建设，负责景区的日常运营；管理局、文化和旅游局等政府部门则主要担当行政监管和处罚的职能。

四、保护与开发：多元主体的互动

在对古壮寨的保护与开发活动中，参与的多元主体之间均存在一定程度上的联系。两个主体间既有因保护或开发而产生的矛盾张力，也有因利益一致而产生的合力。由于保护与开发存在一致性，因此各主体的立场较为复杂，不能简单地将主体划分为支持保护一方或支持开发一方（见图11）。

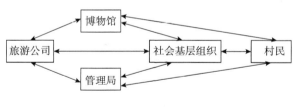

图11　各主体关系（资料来源：卢义行）

（一）旅游公司—博物馆

经过观察和对相关方的访谈，笔者总结出龙脊壮族生态博物馆（以下简称"博物馆"）和旅游公司存在一种保护和资金使用之间的矛盾关系，即两者在村寨保护上不协作且两者的资金提供能力也大相径庭。换言之，旅游公司有能力提供保护用资金但并未协助提供给博物馆，博物馆自认为有保护村寨各种资源景观等的能力，但苦于缺少资金支持。体现这一矛盾的主要有两个事例，一是古壮寨中百年古屋的保护所有权问题，二是古壮寨中的违章建筑问题。以下分别予以阐述。

古壮寨现存百年古屋共9座，其中7座得到修缮保护，这7座之中有6座每年由博物馆出资修缮，博物馆挂牌为"文化示范户"，并由博物馆帮助整理展示古屋中文物；1座（侯玉金家）与旅游公司签订协议，保护和修缮费用由旅游公司承担（见图12）。这就造成一种不平衡的窘境：按照合同内容，侯玉金家的古屋每个月能从旅游公司处收到六百多元性质类似于补贴的款项用于古屋的正常运营，因为规划比较清晰有力，古屋保护比较完整，所以侯玉金家古屋的游客数量是最多的。这样好的福利难免会让别的古屋所有者眼红，但是由于这些户主普遍法律认知水平不高，听旅游公司说古屋保护合同签订之后就要负一定的法律责任，大多数农户都不愿意签协议。博物馆虽然有能力保护这些古屋，对一些歪斜、地基沉降的古屋做了数次修缮，但是由于资金来源单一且入不敷出，无法做进一步维修，因此那些再次发生险情的古屋就很难得到妥善修复。

图12 侯玉金家百年古屋（资料来源：郑智浩）

除此之外，违章建筑问题也亟待解决。旅游开发是一把双刃剑，既给村民带来好处，又对文化古迹产生一定的破坏，博物馆的初衷是保护好村寨中一切可以保护的资源，而旅游公司的参与虽然确实会起一定的保护作用，但作为公司其首要目的是盈利，这就难免会产生问题。在博物馆侯馆长的记忆中，未开发之前的古壮寨景观十分漂亮，清一色的传统建筑，无一栋砖木结构的房子，民风淳朴传统。然而2011年前后旅游公司为开展旅游开发开始修路，有些村民嗅到商机开始推倒传统建筑建造宾馆，有些甚至直接建在梯田里，这对梯田生态造成很大的破坏。旅游公司还因为这些宾馆的观景位置好、交通条件优越而与他们签订合同，跟团来的游客基本都会安排在这里，旅游公司一年会给这些宾馆提成，相当于这些破坏古壮寨原有风貌的宾馆是村民和旅游公司共同建设的，很明显这种流程下建造起来的建筑属于违章建筑。

从以上信息中不难发现，博物馆和旅游公司之间存在的问题是两者并未联动起来，运营的良性循环生态链严重割裂。对整个村寨来说，保护能力最强的是博物馆，但经费来源应该是旅游公司，甚至可以像旅游公司从景区门票中给村民分红一样，拨一部分资金给博物馆作为日常开支使用。旅游公司也想对村寨进行保护，但保护中存在很多矛盾，这就需要博物馆直接参与解决，但博物馆缺少这方面的资金。总之，应该明确旅游开发与文物保护不是处在一个层面上的，管理部门之间没有协调好才会出现这些主体之间的矛盾，文化保护单位要和旅游公司联合起来，在不破坏文物的前提下进行开发。希望在不久的将来，这些问题能得到妥善解决。

（二）旅游公司—管理局

旅游公司与管理局是两个性质不同的单位。旅游公司属于政府控股的企业单位；管理局属于政府行政单位，直属于桂林市政府。旅游公司主要负责景区的开发和运营，管理局则主要负责景区行政上的监管，二者也存在一定的联系。通过调研，我们了解到管理局的成立晚于旅游公司，这是因为在当地旅游开发当中，旅游公司没有对当地旅游业发展行使行政管理和监管的权力，为了更好地保护开发旅游业，当地政府引入管理局作为行政机关进行管理。在景区运营管理中，比如建筑和梯田农作物种植的管理，管理局配合旅游公司结合当地情况出台相关规定，旅游公司配合实施规定。

（三）旅游公司—村民

通过对旅游公司以及古壮寨村民的访谈和了解，我们得知旅游公司和村民的关系较为复杂，景区的门票收入归旅游公司，旅游公司会将门票收入的7%分给村寨，由村寨制订详细的分配计划，再分配到村民手中。除了门票分成之外，旅游公司还会根据进入景区的游客人数，给村寨种田补贴。古壮寨由于游客数量较少，得不到补贴，村民看到平安寨、大寨等村寨分到较高的补贴，觉得受到旅游公司的不公平对待，从旅游开发中得不到利益，降低了村民参与旅游开发的积极性。同样，旅游公司对古壮寨村民在旅游开发中的行为不满意：古壮寨村民不爱惜道路等旅游基础设施；在梯田里乱种作物，破坏梯田景观；新建的建筑物不按规矩来，破坏了原有的传统民居景观。旅游公司认为古壮寨村民没有以积极的态度参与旅游开发。

村民和旅游公司两方的沟通不够。古壮寨村民当中，除了一部分在旅游公司上班的村民对旅游公司有一定的了解以外，大部分村民对于旅游公司并不了解，也分不清参与古壮寨开发的各个主体。此外，村民其实缺少对旅游开发的专业指导，需要旅游公司提供指导，旅游公司除了基础设施的建设和维护外，还应当对景区居民参与旅游开发进行合理的引导，但是两者沟通不足，没有形成互相合作的良性循环。旅游公司应当加强与当地村民的沟通和引导，以得到当地村民的理解和配合，从而实现"双赢"。

（四）社会基层组织—生态博物馆

1. 双方在生态博物馆建设与运营上的合作

在生态博物馆建设阶段，龙脊村社会基层组织在工作上非常配合。通过对博物馆馆长、原龙脊村党支部书记、现任龙脊村党支部书记与现任龙脊村村委会主任的采访，我们了解到，村党支部和村委会对生态博物馆的主体建筑设计与建造、馆藏文物收集等工作都做出了很多贡献，如龙脊壮族博物馆文化资料中心与传习中心均由原龙脊村党支部书记联系当地两位著名木匠进行设计与建造；在馆藏文物收集的工作上，村党支部与村委会也对工作很配合，对群众做了很多的思想工作，为生态博物馆的顺利建馆提供了很大的帮助。在以保护壮族传统歌舞文化为目的的传统歌舞培训班、表演队的组建工作中，村党支部与村委会也充分发挥其扎根基层的优势，对群众做了很多思想工作，向村民普及解读政策、解答疑问等。这些工作都使生态博物馆在当地拥有较好的群众基础，多数群众对博物馆持认可的态度，认可其保护传统文化的功能。

在生态博物馆的运营上，村党支部与村委会也帮助生态博物馆与村民牵线成立了龙脊壮族生态博物馆管理委员会。博物馆管委会是博物馆的运行机构，管委会成员由博物馆馆长、龙脊村村委会成员、龙脊村各村民管理小组组长与广西壮族自治区民族博物馆分管人员组成。

管委会贯彻生态博物馆以社区为本、以居民为本的理念，依托社区居民力量进行发展，政府主导、村民参与的模式，提高了社区参与度。目前，博物馆的日常运营均由当地群众负责，如文化资料中心与传习中心的定时开放、卫生、设备维护等工作都有专人负责。从调研的情况来看，双方在生态博物馆建设与运营上的合作取得了良好的效果。

2. 双方在古壮寨壮族文物与传统文化保护工作上的关系

古壮寨壮族文物与传统文化保护工作主要分为两方面：一是博物馆建馆之初的文物、传统文化调研及收集、保护工作；二是博物馆建成后的后续保护工作。

在建馆之初的文物、传统文化调研与建立保护工作中，龙脊村社会基层组织协助博物馆筹建方进行文物与传统文化调研整理工作，帮助筹建方联系相关群众，在维护百年古屋等方面与群众沟通，做好群众的思想工作。在收集馆藏文物的时候，村党支部与村委会成员也发挥了榜样作用，捐出不少藏品，带动村民支持博物馆的文物保护工作。

但在博物馆建成后的后续保护工作中，村党支部与村委会并没有持续地与博物馆展开良好合作。

以违章建筑问题为例，通过馆长我们了解到，放弃使用传统木结构违章建筑事实上对古壮寨的传统建筑保护工作和整体风貌造成了破坏。一方面，不少违章建筑是在拆除老的传统建筑的基础上修建的，这使不少没来得及接受保护的壮族传统建筑遭到拆除，对传统建筑保护工作造成严重打击；另一方面，违章建筑放弃使用木结构、超高超限、占用梯田等问题均对古壮寨的整体风貌造成负面影响，对于以古壮寨为依托社区的龙脊壮族生态博物馆也造成了负面影响。古壮寨原有的壮族传统社会生态，在受到各类违章建筑的影响后，已经逐渐发生变化，生态博物馆保护壮族传统"活体"社区的目标受到严峻的挑战。生态博物馆管理方无权对违章建筑进行管理，此类问题主要依靠龙脊村社会基层组织力量对违章行为进行干涉。

在这样的环境下，村党支部与村委会在约束村民、制止违章建筑行为的工作中并没有出色的表现。我们在采访了几位群众后发现，村党支部与村委会在违章建筑方面的群众思想工作并未取得很大成效，不少群众或是不理解保护古建筑的意义，或是不了解相关规定对新建建筑做出的限制，在修建新建筑时没有把握好度，出现了占用梯田、超高超限等问题。村党支部与村委会也没有及时制止，不少违章建筑已经修建完毕，后续处理更加麻烦。调研期间古壮寨中至少有3座违章建筑已经停工，因相关法律程序问题，拆除日程迟迟未定。

在对部分群众的采访中，我们还了解到，龙脊村社会基层组织力量中存在部分人包庇违章违规行为的现象，包庇也有各种形式。这些信息涉及古壮寨村民内部矛盾，包括经济矛盾、土地矛盾、三个寨子和三个姓氏之间的矛盾，以及宗族内部的矛盾，问题敏感复杂，我们很难验证其真实性。

总体来看，双方在博物馆筹建期内的文物与文化保护工作上合作比较紧密，效果好，但后续保护效果不好，这与博物馆本身无权干涉村中与保护有关的事务、村社会基层组织干涉效果不好有关。

（五）社会基层组织—旅游公司

在古壮寨当中，旅游公司与龙脊村社会基层组织力量有着紧密的联系。从古壮寨旅游的开发到管理，每一步工作都离不开旅游公司与社会基层组织的参与。然而，矛盾是普遍存在的。在本次调研当中，通过走访和多方求证，我们也发现当地社会基层组织与旅游公司切实存在着矛盾。

第一，双方信息沟通不够顺畅。

就征地工作而言，在旅游开发初期，旅游公司需要征地进行基础设施建设。征地工作需要村委会配合完成，但旅游公司刚开始的时候并没有告知村委会征地用途，这给村委会的群众工作带来了困难。另外，旅游公司不理解古壮寨群众工作的困难。因为在征地工作上，相比平安寨、大寨和小寨，古壮寨主要有侯、廖、潘三个姓氏，虽然随着时代的发展，不同姓氏之间的隔阂已经减少，但在土地问题上，不同姓氏之间的隔阂仍十分明显。不仅不同姓氏寨子之间的土地划分十分明显，而且不同姓氏之间的土地交易除了交易双方需要达成一致外，还要双方姓氏的寨主达成一致才能进行。因此，这在一定程度上给征地工作带来了困难。另外，社会基层组织和村民对旅游公司景区运营的一些规划理解不足，导致不满情绪或不遵守旅游规划规定的行为出现，影响景区运营。

第二，旅游景区权利和利益分配问题。

据古壮寨村委会所言，由于在开发初期村委会与旅游公司签订了协议，协议要求村委会服从旅游公司规划管理，他们作为村委会在古壮寨的旅游开发规划管理当中发言权和决定权有限。对于旅游公司的一切开发和管理上的要求，村委会只能被动配合。因此，村委会对景区门票分成仅7%以及旅游公司给予平安寨和大寨梯田种植补贴而不给予古壮寨梯田种植补贴两事虽有不满，但并无他法。然而，笔者通过对比景区内其他寨子发现，这似乎更多是关乎社会基层组织成员个人的领导风格。通过走访平安寨、小寨社会基层组织和旅游公司相关工作人员得知，社会基层组织与旅游公司在旅游开发规划当中实际上拥有相当的自主权。旅游公司在景区规划运营中的任何要求都应先与社会基层组织协商通过后再行实施。

（六）社会基层组织—村民

村民指居住在古壮寨的230户人家，龙脊村社会基层组织指管理全村全局工作的中共龙脊村支部以及村民委员会。其成员虽也属于村民，但比普通村民要承担更大的责任与义务。除村党支部与村委会以外，从村民中还会选出村民代表以及村民小组长。村民代表主要反映村民意见，村民小组组长是从上往下传达意见，两者都是村民选出来的。这几个管理组织既是村民意见的代表者，作为村内代表与外部力量沟通；又是外部信息的传达者，是村民与旅游公司、管理局、上级政府之间的沟通纽带，起上传下达的作用，与村民的关系尤其微妙。

1. 村民通过民主选举产生社会基层组织力量成员

村党支部以及村委会的成员均由村内党员或村民以不记名、差额选举的方式选出。因此其成员均是在村内威望高、工作能力得到普遍认可的村民。

选举委员会三个姓都要有，每个村都要有一个人。7月20日整个村的党员选党支部书记。7月27日村民选村委会主任，选举方式为流动投票箱，一家一户地收票，龙脊乡镇里面会派人下来。（潘庭芳）

2. 社会基层组织力量与村民沟通不够，未能协调好旅游公司与村民的矛盾

旅游公司为鼓励三个村寨（大寨、平安寨、古壮寨）发展旅游，规定每年进寨游客达到一定人次就给村寨发放补贴。但由于进入古壮寨的旅游人数过少，古壮寨村民未能享受到这一补贴，村民为此意见很大。另外，旅游公司规定景区内梯田只允许种植水稻，禁止种植其他经济作物。这在一定程度上影响了村民的收入，引起村民的不满。

我们也不知道怎么办，群众很不服。对于管理局和旅游公司，凭什么给平安寨、大寨那么多补贴。待遇不同因为两边发展程度不同，旅游公司给他们补贴，给我们的只有锁链没有利益，我们莫名其妙被卖掉了。

上面对于种啥、哪里种规定得很死，群众不服。上面约束太大，卫星图看反正都是绿的。群众从自己收入出发，不理解旅游公司和管理局规定，限制居民收入，不让种植。旅游公司的难处是这边发展程度不够。（村主任访谈）

3. 社会基层组织自主权不大

在旅游开发这一事件上，社会基层组织并没有多大的话语权，因此难以为群众争取较大的权益。

旅游局管得太严，村委会自主权比较少。旅游开发主体是管理局和公司，政府规划的时候把平安寨、大寨和古壮寨全部交给公司开发。村委会不懂该怎么搞，合同和上级政府要求只能听旅游公司规划，不合理、管得紧，没有自主权，也不能实现自己的想法。

群众不理解，不遵守村规，办事困难。签了合同只能听规划，自己对这一片区域开发规划自主权少。（村主任访谈）

（七）社会基层组织—管理局

基层组织作为村民和政府之间的纽带，应起到上传下达的沟通作用。管理局是龙脊梯田景区的直接管理部门，故管理局和基层组织间应有密切的联系。而在调研中，我们发现沟通存在如下问题。

1. 基层不了解管理局，双方之间沟通不够

管理局是龙脊梯田景区的直接管理部门，属于政府机构，而不隶属龙脊旅游公司。基层组织作为村民自治组织，在旅游开发的过程中，理应起到应有的沟通、传递信息的功能。但在对某基层组织成员采访的过程中得知，目前基层组织与管理局之间的沟通情况并不好。从侧面可以印证他的观点，这位基层组织成员称管理局为"旅游公司下属的一个部门"。而据我们后来的多方了解，管理局实为政府机构，直接负责监管龙脊梯田景区，并不是旅游公司的下属机构。由此可见，这位核心基层组织成员自身都没有搞清楚管理景区的几个主体之间是什么关系，足见沟通的缺乏。

2. 基层认为管理局的管理不够合理和人性化

前文提到，管理局对梯田的种植提出一系列要求，如落款为广西龙胜龙脊梯田国家湿地公园风景名胜区管理局，时间为 2017 年 2 月 20 日的一则《通知》。该通告中对观景梯田的划分是以航拍图为基础进行的。对景区的梯田进行航拍后，直接在航拍图上划出红线、蓝线，然后规定各个区域的种植标准。而我们在基层成员处了解到，基层成员和村民认为这样划分并不合理。原因是有一些梯田虽然位于景区中心，在航拍图红线内，但是由于地形、建筑等原因，它们不会被行走在主要观光线路上的游客看到。基层成员认为在这样的梯田上种植水稻以外的经济作物，不会影响梯田景区的美观性，但却能为村民增加一笔收入。而管理局在管理时不考虑这些具体情况，"死板地"按照航拍图来管理，这让基层成员和村民感到不满。

（八）村民—管理局

在上一对矛盾中，管理局为了保护梯田景观，利用卫星航拍划定红线，要

求红线以内的区域只能种植水稻，而不允许种植其他作物，红线外的区域种植其他作物也要经过审批。这样的规定引起村委会和村民的不满。种植水稻经济收入较低，种植罗汉果、百香果等作物的收入较高。村民的地都是按片区划分，有的村民的地在红线内，有的在红线外。从经济角度出发，村民当然更愿意种植能带来更高收入的作物，这就让土地在红线内的村民在农业收入上受到了约制。

在我们对村民的走访中发现，村民对于管理局的这一规定颇有成见，甚至还发生过冲突。在对平寨的走访中，我们从一位客栈老板的口中得知，廖家寨一位妇女违反规定在红线内的自家土地上种植百香果，结果被管理局的执法队强行拔除。客栈老板对这位妇女的遭遇表示同情，认为这位妇女丈夫在外打工，她独自一人种地为生，生活艰辛，想提高自己的收入才抱着侥幸心理种植百香果，而且强行拔除的方式过于粗暴。这个事件在其他村民和村委会成员的口中也得到证实。

综上所述，村民与管理局之间的矛盾在于两方面：一是在规则制定上，以保护开发梯田景观为目的的管理局与以提高经济收入为出发点进行农业生产的村民的矛盾；二是在规则实施上，管理局粗暴的执法方式和村民之间的矛盾。

（九）村民—博物馆

龙脊生态博物馆秉承"村民共同参与"的理念，从博物馆的日常运营到村内文物古迹的维修保护，村民都参与其中。博物馆目前只有馆长一个编制，其日常开门、关门、卫生清洁、看管主要由一位村民负责，这些工作属于公益服务，博物馆不支付报酬。除此之外，博物馆的全部建设都是由村民参与完成的；博物馆负责的古屋维修由村内的木匠负责；石寨门、破损的三鱼共首石刻也是由村内的石匠师傅即现任村主任修复。

当地村民在博物馆的建设与整体运营中有一定的参与度，博物馆与村民间也形成一个相对良好的关系。博物馆提供一部分资金为村民改善居住条件，村民为博物馆的维修、运营提供技术和劳动力支持，双方的合作对保护当地的文物古迹起到促进作用。同时博物馆的建立也在一定程度上提高了古壮寨村民对自己民族文化的认同感和自豪感，村民的参与也确保了人员编制极其缺乏的博物馆的正常运营。

但是，在双方合作促进保护的同时，依旧有一些不和谐的行为影响着博物馆对古迹的保护。有一些村民不顾景区规划，在村内修建违章建筑；也有一些拥有古屋的村民出于对居住舒适度的要求，把有几十年甚至上百年历史的房屋全部拆除重建；博物馆在进行文物收集时，村民会抬高价格，导致博物馆收集文物遇到困难，但如果博物馆不去收集，这些东西就得不到村民的重视，往往受损严重。

虽然博物馆的建立，唤醒了村民的一部分保护意识，也让村民渐渐了解到村里文物古迹的重要性，但随着旅游开发、外来观念的影响，村民出于自身利益，不顾博物馆的建议，做出了一些不利于保护文物古迹的行为。古壮寨民俗传统、文物古迹的保护需要博物馆与村民之间建立良好的合作关系，而这对关系的作用在日后古壮寨旅游的进一步开发中会更加明显。

五、多元主体间的问题与建议

（一）主要问题

在本次调研中，通过梳理古壮寨旅游业保护和开发的现状以及景区内各个运营主体的关系，我们也发现切实存在着影响当地旅游业可持续发展的问题。

一是景区内各运营主体信息沟通不顺畅，导致沟通过程中出现不满情绪，影响运营效率。

二是领导层领导能力受到文化水平的限制。我们通过走访了解到，古壮寨村委会组成成员中，最高学历仅为高中，不仅古壮寨，临近的平安寨与大寨也存在同样的情况。而旅游公司作为景区的主要经营者，内部员工也鲜有大学或大学以上的学历。

三是对于违规行为，处罚成本低，执法成本高。据古壮寨村委会和部分村民反映，当地部分村民有不遵守规定的行为，如违规搭建，使用不符合规定的车辆运输沙石压坏道路等。然而对于这些违规村民来说，由于违规成本较低，违规带来的收益远远可以弥补罚款，加上宗族内部的包庇行为，监管方也很难事前监管，执法所耗费的时间与人力成本较高，执法行为往往很难进行，这在一定程度上加剧了违规行为。

四是实施保护的主体及其权责不明确，导致保护力不足，效率低下。通过调研可知，古壮寨虽然由旅游公司投资开发，并进行旅游基础设施建设，但对于当地的一些文化旅游资源，却是龙脊生态博物馆负责提供维修保护，比如三鱼共首碑刻和百年古屋等文物的维修保护，都由博物馆负责。然而博物馆并没有相应的经济补贴来源维持这样的保护工作，往往导致心有余而力不足、保护效率低下的局面。

五是景区盈利分配存在一定的不合理性，利益分配"一刀切"，规则制定对实际情况考虑不足，挫伤开发积极性。根据对旅游公司高层的采访得知，旅游公司经营景区的部分盈利，会通过分红和补贴的方式给予村寨，并根据进入村寨的游客人数进行分配。公司盈利的主要来源为门票收入，按照公司93%，村民7%的标准进行分红。分红会根据游客量上报政府相关部门，然后再拨款给村委会，村委会再根据自身村寨的分配方案进行分配。另外，关于补贴，旅游公司主要对梯田种植给予补贴，分配方案为旅游人数年均未达到30万以上人次不给予补贴；达到30万~36万人次，每亩有50元的补贴；而超过36万人次则给予每亩100元补贴。然而，据统计资料显示，各个村寨之间的游客数量差距很大，在2016年约有100万人次游客进入景区，其中大寨46万人次，平安寨35万人次，古壮寨11万人次。特别是古壮寨，由于受到自身旅游资源的制约，目前很难达到与其他寨子相近的发展水平，因此在这样的分配标准下，古壮寨的村民发展旅游业获利不多，这在一定程度上挫伤了当地居民发展旅游业的积极性。

六是旅游开发起步晚，经济基础薄弱，直接影响古壮寨旅游开发的投资能力和开发规模。从沿街商铺观察和随机采访得知，古壮寨的商铺绝大部分为本地人经营，而平安寨和大寨的商铺很多都是外地投资商开发。而据一部分外地投资商反映，他们选择平安寨、大寨的原因是平安寨和大寨旅游开发早，基础设施完善，交通方便，并且梯田景观相比古壮寨来说更为优美，更"有名气"，旅游发展前景好。另外，通过观察我们也发现本地人与外地人经营的店铺装修风格也有很大的区别。本地人店铺的装修比较朴实，接近自然；而外地人所经营的店铺装修则较为现代化，富有设计感。这在一定程度上反映了古壮寨的旅游开发程度和规模受到自身经济基础的限制。

以上就是本次调研活动中，我们能力之内所能发现的当地旅游保护与开发存在的主要问题。

（二）建议

针对以上问题，我们给出以下几点建议。

一是景区内各运营主体应树立合作意识，例如加强"馆村联动、馆司联动"，加强各方信息交流频率，提高沟通效率，增强信息透明度及可信度。利用好景区信息公告栏，及时更新信息；有效地沟通，促进信息流通。同时各主体在信息交流的过程中能够起到相互监督、相互核查的作用，在一定程度上可提高信息的准确性。加强各主体间的信息沟通，可避免因信息不畅而导致的摩擦。

二是对管理层、员工定期进行培训，更新他们的知识储备、增强他们对自己工作的认知；及时传授新技术、新观念，条件允许的情况下可进行一对一职业素质的培养提高。除此之外，可建立人才引进机制，设立大学生村官岗位、鼓励村内大学生回乡工作。通过提高内部员工及领导层自身素质以及引进人才，补齐从业人员素质不高这一短板。同时，也需要重视村民的知识文化教育，注重培养村民相关旅游职业技能或旅游管理的培训，提高村民参与旅游开发与保护的能力。

三是相关监管机构严格贯彻落实规定措施，严厉打击违规行为。加强宣传，提高村民规划意识，引导村民按照规划建设房屋。管理局及相关部门也要对村内进行走访调查，及时劝阻有意修建违章建筑的村民。鼓励村民互相监督，建立奖励及惩罚机制。当然，对于按照规划修建房屋的村民，也应给予奖励。奖惩分明，严格执行规定，为整洁和谐的村寨景观努力。

四是各运营主体要权责分明，不越界干涉，不滥用职权，认真履行职责。同时，各主体间要做到优势资源互补，减少割裂，联动开发。

五是由于整个梯田景区涉及多个村寨，当地政府政策的制定需因地制宜。对于一些后发展起来的村寨应从当地的旅游开发程度及接客数量出发，在政策方面做出相应的调整，使之能够切实地服务当地旅游开发，真正调动当地村民的积极性，同时也能化解一些村民因政策上的不合理而产生的不满情绪。

六是积极引入资金与人才，推动创新。政府可以给予一定政策支持。

六、结语

本研究以保护与开发为主线，对龙脊古壮寨旅游资源进行了较为全面的阐述及分析，同时也对旅游开发与古迹保护中所涉及的几个主体间的关系进行梳理及讨论。保护与开发这一对关系的讨论对于拥有丰富文化资源的古壮寨来说，贯穿其旅游发展的全过程。但就古壮寨而言，开发结果不尽如人意，客流量较少达不到景区给予补贴所要求的人数，从而导致古壮寨旅游发展经费不足、村民不满；古迹保护举步维艰，村民对于古屋的保护意识相对淡薄、龙脊生态博物馆古迹保护缺乏资金，许多古迹得不到良好的维护；主体间的关系也较为混乱，五个主体间相对割裂、缺乏联动。为这些问题找到合理的解决方法将是古壮寨进一步发展所必需的。旅游开发是古壮寨现代化发展过程中的一条道路，尽管现在开发过程中遇到了一些问题，但我们相信，古壮寨在找寻解决方法的过程中定会探索出一套适合自己的发展模式，在旅游开发这条道路上越走越顺畅。

（一）研究贡献

1. 获得古壮寨发展的最新数据

对某地区发展现状的研究务必讲求准确性、时效性。此次龙胜站成员采用观察、访谈、抽样问询等多种方式，尽可能全面、准确地获取资料。调研中获得的一切资料和数据都讲求实际性、时效性，对原有数据做出了补充和更新。

2. 在古壮寨发展的关键时期，我们分析了古壮寨保护和开发的现状，可谓及时雨

古壮寨旅游开发刚刚 6 年，出现许多问题，此时正是需要相关领导做出调整决策、引导古壮寨更好发展的关键时期。目前古壮寨贫困户数仍占 14%，年游客量 11 万人次，相比邻近村寨平安寨的每年 35 万人次，仍有相当大的发展空间。此时对古壮寨文物保护、旅游开发的综合现状做详细分析，十分必要。

3. 基于掌握的资料，为古壮寨发展旅游提供新的思路

作为前来考察、学习的大学生，我们有心为当地发展做出自己的贡献。因此，我们从自己擅长的理论角度出发，基于现状为古壮寨发展提供思路，或许能给相关决策者提供参考。

4. 深入采访村民，得到大量第一手资料，为日后的研究打下基础

在旅游开发过程中，一定要让居民受益，这是社区旅游发展的根本目标之所在。❶ 本次田野考察我们深入村民生活中，从村民口中获取了他们对旅游开发方和旅游规划管理者的看法，听到他们的宝贵声音，体现了以人为本的精神。并且直接接触村民，使我们得以不受干扰地得到大量第一手资料，为日后的研究打下基础。

（二）研究创新

1. 从多个角度分析古壮寨现状

以往的研究往往从村民、管理局或生态博物馆等某个单一角度研究古壮寨。而我们的研究兼顾了旅游公司、管理局、村民、基层社会自治组织、生态博物馆五个角度，更加立体地呈现古壮寨的保护和开发现状。

2. 分析问题时建立多元主体关系图，以主体为单位分析问题

我们在考察过程中分析了一些有价值的问题。分析时，我们将与文物保护和旅游开发有关的几方（如博物馆、旅游公司等）罗列出来作为主体，画出联系图，将所研究的问题拆分为主体与主体间的关系，便于研究。最终得出结论需要汇总时，再将各主体的关系综合起来，对原问题形成一个全面的解答。

（三）研究局限性

本次调研活动整个过程非常顺利，无论是从选题准备、实地调查还是成果总结方面都取得很大的收获，但不可否认的是本次调研仍然存在很多不足之处，需要改进和完善。

（1）调研的时间过短，未能对整个龙脊村古壮寨生计模式的各方面做一个完全深入透彻的了解。由于本次调研仅仅进行了十天，我们无法在如此短暂的时间里进行全局式的考察，只能就我们的调研主题进行专门的信息收集和文献查阅，这是本文的一大遗憾。

（2）调研选取的样本的代表性有较大局限性。在我们的时间、精力、资金以及研究空间等共同因素的作用及制约下，针对村民、龙脊村古壮寨基层社会组织、旅游参与者（导游、游客等）等各代表性群体抽取样本的数量和范围不够广泛，可能造成研究成果具有主观性和片面性，有待进一步的研究，从

---

❶ 唐晓云. 古村落旅游社会文化影响：居民感知、态度与行为的关系：以广西龙脊平安寨为例〔J〕. 人文地理, 2015（1）.

而完善和补充相关结论。

（3）对相关文献的借鉴和理论的运用不够充分。在我们的研究成果中，很大一部分是由我们自己了解和观察到的信息总结而成的，有些方面缺少对前人研究成果的引用借鉴，而且由于站点成员来自不同专业，可能存在一些对非本专业的知识理解不充分的现象，这就造成我们的研究成果可能在某些问题中的严密性和学科专业性上有所欠缺。

（4）后期资料整理过程中的效率较低，拖慢了进度。由于本次调研主要采用深度访谈和参与式观察的方法，调研过程中访谈资料随着时间推进日益堆积而并未做到及时整理，造成信息冗杂，无法及时查阅，对我们将所有信息资料整理成文造成较大困扰。

（5）其他方面，我们可能还存在着前期准备不足、后期调研积极性下降、囿于一些限制因素无法深入验证结论等问题，希望后续研究中可以查漏补缺。

以上是对本次研究局限性的概括，希望能对笔者和读者双方都有所启发和借鉴。

参考文献

[1] 全京秀，崔海洋. 费孝通人类学研究方法探讨：精读《江村经济》[J]. 广西民族大学学报（哲学社会科学版），2013.

[2] 范正勇. 对人类学研究方法——田野调查的几点思考 [J]. 青海民族研究，2007（3）.

[3] 杨秋林，汪永涛. 试论人类学研究方法 [J]. 科协论坛（下半月），2009.

[4] 风笑天，社会学研究方法 [M]. 北京：中国人民大学出版社，2001.

[5] 方长春. 从方法论到中国实践：调查研究的局限性分析 [J]. 华中师范大学学报（人文社会科学版），2006（3）.

[6] 尹绍亭，乌尼尔. 生态博物馆与民族文化生态村 [J]. 中南民族大学学报（人文社会科学版），2009，29（5）：29-30.

[7] 潘守永，覃琛. 龙脊壮族生态博物馆的现在与未来 [J]. 中国文化遗产，2011（6）：74.

[8] 方昌敢，民族生态博物馆旅游可持续发展研究：以广西生态博物馆群为例 [J]. 民族论坛，2016(9)：54-55.

[9] 周大鸣，人类学与民族旅游：中国的实践 [J]. 旅游学刊，2014，29（2）：103-104.

[10] 付广华. 在地方发现全球性：人类学的视角——兼谈龙脊古壮寨生态重建案例 [J].

中央民族大学学报（哲学社会科学版），2015（3）：39 – 46.

［11］罗剑宏，叶卉宇. 民族旅游村寨可持续发展困境及路径探讨［J］. 中华文化论坛，2016（10）：184 – 190.

［12］唐晓云，闵庆文. 农业遗产旅游地的文化保护与传承［J］. 广西师范大学学报（哲学社会科学版），2010（4）：121 – 124.

［13］唐晓云. 古村落旅游社会文化影响：居民感知、态度与行为的关系——以广西龙脊平安寨为例［J］. 人文地理，2015（1）：135 – 142.

再造"尔玛"：北川羌族文化重构的思考

——以陈家坝为例

一、小引

羌族，也许是中国历史上最重要的民族之一。从上古史前时期伊始，在中国古老的历史传说资料中有许多关于羌人的记载。许慎《说文解字》："羌，西戎牧羊人也。从人，从羊。"古代文献中的羌族是一个具有独特生活方式的民族，令中原或者主流农耕区的人们印象深刻。范晔《后汉书·西羌传》中写羌人："西羌之本，出自三苗，姜姓之别也。"而炎帝部族也是姜姓，溯西羌之本源，当始于炎帝部落；"以产牧为业"，产即是粗耕，牧即是放牧，这又不同于纯粹游牧的匈奴等草原民族。

很多学者曾经讨论过，认为炎黄部落均起源于今陕西渭河河谷一带，据考古发现，距今四五千年前的新石器时代，在今甘肃青海河湟谷地至泾渭流域的广大地区有许多遗存。他们的生产方式处在半农半牧的状态，且多为地穴定居。用侯仁之先生的历史地理观点分析，他们是处在农牧交错带的族群，与汉文化农耕区市场保持着亲密的互动。相对于诸草原游牧民族，汉人与他们的心理距离更加接近。❶

千年以降，羌族的地理分布环境也在不断变迁，从河湟迁移到川西，甚至古羌的数支沿横断山南下，成为今天横断山诸多民族的祖先。在此，有关羌人

---

❶ 实际上，有趣的地方在于，无论羌族怎样迁移变化，历史文献中总是习惯于把半农半牧的那一批边缘族群称作羌人，类似的情况一直持续到北宋。王明珂先生在多本著作里都讨论到了"羌"这个民族的实体究竟是怎样的。《华夏边缘——历史记忆与族群认同》中详细讨论了羌的民族传统和记忆变迁。本文中使用的"羌族"的概念，实际上是1950—1954年民族识别所界定的那些族群。

的历史变迁，羌这个概念的演化或族群的演变不做赘述。详细的理论或一些关于"羌"的争论、质疑，可以参见王明珂先生的《华夏边缘——历史记忆与族群认同》一书。我们想要叙述的是关于民族地区现状的一些对比和再思考，尤其是在汶川"5·12"地震后重建这一特殊时段，去关注这个地方未来可能的发展和与历史❶的承接关系。

费孝通先生曾经在"中华民族的多元一体格局"演讲中提到"自在的民族""自觉的民族"的相对概念，笔者的一些思考就是基于这样的前提。现在的"羌族"是怎样的有着与众不同的独特文化？抑或他们是怎样去建构自己的文化和民族身份认同的？尤其是在汶川地震之后，固有的生活方式完全被破坏，面临重建家园，当大量外来事物对曾经封闭的自然环境中的人们造成新一轮冲击时，他们的这些文化将发生什么样的变迁，未来何去何从？

另外，当地政府在汶川地震重建中也面临着机遇和挑战的棘手问题。上级政府投入了大量的财力物力人力去帮助灾区重建，来自全国各地的资源向灾区集中，民众的注意力聚焦在西川这片曾经边缘的土地上。因此，包括许多来自本地的民间人士都认为应当以此为契机打好物质建设的基础，改善硬件设施，加速现代化；与此同时，弘扬羌族文化，通过开发本地特色，创造经济收益的同时保护文化传统。这样的意识固然是好的，但是前提是能够准确地理解什么是自己的传统，什么是本地文化中最具特色的因子，应当怎样建设开发，以什么样的心态来建设开发。

实际上，很多时候人们因为太急功近利而建构出一个新的文化传统，反而会对原有的文化产生破坏。当然，这样说并不意味着我们希望旧的传统一成不变地得到保留，只是在开发原有文化的时候，应当多多注意我们的开发和传统一脉相承。而不是做一些千篇一律、粗制滥造的文化产业链条，盲目进行旅游、特色商品开发。这样最后可能会导致严重的后果：文化失去根基也就等于丧失了未来进一步发展的活力；依靠政策优势可以赢得暂时的飞跃性发展，但这样的发展必然建立在大量资源的投入上，不是自发的可持续的。

复杂种种，困难重重，相信必然会引起越来越多的关注和思考。希望笔者的思考可以回答这些类似的问题，解决一些自身的疑惑。

---

❶ 在这里指的是1949年以后到2008年汶川地震前的一段时间。因为变迁在民族政策和地震重建影响下是最容易发生的，而且趋向于一种建构性。

二、基本情况

8月9日,盆地西北角落,四川。50多个小时旅程颠簸后,我们中山大学陈家坝社会工作站的志愿者们终于到达目的地——北川县陈家坝乡。

据报道,陈家坝乡是北川县三个极重受灾乡镇之一,"5·12"地震中这里成了道路通信完全断绝的孤岛,"9·24"洪灾让它再次成为孤岛,双重打击使这个深山小镇几无立锥之地。1.3万多户籍人口死了741人,9万多亩耕地毁掉一半,林地也毁掉了1/3,房屋100%损毁。陈家坝乡一度考虑部分外迁的重建方案,但故土难离,陈家坝的百姓最终选择在当地重建。

陈家坝乡和北川新县城之间隔着老县城,交通时断时续,到新县址绕行江油是经常的事,绕一个"D"形大弯。即使是这段路也常常出现泥石流、塌方等险情。我们就是从这条路进入北川的。山中小镇,最大的一块平地曾经只能搭500多间板房,这块土地现今已成为重建后陈家坝乡的场镇。学校、乡政府、菜市场都集中在这里,青岛市负责这个地区的所有重建任务。重建是建好一片拆一片,据说有村民创下了搬家15次的纪录。

重建的难度,外界难以想象。

当车向河谷深处行驶的时候,盘山落斜,虽不是蜀道最难的地方,但足以让那些从未体验过这样地形的平原区的队员们感到惊奇。路上可以看见新修好的白色多层独立小屋,齐刷刷的形制。屋顶是一个平整的晾台和三角形的屋檐;三角形屋檐下面,是彩漆梁架,墙壁顶处是"T"字云纹图饰(见图1)。几乎所有房屋墙壁上都有一个"羊头"标志,象征羌族的民族身份。❶ 沿途的宣传标牌上不时闪过"重建尔玛家园"的字样。

羌族生活的地域十分特殊,刚好是处在中国地势第一级阶梯向第二级阶梯过渡带上的横断山脉北部,山脉以西陡然升起海拔3600米以上的高原,山脉以东逐渐下降到四川盆地400多米的海拔。这里的地形起伏巨大,山高谷深,山河相间,阻断东西交通。一幅典型的地域风景画便是:激流绕深涧,谷中起白云。南部是三江并流,北部则是青藏高原东部边缘与川西平原相接的过渡带。这里的地理岩层褶皱、断裂发育,多泥石流和滑坡。这些微地形的本身便

---

❶ 凭经验,应该是盘羊头骨,是一种分布在亚洲中部的大型偶蹄类动物,国家二级保护动物,喜欢在岩石山地区活动。笔者曾经在许多彝族朋友家看到过类似的盘羊、野山羊头骨,包括嘉绒藏、白马藏等西南少数民族裔都有用羊头骨当作装饰物的习俗,很难把这种象征具体归于某个民族。

是一道道南北纵裂的河谷，是亿万年来青藏高原抬升并向东挤压形成的地理现象。汶川、理县、松潘、茂县分布在岷江河谷的上游，北川、平武则位于涪江流域的川西盆地边缘，在这些河谷上游分布着许许多多如串珠般的堰塞湖，叠溪海子就是其中比较出名的。

图1 "T"字云纹图饰

这里，就是羌人的家园。

从文化环境上看，羌人生活在藏文化区和汉文化区的双重边缘地带，这里的文化区恰好是在费孝通先生所说的中国三大文化走廊之一的藏彝走廊。也许，这条走廊是中国民族文化最丰富、最独特的地区，当然也是环境最为恶劣的地区。许多到过川西的人都曾经感叹，到了川西跟出了国似的，不仅风景变迁，连文化环境都是不同的，经常能碰到讲"反转话""团结话"❶的老乡。对于长期生活在主流文化区的人们来说，这样的视觉和文化冲突也是巨大的。以至于有一个"旅行的迷思"这样写道："如果你想在最纯洁的异文化环境的镜子中，映照出人们难以察觉的自我本相。那么，川西的香格里拉将是最低成本的选择。"另外，就生产生活方式而言，这里的人们显然是属于混合经济：畜牧和粗耕相结合的方式。这既证明了他们处在高原牧区与盆地农区的边缘，也说明了他们的生活条件恶劣，无法靠单一经济基础赢得生存，必须尽可能地

---

❶ 两种带少数民族口音，近似于四川话的语言方式，通常会带一些本民族语言的句式。

适应环境、气候、土壤，利用所有资源。如果说，侯仁之先生提出的农牧交错带理论是在北方草原和南方旱地农耕区之间以纬度为分界的话，那么川西的农牧交错带则是建立在海拔基础上的。在这样高山深谷相间的地区，河谷和山地因海拔导致经济方式不同是很正常的。

一方水土养育一方人，羌山羌水，造就了独特的羌族文化。如前所述的地理环境状况，这里并不适合农耕者居住。在历史上，由于农业人口的扩张，与边缘的民族发生了激烈的资源竞争冲突。农耕文明由于生产力较高而且人口众多，一直处于优势地位，直至扩张到生产生活条件不利于农业耕种的地方——农牧交错带。若是再向前到了高原，高原原住民为维护自己生存优势，会对这些外来者保持敌意，冲突剧烈。所以那些实力并不是很强大的人群只能尴尬地生活在双重边缘地区。这些双重边缘的地区，往往也是资源环境容量比较狭小，竞争冲突激烈的地区。

"尔玛"其实是居住于此地的族群对于自我的称呼，翻译为汉语大致就是我们所称的羌族。也可以这样说，尔玛是自己对自己的称呼，羌族是他者的称呼。"尔玛伊萨"就是这些人在祭祀等宗教仪式时的特殊舞蹈。● 现在当地许多学校开始普及一些基本的羌族文化，比如锅庄舞、羌语和羌绣。但在言谈举止方面，我们更容易把他们当成普通的四川人。饮食上的区别也许只是山区多了些玉米，村民们闲的时候常聚在一块打麻将，访谈中的点点滴滴都显示了他们的生活和亲属关系与其他地区的农村没有太大的区别。如果不是因为一些独特的姓氏"母"，我们很难把他们与汉族人区分开来。这和我了解的传统意义上那些头戴裘帽或青白色头帕、身穿羊皮褂、尚白崇武的羌人大不一样。

三、"羌"的文化及保护

生活在高原和盆地农牧交错带的族群，却有着相当丰富的文化。地震、泥石流、滑坡、寒冷霜冻、贫瘠的坡地、狭长的河谷，处处掣肘，却无一不对这些族群的经济生活方式、家庭亲属制度、社会组织形态、民俗宗教信仰和历史神话传说产生巨大的影响，并形成了与众不同的差异。

● 人们最熟悉的锅庄，实际上是一种自娱形式的舞蹈，在场院里或火塘边站成圆圈或弧形，饮酒欢歌起舞。同样也是西南山地民族的普遍舞蹈形式，摩梭人、康巴人都很擅长跳锅庄。

按照一般说法，羌族是有自己语言但没有独立文字的民族。因此，有关自己的历史、神灵祖先的故事、宗教信仰体系都是以口头形式传授的，而"释比"则是掌握这些口头叙述经典的重要社会角色。在羌族的社会分工中，释比是负责宗教仪式的祭师，在仪式时吟唱经典。而经典不仅是羌族悠久历史文化的传播载体，也蕴含了其独特的哲学、艺术、宗教。因此，以释比经典为核心，可以上溯到羌族古老文化的吉光片羽。

与释比相对应的思想体系是羌族最具特征的万物有灵和白石崇拜。一方面，一草一木、神山圣湖、英雄祖先、图腾鬼魂，都是羌人的拜祭对象；另一方面，又对白石、锅庄有着极为强烈的宗教情怀。锅庄受崇拜很简单，因为锅庄是火神的代表。山区高寒，几乎每个家庭都会有一个专门供取暖的火塘。❶ 而为什么会崇拜白石呢？在农牧交错带的山区，由于恶劣的自然环境，人群之间的关系紧张，资源竞争尤其激烈，常常因为争夺牧场、水源、土地等生产生活资料而发生冲突。然而竞争和合作是相辅相成的，为了避免冲突导致两败俱伤，人群之间不得不做出妥协和相互让步的约定，划分地界。羌人尚白，而且认为"白石生火"，物物相生，与人类生育观念相沟通。这在羌人心目中有着生殖崇拜和阐述族源变迁的功能。神圣的白石堆是作为土地分界标志的，每个村都有自己的"塔子"，在这里，白石也是资源界限的标志。❷

同一社会化条件下，人们都对这样的界限表示尊重，久而久之，便开始在白石堆上附加了神灵和传说故事。每一块土地都有自己的地方神，每条山沟、每个村寨都有自己的守护神❸，经过别的村寨时往往也会拜祭他人的"塔子"，以示自己的尊重。最终白石成为各种精灵的象征，乃至于每户人家开始有自己的"家神"，传统的羌族石砌房都会在房顶晾台上供奉白石。

此外，位于岷江流域上游的古老羌寨都存在许多类似丹巴、巴塘、德格等地的碉楼。碉楼的功用在于窥探侦察和前哨防御，一般位于河谷向山坡过渡的咽喉之地，而且背后三面环山，俯视河谷开阔地。这既可以印证羌人和康巴藏人之间密不可分的文化血脉关系，又能够窥探出当年这些地方激烈的资源竞

---

❶ 康巴人、摩梭人、纳西族都有类似的习俗。

❷ 往往以山脊为界线，将白石垒在脊线高处。

❸ 村或寨子的山后往往会有神林，在神林里也有"塔子"。值得注意的是神林是不能砍伐的，现在有许多村寨的林子都在开荒时铲掉了，造成了巨大的甚至不可挽救的自然破坏，引发泥石流、资源减少等一系列环境问题。这反而令人不得不佩服那些创造神话保护树林的先人们。

争。在明清时期,这里的少数民族被统一称为"西番",政府常常向边民们征役收税,冲突频仍。边民们在自己的村子里修建碉楼,防盗贼、防军事侵扰。与此同时朝廷在松潘镇江关、茂县等地修建了许多烽火台、城堡,以防范边民的大规模动乱。久经战乱之后,这些军事设施早已残破荒废,只留下类似"大禹台""点将台"之类的故事传说丰富着人们关于祖先和英雄们的历史记忆,成为他们精神文化的一部分。

当然,这也只是过去的羌族和现在特定区域的羌族人的习俗和文化特征。更普遍地说上述羌族特色的物质及非物质文化对现在的影响范围极其有限。从文化整体观来看即是一种文化的形成,也是文化适应性的结果,文化在与自然、社会环境互动的过程中发展出自身的特点。羌族的文化有赖于他们生存的特殊地理和文化环境:他们原有的经济生产方式和资源分配模式对文化的形成有着极大的影响。❶ 一旦经济方式、社会组织有所变化,其他文化因子也将发生改变。

以北川陈家坝为例,这里的地形相对于岷江上游显得比较平缓,距离四川盆地农业区更近,而且交通相对比较方便,受主流文化影响大,因此几乎看不出他们与其他四川人有什么区别。虽然汉族人口只占村中的小部分,但是村子里的人家过的节日与汉族没什么区别,在丧礼仪式上经常出现的祭祀者不是端公更不是释比,而是道士。在历史上这片区域的建筑样式本身就是汉式的农家房,低矮的瓦片木房(见图2),旁边有专门堆放农具杂物的仓库木棚。这样的房子大多数在地震之后成为危房,在走访调查的时候,我们凑巧进入一户人家,门上高悬着"红军烈属"几个大字。这家人由于"5·12"地震的影响,丧失了五位亲属。户主是一位83岁的婆婆,她的母亲是一位百岁老人,因为在地震中辗转而受惊,导致身体条件恶化在绵阳逝世。而这位百岁老人的丈夫曾经参加过长征,我注意到屋里有一张他的照片,戴着传统羌人的青布头帕,身着长褂。在历史上,湔江流域的确是羌族人居住的地方。但到了当代,当各种变迁不断冲击着这块河谷,除了历史记忆,他们与汉族的界限已十分模糊了。

---

❶ 在这里很难把非物质文化和物质文化分割开来进行叙述,例如生产方式会影响到社会组织制度,而且亲属关系则是社会组织中最重要的一环。羌族的家庭生活中,母舅是重要而独特的角色。这有赖于那些资源竞争中形成的独立村寨和相互之间通婚的习俗,既是缓解激烈竞争的适应手段,也是一种本地独有的非物质文化。羌族碉楼空间形态变化也是一个例子。

图2　汉式瓦片木房

在"5·12"地震之后，几乎所有的居民都建了新房，购置了电视、摩托车等新的家具用品及交通工具，陈家坝乡势必会进入更新一轮的变迁中。在这种情况下，保护和弘扬羌族传统文化与当地的实际几乎没有关系，毋宁说是重新构建一份羌族文化。当地人对原本的羌族文化并不理解，这样的构建意义在于他们可以依靠民族身份的建构得到政策优惠；利用文化的重构招徕旅游者仅仅是商业开发的盈利手段而已。

同样的问题也困扰着岷江上游的那些资源环境更狭小的传统羌族村寨，在国家实行山林公有化之后，大家认为山林是国家公有的土地，不属于单独一个寨子。越来越多的人放弃了那些以白石塔子为资源界限的传统，所以山神也就没人祭祀了，释比、白石崇拜等构成的宗教信仰体系逐渐消失。外来人在山林里采购草药、菌菇、木材等一度导致羌寨的森林面临着破坏，好在1998年以后，惨痛的环境教训给人们提了个醒，政府开始意识到林业的重要性，也投入保护之中。长期以来的水电开发项目，淹没河谷适宜农耕的土地，迁移到别处的人们显然面临着传统文化不适应当地的情况；往山上迁移的人群则不得不面对更加恶劣的自然环境和灾害……

另外，这些本来土地生产力不高的地方，出于经济利益的考虑，越来越多的人开始外出打工。经济方式的转变带来生活方式的转变，人群流动带来的变迁冲击着原来稳定的社会关系，那些传统的亲属制度和生活方式也随之发生变迁。在汶川地震之后，经济生产几乎需要完全重建，移民带来了社区环境的变化。如何保持文化的独特性，同时兼顾当地的经济发展？这是一个十分严重的问题。因为问题的现实性和迫切性，政府在面对这些问题时的处理方式也值得留意与思考。

文化，无论是物质的还是非物质的，其实是有三种基本价值的：实用价值、历史传承价值以及审美价值。

首先是实用价值。随着生产方式、居住环境的变化，文化作为工具的实用价值逐渐降低，甚至消失。当然，也有可能成为一种身份认同、社会地位的象征，例如青铜器之于殷周贵族、长城之于中华民族。

其次是历史传承价值。当我们强调某种工艺或工艺品历史悠久时，即是在肯定其底蕴深厚、意义丰富。有一种说法："所有的文化遗产都是古人给予现代人的馈赠，现代人应当感恩而不是选择破坏或遗弃。"一个文化元素总是凝聚着历代人的智慧，也和其他文化元素之间有着紧密的相互关系，往往可以透过一项文化传统，看到其主体文化环境中的其他方面。例如羌民信仰的释比文化，几乎可以牵扯到从生产方式到风俗节日的方方面面。

最后是审美价值。汶川地震后，社工组织在灾区推广"羌绣帮扶计划"，因为绣品自身的审美价值具有相当庞大的市场，羌绣推广的前提是其自身具有一定的市场竞争力。广受欢迎的纺绣品，具有审美价值的是其核心属性。

因此在对羌文化实施保护的时候，长期以来习惯上采取三种办法。

第一，整理和记录民俗文化资料，收集大量的民族史诗和传说，编写研究材料，将珍贵的民俗工艺品收藏起来，建立民俗博物馆。

第二，将某一片地区单独划出来设立特殊行政单位，譬如云南迪庆的"香格里拉化"，然后对地区进行一系列跟进式开发，发展建设与保护当地特色同时进行。由于享受民族地区优惠政策，使用政府财政等资源支持用以保护。在旅游业开始兴起之后，以开发推动保护，赢得经济利润和保持本地特色。汶川地震后，来自全国各地的资源都开始向北川集中，陈家坝其实是一个由山东省青岛市援建的乡镇，镇上的小学、中学均是由青岛市当地的大企业譬如海尔捐资修建的。所以客观上，北川实际上是少数民族自治县加上地震灾区双重特殊身份，在短时间内可以聚集大量资源进行灾后恢复建设。

第三，对于民间人士而言，他们十分重视挖掘传统文化的内涵和塑造自己家乡的形象。作为"禹兴之地"的北川，最丰富的故事传说就是关于大禹的。长期以来通过这样的方式能够吸引外界的注意力，重构民族传统文化，当然可以增强地区自信心，对于灾后的建设方向和与灾前社区历史的衔接，都有着巨大的意义。

上述三种方法最为普遍用于北川地区羌文化的保护和发展，但是在保护过程中出现了文化重构过度的一系列问题。第一种方法对文物的保护非常有益，而且对于处于濒危状态的口头文化能够起到较好的抢救作用，比较完整地保留了文化的特色、历史状态。在逐步重视保护非物质文化遗产的今天，民俗博物馆的设置也有利于那些神话、故事、工艺的传承。但是，这样放在博物馆的文化实际上是"死"的文化，只能保留展览，失去了再生长和发展的动力。大多数时候，人们在工业化带来的文化破坏方面表示出了些许无可奈何。殊不知，其实文化的发展中必然有一些旧有的形式因为失去了实用性或发展土壤而消失。我们所能做的不是完全保护一个单一静态的文化，比如当羌族的生产方式变化和社会组织变迁时，我们不能强调他们像先辈那样祖祖辈辈地生活在碉楼寨子里。曾经用于武力的建筑今天已失去了防御的功能，但是这种适宜于眺望的建筑形式和适宜于在并不平整的土地上建筑房屋的石砌工艺却能够流传下来。这些就地取材石砌的房屋已经证明了比现代混凝土建筑方式耗费更少的资源和占地，稳定性也不差，更适宜山地环境。我们应当保护的是这样一个曾经适应当地环境的文化精髓，以及尽可能地保护各种文化要素之间的整体性联系。

整体性联系应当怎样维持和保护呢？由于我们的调查时间有限，资料收集工作也不太够，所以我们尽可能地尝试做些反向思维。当地政府在使用第二种方式的时候往往利用一些自我建构的文化符号去吸引外界投资，这些文化符号久而久之就会逐渐吞噬和机械性代替当地原有的文化。并不是笔者对原汁原味原生态有着嗜好，当然要是当地能够得到发展，普通人都能提高生活水平，这样的做法无可厚非。但众多访谈资料中民众透露出的对建构文化的无知，以及针对政府的一系列开发项目并没有惠及大多数人的事实，防止蓄意建构的文化泛滥并不是无事生非。当企业投入文化开发领域时，受益者是企业和因税收与之联系起来的政府，许多企业直接选取旅游开发作为切入点，以利润为导向。文化产业化成为大众选择的基本思路，却没有人去考虑这样的思路取得成功需要付出的是牺牲一部分文化的本来面貌。

四、关于开发和建设政策的分析

整体说来汶北地区的重建做得比较成功，恢复建设其实才是现在这一时期的主流。虽然这篇不完整的报告里只讨论了一小部分当地的重建工作，但希望不要误以为震区的重建没有太大的建树。因为资料不足和个人分析、调查能力不足等原因，本文无法对这些成功建设和其中的一些缺憾做客观具体的分析，当然也不敢妄下论断。只能零星地提供一些论点，希望以后可以利用各方资料继续分析，使调查更加客观化。

现在整个北川陈家坝区的建设工作已经接近尾声，只剩下少数住户由于个人家庭原因没有建新房或依旧没有搬迁，当地的商业相对已经有了很大的发展，不少居民开始做一些小生意。由于来自以前山沟里的乡民都迁移到河谷定居，以前原本狭小的农业用地不得不让给重建用地。当地现在的种植业已经越来越式微，许多居民依靠帮助村民建房挣零工为生。很难想象等到援建者们撤出以后，国家资源不再那么集中，当地人的就业和生活会受到什么样的影响。商业发展的前提在于市场，而一个经济基础薄弱的小乡镇是不会有太大市场潜力的。怎样扩大市场，在重建后相当长时间保持发展后劲，就是当地政府该考虑的事情了。而当地人的就业会和震前发生什么变化，或是有更多的人采取和以前一样外出打工的谋生方式，还需要进行一些更深入的观察调研。在移民之后，原有社区结构的调整会怎样影响他们的内部关系在这里就不能赘述了，还有许多类似教育医疗的发展也无法进行详尽回答。作为一个着重于教育的社会工作服务小组，我们对当地教育的现状同样有着很多一言难进的思考以及建议，在小组的工作总结中有详细讨论，不在这里详细论述了。

生产、生活和文化的变迁似乎是近年来羌族聚居区的一个习以为常的主题。我们去的时候已然没有办法给当地寻求一个合适的定位，既不同于传统的川西少数民族地区，又非单纯的灾区。重建的进度有目共睹，但是却面临着重重困难。物质建设、文化重构、社区调整，无一不经历着巨大的流动性变迁，这些复杂的变迁如果能够找到一个比较好的契合点，将对这个地区承前启后的发展极有裨益。

高定民族融合之路

一、绪论

（一）研究背景

1. 村落概况

高定村，地处贵州、湖南、广西三省交界位置，距广西三江县城有 60 余公里，是广西壮族自治区三江侗族自治县独峒乡中较为大型的侗族村寨（见图 1），现有 600 余户人家，合计 2000 余人。在该村落附近，还有干冲、林略、美烈等多个村落，合计 5000 余户人家。这片区域同样也是侗族地区村寨布局以及人口分布十分密集的地区之一，在保留相对完整的侗族传统文化的同时，也承受着现代化带来的冲击、改变与融合。

图 1　高定村村貌

高定村的旧寨址"岑寨考"，原来是一个只有几户人家的小村落。村民在此居住的数年间，不仅人口没有太大的发展，大的家畜也难以养活，到最后连家禽也成批死去。陷入困境的村民们却在偶然间发现一群白鹤的踪迹,并跟随它们一路找到一块"风水宝地",最终在此建村定居。因建村之地位于半山腰,且地势不平颇为陡峭,又因其是"仙鹤指路"的神引之地,村民们将村落命名为"高定村"。

过去的高定村和其周围的一些村落一样,本都是苗族人、侗族人混合居住的村落,但是现在,高定村里却只有一个民族——侗族。原来占据半壁江山的苗族已被融合、同化进了侗族中,并且从生活习惯到自我认同,都近乎完全的侗族。然而,我们并没有在其他村落发现这样高的民族融合程度,有的村落甚至出现"子女一旦跨族结婚就断绝父子母女关系"的情况。也因此,本文旨在探究广西高定村中苗族与侗族之间的民族关系,着重从民族融合、民族同化、民族认同等常用概念分析高定村苗族演变为侗族这一现象。

2. 氏族概况

高定村的特殊之处并不只在于它的地理位置、形成与相关传说。其复杂的氏族与氏族背后所暗藏的多民族关系更是赋予了这个村落极具包容力的独特魅力。在高定村600余户人家中,吴为大姓,占村民人数的90%,剩下的还有杨、李等姓氏。而吴姓又按其祖先来自不同的迁徙地而划分为五个可以互为通婚的氏族,分别为伍苗、伍通、伍丰及五大、伍六雄、伍央,还建立了与其对应的氏族鼓楼。其他姓氏便可选择其中一家进行依附,并同时承担该氏族的义务,享受其保护。

在几个氏族中,最为庞大的便是伍苗氏族。伍苗氏族的先祖其实并非侗族,而是苗族。其祖是来自贵州省黎平县牙双村的"萨坦"。该氏族的字派为"廷、朝、富、启",四代传宗。如今在高定村山上的坟碑可以追溯到八代之前,算上无字石碑,已传承约二十代,有400多年的历史。

至于伍丰及五大氏族,伍丰氏族的祖先及莫姓的祖先,都是最先进入现住地立寨的几户人家,为侗族。伍丰氏族的人口发展缓慢,是从湖南通道播阳乡新寨迁来,距至建村伊始也有约二十代人。字派为"奉、总、唐、大、姬、尚、其、永、必、诗",十代传宗。而五大氏族也同样是从湖南通道播阳乡新寨迁来,本在播阳时,两个氏族便是同宗,到高定后,虽其氏族名称有别,但同与伍丰氏族兄弟相处,共同建造氏族鼓楼,并且至今仍不通婚。五大氏族的字派则为"才、仓、转、仕、万、家、民、富",八代传宗。该氏族的祖先于清乾隆十二年(1747)迁到高定定居。

伍通氏族，同样是较早搬迁至高定村的氏族之一，只比伍丰氏族晚一代左右，同样为侗族。该氏族本居住在三江县周坪乡的寨淮、平传一带。因以"葱炒鸡蛋"祭祖，故以"通"（即葱）为氏族名。其字派为"才、通、万、代、仕、大、吉、昌"，八代传宗。

伍六雄氏族，该氏族原籍是湖南潭溪，后搬迁到贵州黎平亮思寨，因在此和廖姓财主有世仇，三兄弟在杀了财主后逃到黎平平架的高山（侗族语称为"六雄"）等地居住，原姓罗，后为隐蔽而改姓吴。而后三兄弟中的其中一位定居高定，至今已有八代，字派为"聪、松、盛、定、光、国、启、玉、文"，九代传宗。

伍央氏族，该氏族从独侗乡的柜盆村搬来，时间有140多年，五代人，其字派与吴通相同（才、通、万、代、仕、大、吉、昌），八代传宗。

杨姓，从广西龙胜各族自治县的光南平等迁来，已有八代人。在刚迁来时，其祖在称为"岑正杨"的山上居住，一开始因为与"吴"姓不同而不准迁入村中，但因后来高定村与贵州境内的三团村（苗族）发生械斗，而杨氏兄弟力气大、武功好，在抗击对手中做出了巨大贡献，为村寨立功，而得以入寨定居。时间并不长，只有四代人。

李姓，其祖原住广西三江侗族自治县同乐乡孟寨村，后搬迁到贵州黎平县洪州乡"外河"村，从"外河"再迁到"高定"。字派为"信、申、兴、香、才、宝"，六代传宗。李姓在迁入高定村后，选择加入伍六雄。

莫姓，从三江县的八江乡三团村搬迁来，是最早到高定定居的姓氏之一。

卢姓，原为汉族，其祖籍湖南宝庆，现已融合为侗族。

黄姓，侗族，从湖南通道县播阳乡搬迁过来。

3. 民族概况

根据前期的资料收集与实地调查得知，几个氏族的祖先并非都是侗族，其中伍苗一族的祖先为苗族，伍六雄一族与汉族的关系颇为密切，而其他氏族的祖先均为侗族。但是，随着时间推移，村中原来截然不同、泾渭分明的苗、侗二族如今却都成为侗族子民，在穿着、饮食、生活习惯、住所甚至节日都几乎没有区别，自我民族认知也都是"侗族"，实现了民族同化与融合的过程。对于村外，高定村人一致身份为"侗"，但在村内，还要分"苗边"和"侗边"。其中伍苗一族为苗边，先祖为苗族人；其余氏族则是"侗边"，先祖为侗族人。但无论是"苗边"，还是"侗边"，现在都是侗族。

在建村之初，除了侗族先祖，还有几户苗族兄弟从外地"干务"迁来。但苗族人在之后的日子里人口发展缓慢，因此三次被侗族赶至孟江河下游称为"三转"的村子居住。但传说苗族兄弟被赶走后的那一年，稻谷颗粒无收，侗族人损失惨重。侗族在获得风水大师的指导之后，又三次将苗族先祖请回高定村定居，自此作物丰收，灾害不再。苗族和侗族以寨中长流的一条水沟为界，侗族住房在水沟西侧，苗族住房在水沟东侧。

一开始二者互不干扰，任其自由发展，但经过漫长的聚居生活，大家互相影响、互相渗透。两族合力共同修建了高定村第一座大鼓楼——村寨鼓楼。同时还合办了一年一度的芦笙大赛，每年都会有年轻男女通过吹芦笙来传承民族的文化、展现个人的魅力。从此两族相安而处，甚至开始通婚、繁衍后代，苗族和侗族也开始呈现交融的态势。但由于侗族迁入村寨的氏族及户数逐步增多，伍苗一族从一开始的半壁江山（一半人口）到如今已是三分之一不到，其苗族的语言、服装和习俗也逐渐消失，生活方式、节日习俗与侗族趋于同一。仅在某些生活礼俗上稍有差别，如在丧葬上由于苗边的人不怎么讲究良辰吉日，因此往往在人逝去之后当日便抬去山上埋葬；而与之形成对应的便是侗边，他们需要请大师占卜上山吉日，算准时辰，因此常常出现遗体在屋内停留上许多天的情况。经过国家民族识别之后，"伍苗"已被划为侗族，但在他们的族源记忆中，伍苗人仍认为自己是苗族的一支。独峒苗族，细分之下又属于不同支系：居于独峒乡东北角玉马、高宇、牙戈和上亚等村屯的苗人，俗称"草苗"，他们与当初最早来到苗江流域开垦的苗族是不同的，草苗不与侗族人通婚，世代聚居在自己的村寨中，少与侗族人往来，操苗族语言（也懂侗话），服饰穿戴也有自己的风格而与侗族不一样，保留有较完整的苗族传统。而在独峒乡西南角的村寨，如知了、唐朝却是侗苗杂居村寨，这里的苗族是从贵州搬迁过来的"老苗"，操侗话，只是在习俗上仍旧保留苗族人的遗风。不管是侗族还是苗族，他们在独峒这块土地上和谐自然地生活着，共同创造出独峒富有特色的民族文化。

在实地调研中，我们从当地伍苗村民口中还得知了一条信息：高定村里伍苗氏族的祖先属于"草苗"，而草苗是苗族的一个支系。据了解，草苗自称为mjiu（直译苗草），其显著特点就是"说侗话唱汉歌"，但其所说的侗语与当地侗族所说的侗语略有差异，由于草苗的形成和蒙古族有关，因此他们虽居住在南部侗族区内，却保留了不少北部侗族特有的词汇。

（二）研究意义

我国是多民族国家，各民族之间的民族融合、民族同化、民族交融，对维持我国社会的和谐安定有着不可或缺的重要作用。作为一种过程，民族融合以不同的表现形式存在于中华五千年的文明史中，民族同化作为民族融合的具体表现形式之一，对民族融合的发展意义重大。我国是一个多民族国家，民族关系的发展关乎每个人，民族融合在当代不仅能够凝聚人心，增强对社会主义核心价值观的认同，同时能够有效地防止民族矛盾和民族冲突。目前关于民族身份转变的民族融合实证研究较少，我们的研究基于三江县高定村的实地调研，具有一定的信度，作为一个民族融合的个案，具有较为重要的理论意义。

三江县高定村是中华大地上一个极其普通的南方村寨，是中华民族大家庭中一个小小的侗族村庄。但是，高定村短短的五六百年历史，却记录着中华民族融合与发展的足迹，珍藏着侗族与其他民族共同的繁荣。我们通过实地调研和访谈，回顾这段历史，目的是让人们更加真实地认识高定民族融合的现状，以一个微小的个案呈现出中华民族的大繁荣，具有较强的现实意义。

本文主要是针对民族融合这一概念，对广西柳州市三江县高定村的苗族与侗族的民族关系状态进行分析。从高定村的民族融合状态，归纳出可以借鉴的地方，用以改善周边其他村落苗侗乃至全国范围的民族关系。

二、文献回顾

（一）国内外民族融合相关理论

纳日碧力戈认为："民族是在特定历史的人文和地理条件下形成的，以共同的血统意识和先祖意识为基础，以共同的语言、风俗和其他精神和物质要素组成系统特征的人们共同体。"中国对不同族群称呼为民族，西方则常用族群来指代不同文化群体。在理论上，西方的族群一词可以指代民族一词。本文旨在研究广西高定村中原本为苗族与侗族两个不同民族身份的村民，最终全部确立侗族身份进行生产生活的民族融合现象，阐述目前高定村的民族融合现状。

民族研究不可避免需要谈到民族关系，在民族关系中，民族融合、民族同化是常用的概念。很多学者将民族同化视为民族融合的一种形式，民族融合与民族同化有着包含关系，目前很多研究对比区分并不明显，学界使用最多的是民族融合。故本文将使用民族融合的概念来阐述苗侗转化为侗民族的变化情况。有学者指出，"民族融合应是两个以上的民族或其中的一部分，在长期的过程中，互相吸收对方的特点，最终形成一个民族共同体的现象。"本文的研究是在历史文化条件下发生的民族自然融合，原本身份为苗族的人，在与侗族生活的过程中接受了侗族的文化与行为习惯，在潜移默化中苗族人、侗族人相互融合，共同认同自己是侗族人的身份。

近年来民族融合的理论以西方为主，在西方，研究民族融合的理论主要有同化论和多元文化论。在国内，费孝通先生根据我国本土情况提出中华民族一体化格局理论。它们均用来理解和解释新移民或者是各个民族在社会中产生的经济成就、行为适应、文化融合、身份认同的过程和结果。

同化理论主要有熔炉论、种族关系循环论和同化阶段论三种表现形式。熔炉论溯源最早是在19世纪克雷夫科尔《一个美国农民的来信》中提出"熔炉"概念，指出美国的各个民族将会在美国这个"熔炉"中不断融合，成为一个统一的民族。然而在社会现实中，美国原有的族群一个也没少，新的族群还随移民的到来而不断增加。熔炉理论越来越遭到学者和族群领袖的抨击。种族关系循环理论则是在20世纪20年代帕克在对美国东北部和中西部城市中多种语言的各族群进行研究后，首次提出了种族或族群关系循环论，认为群体会经过一系列阶段最终达到完全同化。帕克把族群之间互动的过程分为相遇、竞争、适应和同化四个阶段。他认为这四个阶段构成的循环用于所有地方的种族关系，并且他将这一序列视为"显然是递进的、不可逆转的"。纵观前人的研究，美国社会学家戈登将帕克的同化理论修正和发展。戈登在《美国生活中的同化》一书中提出衡量民族关系的七个阶段：文化同化、结构同化、婚姻同化、认同意识同化、态度接受同化、行为接受同化和公民同化。这是在社会学领域中第一次比较系统地提出的衡量民族关系的指标体系，也是体现民族融合程度与状况的指标。当价值、信仰、教条、意识形态、语言等与主体文化的符号系统相适应时，把原有文化模式变为主流社会的文化模式即为文化同化；结构同化是指在基层群体层次上，大规模进入东道主（主流）社会的小集群、俱乐部、机构，即移民群体成为主体族群中的次级群体，其家庭、密友、俱乐部成员和组织化的群体都成为主体群体中的一部分；婚姻同化是移民族群与主体族群有较高的通婚比例，进行大规模族际通婚；认同意识同化是指个人认同参与和成功地进入主流社会之中，发展出完全基于东道主社会的群体性意识；

态度接受同化，是指主体族群和移民族群没有歧视的态度和刻板印象，族群之间消除偏见；行为接受同化，是指主体族群不再对次级族群强调辨别，族群之间消除歧视；公民同化，是指族群之间基于价值和政治取向的冲突减少。

与融合论不同，多元文化论用来形容多民族、多文化、多语言的社会，族群融合的多元化模式是通过强调族群文化的多元共存来实现在一个多族群社会的团结和融合。它承认有某些族群被同化于主体社会分支的情形，但同时也表示即使一些习俗被主体社会同化了，族群中依然会有选择地保留本民族的传统。甚至可能继续创造新的符号来显示族群传统的自豪感，从而使全社会的文化呈现出多元的趋势。

在我国，费孝通先生提出本土化适用的中华民族多元一体化格局理论。其主要有三个论点：（1）中华民族是包括中国境内56个民族的民族实体，在这个民族实体里所有归属的成分都已具有民族认同意识，即共休戚、共存亡、共荣辱、共命运的感情和道义。（2）形成多元一体格局有一个从分散的多元结合成一体的过程，汉族就是多元基层中的一元与核心，它发挥凝聚作用把多元结合成一体。（3）不同层次的认同可以并存不悖，甚至在不同层次的认同基础上可以各自发展原有的特点，形成多语言、多文化的整体。中华民族多元一体格局理论强调个体对本族群的认同，上升到族群对中华民族的认同，从而巩固我国的民族凝聚力与认同感。该理论主要适用于我国民族繁荣、融合、和谐相处的研究，是对本土情况的理论解释。

上述三种理论各有所长，相互补充。它们源于不同的宏观历史情景，较好地解释了各自时代移民与民族的融合现状、过程及结果。无论是同化论导向还是多元文化主义的导向，大一统格局都与族群（民族）的文化传统有着密不可分的关系。这些理论在以后研究民族融合的过程中是可以相互借鉴，相互使用，并不断得到充实和发展的。

在本文，我们拟援引民族融合下戈登的同化阶段理论对三江县高定村苗侗之间的民族融合情况进行分析。在原有七个维度的基础上，结合高定村实际情况，增加当地独特的鼓楼/房族维度，从八个维度出发探讨高定村的民族融合。

研究民族融合，有很多维度既是融合原因，也是融合结果。有不少研究将同化阶段理论本土化使用。民族融合的研究很多，主要集中在汉化等方面，对于少数民族之间认同变化的民族融合的现状研究较少。黄治国等人在融水县培地村的研究将侗族人身份向苗族转变全部融合为苗族过程分为四个维度，结合了戈登的同化阶段理论与费孝通的中华民族大一统格局理论，将认同、通婚、制度与最终融合结为一体，分析培地村的各民族如何融合为苗族的村寨情况。刘萌在戈登七个维度的基础上简化为三个维度，分别从经济、社会、文化出发，将民族融合分为经济融合、社会融合、文化融合三个维度，探究当地社区的融合途径。族际通婚与融合存在着密切的内在联系，与原住居民的族际通婚现象，可以使群体之间社会距离与边界模糊化，还能在潜移默化中改变族际婚姻的移民子女的身份认同，带来文化和结构的适应，从而加速全面融合进程（Bogardus, 1968; Hout M. . Goldstein J. R. , 1994）。此外，居住格局是民族融合的一个新维度，居住模式的变动，使分隔被打破，被视为移民最终实现融合的重要中间步骤。这样打乱的居住格局，既是促进融合的途径，也是融合的体现。

（二）研究空白

近年对民族身份转变后的民族融合实证研究较少，学界的研究主流是汉化现象以及西部地区的民族关系研究。三江县位于广西、湖南、贵州三省交界处，有大量少数民族居住，民族身份在民族融合下发生了变化。现在高定村的民族构成全部是侗族。实际上，其中有相当一部分人是由其他民族演变而来的。据调查，高定村原有的苗族、汉族，由于长期与居住在高定的侗族往来，在语言、饮食、服饰、生产等各个方面受到侗族的影响，演变为侗族下的伍苗房族，逐渐融入当地的侗族社会与文化之中，最终成为侗族。这些融合没有得到相应的研究呈现，我们希望通过本文来叙述三江县高定村的民族融合情况，呈现这一较为独特的村寨民族融合情况。

本研究希望展现出自村寨建立以来苗族演化成侗族的现状，通过从苗族演化成侗族的这批人口中探索出苗族演化成侗族的历史记忆，以此来解释这批人的民族认同从苗族转化成侗族的民族融合下历史进程与对应的逻辑，并基于同化阶段理论，丰富和完善民族同化的系列研究。

（三）研究问题

基于我们的研究情况，我们将对三江县高定村的苗族与侗族的民族融合现状进行研究，研究的主要问题如下。

（1）三江县高定村的民族融合程度如何？

（2）三江县高定村的民族融合情况在同化阶段理论的维度上如何解释？

（3）鼓楼与房族作为高定村少数民族富有特色的建筑与宗族色彩，在民族融合中扮演什么样的角色？

（4）在民族融合大环境下，三江县高定村的伍苗村民对原有苗族身份与现有侗族身份是如何看待的？

三、研究方法

（一）进入田野

民族问题一直以来都是社会关注的重点问题之一，随着社会逐渐发展进步，不同民族之间在整体和谐的氛围下共存与互动。高定村具有其独特性，这里的苗族、侗族从冲突、磨合发展到目前的融合，全民皆侗族。在进入田野时，我们同时采用正式与非正式的进入途径，包括参与村寨与村民聊天，入户对部分村民进行深度访谈等。

整个调研过程中，我们深入田野，吃在村寨，住在村寨，与村民们共同生活在同一环境，这对于我们与村民建立良好的关系有着极大的作用。在村寨生活的12天中，我们居住在当地的一家接待站，并和居住地的杨老板建立了较为稳固的联系。他作为整个调研过程中的守门人，为我们后期调研的顺利开展提供了极大帮助。作为我们的访谈对象，杨老板不仅为我们提供了丰富的资料，同时住在接待站中和杨老板一家同吃同住，也部分抵消了其他村民对我们的一些防备与怀疑。更重要的是，高定村为侗族村寨，村民大多都讲侗语，仅有一些去外地工作、上学生活过一段时间的村民会讲普通话，因此我们和许多村民的沟通问题很大，杨老板同时会讲普通话与侗语，有利于我们访谈的顺利开展。同时，三江站点的带队师兄由于去年也在高定村调研，已经和一些村民建立了良好的联系。在师兄的带领下，我们较容易地获取了这些村民的信任，于是我们便首先选择了这些已经和带队师兄建立关系的村民进行访谈。我们采用滚雪球的方法，通过这些村民朋友介绍，认识了更多的访谈对象。在田野过程中，我们在杨老板与师兄的帮助下，通过自身的人际关系网的层层扩展不断滚雪球，认识了许多村民，初步取得了他们的信任，并在得到他们的同意下对其进行了一次以上的访谈。我们最开始采取关键报道人带领介绍与"滚雪球"的方式联系到一些访谈对象，这样的方法在田野初期增强了我们的信心，也可以接触到不同背景的访谈对象。

另外，我们也走进村庄，穿梭于主路与小道，选择村里的各个鼓楼、幼儿园、村委会等社区作为选择研究对象的地点，多次进入田野，选择不同的研究对象，增加样本多样性（见图2）。同时，我们也关注村里小卖部、幼儿园、学校、卫生所、网吧、老人协会、茶田等重要场域，这些场域往往聚集较多且同质性较低的村民，通过对这些场域的走访，我们选取了一些合适的访谈对象，在其知情同意下进行了一次或多次访谈，进一步增加了样本多样性。这些多样进入田野的方式可以让研究接触到不同背景的访谈对象，使访谈数据尽可能靠近饱和。

图 2　高定村鼓楼中的村民

（二）资料饱和度问题

在田野调研与质性研究中，我们希望收集资料尽可能达到饱和状态。罗伯特·殷提出"序贯访谈法"，其逻辑是，每一个个案都能帮助我们一点点，一步步更准确了解我们的研究问题。前一个个案中的结果会帮助我们提出在下一个个案中我们所要问的问题（所以说这是有时间顺序的访谈法，即序贯访谈法）。我们所要达到的目标就是"饱和"（saturation），即对于某一个问题有全面的了解。而潘绥铭、姚星亮、黄盈盈认为在质性研究的最主要形式"求异调查"中，不是有没有、要不要"代表性"的问题，而是究竟要代表什么的问题。定性调查试图囊括的是"研究主题相关的所有潜在信息"，追求的是对"研究主题的归纳程度"，而不是定量调查所要求的"代表性"（代表"总体中的全部个体"）。定性调查只要相对实现了"最大差异的信息饱和"，就足以反映信息的整体质性，足以通过归纳来满足研究主题的需要，而绝不在于人数的多少。因此，对于定性调查，所谓"代表性"其实是个伪命题，以此来衡量定性调查则是个误区。至于本次研究资料的饱和度问题，由于能力和时间有限，同时由于侗语在高定村的使用十分普遍，纵然有翻译人帮助，我们还是丢失了部分资料，个案的异质性也不够强。对于整个议题而言，我们只是在有限的时间与能力下尽可能收集更多资料，以求更大程度上接近饱和，但并未达到饱和状态。

（三）资料收集方法

本研究主要采用访谈法，辅之以观察法。这两种方法同时使用，便于个案呈现更为立体的形象，同时连续追踪的观察与访谈有利于资料的丰富与筛选，保障资料的信度和效度。

1. 观察法

本次研究综合使用了半参与式观察法、完全参与观察法。其中，更多使用的是半参与式观察法，即观察者并不掩饰研究者的身份，在得到研究对象许可后进行深入的观察。这主要体现在对研究对象访谈时的观察与日常的社区观察。对研究对象进行深度访谈时，我们也将观察渗透于与研究对象的交流之中，这种交流是多方面的，不只是言语的交流，同时还有眼神、肢体动作等交流。由于高定村的民族特殊性，我们着重观察同为侗族但房族不同的村民的差异性与共同性，在访谈过程中我们也在观察的同时进行了初步比对。同时，我们也有意记录高定村各个不同场域的环境特点，并反思这些环境与环境中的人物的关系，以及这样的环境给人物带来怎样的影响。不同村民群体热衷于活动的场域不同，一些老年人、青壮年在白天常去山上的茶田采茶，小孩子会在村中游戏或是帮助家中的父母老人采茶，再小一些的幼儿在暑期依旧于幼儿园中度过白天的时光……针对不同的群体，我们试图观察其于不同场域活动的特性与共性，在田野结束时，我们将观察到的东西一一写进田野笔记。

虽然在此次研究中观察法不是我们主要使用的研究方法，但观察法具有它不可替代的优越性。首先相较访谈更为省时省力，同时在访谈过程中细心观察不同对象的神情等，我们也能在一定程度上从侧面印证研究对象话语的真实性；观察访谈环境，尤其是访谈在研究对象家中进行时，我们也能从环境中折射出对象的种种特点。

2. 访谈法

访谈法是通过口头谈话的方式从被研究者那里收集（或者说"建构"）第一手资料的一种研究方法，也是我们在本次研究当中使用最多的资料收集法。在访谈进行之前，研究组成员均向访谈者表明了研究大致方向与研究目的、内容及意义，强调了研究的保密原则与自愿原则。访谈时，为了最详尽的记录访谈的内容，采用了录音的方式。

最开始社区考察时我们做了几次试访谈，没有明确访谈提纲，甚至没有明确的研究主题与研究问题。我们只是和访谈对象带有一定目的性又比较随意地聊天，期待在与他们的聊天中获取灵感。后来在阅读一些文献后，我们选取高定村的苗侗民族融合作为研究主题，初步拟定提纲，对一些研究对象进行半结构式访谈，访谈过程中并没有拘泥于提纲，更多的是在和访谈对象的沟通交流中不断追问与萌生新的想法。不断深入田野后，我们已经有了多次半结构式访谈的经历，便对之前的一些研究对象进行一次甚至多次访谈，同时我们也在继续寻找更多的研究对象。访谈的形式不一，既有一对一，也有一对多、多对多等形式，每次主要根据访谈对象的时间安排确定，并充分考虑其意愿，访谈的时间每次 30 ~ 180 分钟不等（包括与访谈对象吃饭等时间），根据访谈的情况，每位访谈对象访谈 1 ~ 3 次不等。访谈结束之后，我们都会尽快整理出访谈资料，并写下田野日记，将一些非语言的信息尽可能完整地保留下来。

（四）研究对象

本次调研共访谈了 17 位研究对象，获取了大量研究资料，见表 1。

表 1　个案情况简述表

人员	性别	大致年龄	职业	民族	房族	备注
木匠	男	—	木匠	侗族	—	
老师	男	—	老师	侗族	伍苗	
妇女主任	女	30 多岁	妇女主任	侗族	伍苗	
吴启善	男	—	民俗传承人	侗族	伍苗	
橙色衣服老人	男	—	退休	侗族	—	
汉香	女	初一	学生	侗族	伍苗	父亲伍苗 母亲侗边（和金香为姐妹）

昵称	性别	大致年龄	职业	民族	房族	备注
金香	女	初一	学生	侗族	伍苗	父亲伍苗 母亲侗边（和汉香为姐妹）
杨老板	男	30多岁	接待站老板	侗族	月河	
苗仙	女	16岁	学生	侗族	伍苗	
苗仙爸爸	男	40多岁	司机	侗族	伍苗	
司机	男	30多岁	司机	侗族	月河	
族长	男	60多岁	退休	侗族	伍苗	
洗衣阿姨	女	—	职工	汉族	—	丈夫为伍通
药店老板	男	50岁	药店老板	侗族	伍苗	
金秀	女	五年级	学生	侗族	伍六雄	父亲伍六雄 母亲伍通
秋娟	女	五年级	学生	侗族	伍通	父亲伍通 母亲伍苗
建莲	女	五年级	学生	侗族	—	

（五）资料的整理和分析

本次研究采用主题分析的资料分析方法。在实际访谈过程中，我们一开始是没有访谈提纲的，各个话题都有涉及，后面慢慢确定研究主题后，有了更明确的研究问题，于是按照研究问题的顺序设计了访谈提纲（其间也经历了不断地添加和修改）。我们对收集回来的资料进行整合，并对其进行编码。同时，以其他信息对这些内容进行检验与逻辑梳理。最终的写作将按照研究问题的顺序，一步步展示我们的研究发现过程。同时，在不同的活动场域，拍摄相关照片。我们采用主题分析的方法，听录音、读文字转录稿、观察笔记、田野记录等所有可以分析的材料，把受访者的感受、行为、意义等内容用一定的代码标识形成"话题"，在不同的案例中汇总形成不同的"形态"，总结形成不同的类别，并从个案中总结出一些主要主题领域，经过反复核实后，得出本次研究的主题结构。我们将所有收集到的文字资料重组和融合，并分别按照研究问题编码，分类整理不同个案的共性与差异，按照逻辑线重新排列故事的脉络。

（六）研究结果的检验

1. 效度检验

效度，在质性研究中用于评价研究报告与实际研究的相符程度。本研究主要采用"相关检验法"与"反馈法"检验效度。

相关检验法：本次研究中，我们将访谈资料和在各种场合中观察、体验到的材料进行对应比较，力求客观真实地反映、分析和总结研究资料。17个访谈对象中，因为采用"滚雪球"的方法，一些研究对象间互相认识。于是，在对一些人访谈时，他们朋友的反应也在一定程度上比对印证了访谈对象被访时回答的真实性。我们也在私下有针对性地询问了他们的朋友关于一些我们在访谈过程中有疑惑的点，得到多方对应比较。

反馈法：我们在研究的过程中，除了研究小组内部成员经常讨论外，还不断与带队师兄、其他同学交流看法，听取他们的意见。这些交流为我们提供了看问题的不同角度，从不同层面检验研究的效度，使我们更加明确研究方向，有了更多的反思与自我审视。

以上检验手段的结果，证明本研究是有效、可信和可靠的。

2. 伦理道德问题

本次研究的研究对象均为高定村的侗族村民，研究的问题涉及访谈对象的生命史。在访谈进行之前，研究组成员均向访谈者表明了研究大致方向与研究目的、内容及意义，强调了研究的保密原则，郑重承诺不会泄露参加者的身份，并且也告知参加者可选择在任何时候退出，完全符合自愿原则。所有参加者都表示愿意参与此次访谈。同时，在访谈过程中，录音、笔记都保证了保密性。

综上，本研究严格遵守了伦理道德原则。

四、分析

（一）文化同化维度

当价值、信仰、教条、意识形态、语言等与主体文化的符号系统相适应时，把原有文化模式变为主流社会的文化模式即为文化同化。探究高定村苗侗民族的民族融合，我们关注的是原苗族的文化模式融合到主流文化模式（侗族文化模式）之中表现出的现状如何。

苗族与侗族在历史上已经表现出较多相似之处，即使今天纯正的苗族和侗族也有很多传统习俗重叠，如打油茶、吹芦笙等。民族文化在发展过程中从来都不是独善其身的，而是互相吸收交融的。三江县高定村的苗族原本是草苗（村里现在称呼老苗），这里的草苗村寨周围几乎全是侗族聚居区，在语言上、习俗上草苗明显受到侗族影响，甚至草苗的语言与侗话相差无几，但草苗绝不与侗族杂居，解放前也不与侗族通婚（朱慧珍，1998）。在仙鹤传说中，我们知道苗族与侗族共同和谐居住在高定村之前发生过矛盾与冲突，后被妥善处理。现在的两个民族共同归属于同一民族身份——侗族，在村中以房族之别取代民族之称。在现在的高定村中，除非你询问他的房族，否则一定看不出来他是哪一个房族。伍苗房族（原苗族）和侗边房族（包括伍通、伍六雄等原侗族）成为村民在村中称呼区别于本族人的村民，房的概念从小孩渗入，影响着他们在村中对祖先的归属感。"我家是伍六雄鼓楼，我妈妈是独柱（伍通）鼓楼的，所以我是伍六雄鼓楼的（吴金香）"。

经过数百年的民族同化与融合，伍苗以及侗边房族间的差异越来越小，这样的融合是双方的，是在互动中不断形成与发展的。这种融合与差异都可以在文化上得到表现。首先是在语言上，语言是沟通的前提。三江草苗主要从贵州、湖南等地迁来，语音语法与北部方言相同，与属南部方言的三江侗语相比却略有差异（朱慧珍，1998）。由于双方的语言差异不大，语言的沟通破除了封闭与无交往的状态。现在的高定村中，苗语已经被侗话同化，伍苗人的话语已经基本上消除了口音以及差别字音，侗话成为村民沟通的第一语言。现在高定村有一支乡土艺术队，队中的人各个房族都有，如伍苗、伍六雄等，主要为十里八乡过节日的乡亲以及一些政府和公司宣传做表演，也为本村的村民表演侗戏。高定村的村民们也很喜欢侗戏，伍苗人已经和侗边一样去欣赏侗戏，学唱侗戏和侗族大歌。在我们的采访中，村委会门口附近经常坐着数十位女性老人和小孩，一边聊天一边看侗戏。一部小小的录像机，承载着苗侗两家人都喜闻乐见的侗戏，这些老人以及小孩观看的侗戏，是苗侗民族文化融合的最好体现。

文化不仅表现在语言方面，还表现在节日盛宴、打油茶、民族服饰、建筑等方面。苗侗之间传统节日基本不存在差异，只是内容上大同小异，都是邀请其他房族的人来自家做客，主要集中在时间的差异。伍苗"新米节"在农历七月中旬，悦河鼓楼"吃冬节"为十一月初六，伍通"吃夏节"为八月二十，请客对象不分伍苗和侗边。伍苗新米节甚至主要是邀请侗边人过来吃饭，而五六雄过节日时也邀请很多伍苗的人。诸如新米节、吃冬节等传统节日已然成为不同房族之间互相交流感情、化解矛盾、促进民族融合的重要手段。现在的高定村无论房族，着装基本现代化，传统服饰只有在节庆时穿戴；还有一些年近七八十岁的老婆婆会身穿用高定村传统的染布工艺染的蓝色上衣、黑色长裤，头戴白色头巾，这些传统服饰在整个三江侗族自治县都是统一的。这些服装剥离了苗族的服饰元素，几乎是侗族的传统服饰，说明伍苗在穿着服饰方面已然与侗边一致了。可以看出，在苗族与侗族共处的几百年中，服饰上深度融入了侗族的元素。在我们与木匠、英语老师的访谈中，提到如何分辨伍苗与侗边时，他们也提到除非是直接询问房族，否则，无论是从相貌、服饰、语言等，基本没有办法判断是哪个房族的。

文化的融合，不仅意味着单方的融合，更是双方之间的交流与互动。除了苗族融入侗族的文化，侗族文化也吸收了苗族的文化化为己用，保留在双方的文化脉络里。如打油茶的风俗，油茶本是苗族盛行的传统饮食文化，无论是日常生活还是婚俗节日，一碗油茶是少不了的。油茶文化在伍苗与当地侗族的民族交流历史中，被侗族吸收融合，如今整个村子都爱打油茶。村民是这样叙述这个传统的：

> 因为我觉得伍苗那边都喜欢打油茶。后面有联姻了才学习的（打油茶）。具体怎么样我也不清楚。侗族原本是不打油茶的，后面大家就开始都喝了（接待站老板）。

另外还有两个民族本身共有的文化，可以促进双方的融合。芦笙是苗族、侗族的传统乐器，在大家共同修建了村里中心鼓楼后，芦笙大赛就有了。它设立的目的是为村民们借此来加强伍苗与侗边之间的交流、促进感情。

> 他们（族长）要经常聚在一起，各个族长都联系，一起吹芦笙，我们春节有芦笙大赛，族长带队。都是族长带领大家，族长管着。伍通有个族长，伍苗有个族长，他们联系了，所以一起搞这个大赛，谁吹得响就好。就是伍苗和伍通的两队比赛，老吴和五六雄，四个楼经常斗芦笙，谁吹得响就好，得一个象征性的第一，没有奖。请其他楼的人来评。其实这

个比赛就只是促进一下大家的关系，举行一些活动来促进大家的和谐关系（药店老板）。

芦笙是一种共同的文化工具，这样的工具作为双方都熟悉的乐器，更能表现民族情感，它在高定村中承载了伍苗与侗边双方的情感交流的意义。建筑是文化的另一个表现形式。高定村最有名的传统建筑自然是鼓楼、吊脚楼以及风雨桥。高定村矗立着七座作为房族象征的鼓楼，其中有一座村中心鼓楼以及六座房族鼓楼，民族之分在高定村代以鼓楼之分，也就是房族之别。这些鼓楼大同小异，村里的人已经说不清楚是哪一边先兴建的鼓楼，只晓得这些鼓楼是最早来到高定村的伍苗人和侗边人率先建起的，后来的人入乡随俗建立属于自己房族的鼓楼，在鼓楼上已经看不出民族差异。吊脚楼是高定村村民的住宅（见图3），底下一层放置杂物、养殖牲畜，从二楼开始住人，全部是木制房屋，全村的吊脚楼整齐排布，成为高定村一道亮丽的风景。此外，风雨桥也是高定村重要的建筑，没有一个侗族村落没有风雨桥的，高定村也不例外。整个村子的人都信奉风雨桥，相信风雨桥可以让村子丰收以及安居。伍苗原本的建筑就是吊脚楼，在高定村依旧和侗族一样保存了建筑，但鼓楼和风雨桥主要是受侗族的影响（朱慧珍，1998）。由此可见，建筑上民族文化之间的交流与融合。

图3 高定村特色建筑吊脚楼

文化的融合不仅体现在以上方面，在高定村民生活的方方面面都能观察到各个房族之间无差异的文化习俗，这些文化融合是苗侗两个民族融合的一部分，是双方融合和谐的证明资料。

（二）结构同化维度

社会结构上的同化，是指在基层群体层次上，大规模进入地方社会的小群体、俱乐部、机构。而通过 12 天的调研，我们发现，基于高定村的特殊状况，小群体与机构主要分为村委会、乡土艺术团和鼓楼里的社会人群，这些社群与机构逐步向整体趋于一致，完成社会结构融合。

随着时间流逝与历史演变，这些小群体与机构渐渐不再仅拘泥于民族抑或房族的差异，转而将不同民族与房族的人聚合为整体；另外，这些群体与机构在维护整个村寨的和谐与统一方面发挥着不可替代的作用。它们与身处其中的人群一起，渐渐融合为统一的整体，差异性也逐渐被消解。

高定村的村委会是由村民民主选举出来，且有条不成文的规定就是村委会中必须至少有一位是来自伍苗房族。但事实上，村委会中伍苗人远不止一位，在村里事务的决定上有着较强的话语权和影响力。据我们了解，村委会调节房族矛盾时公正不偏袒，伍苗的村干部不会因为对方同样也是伍苗而有所偏颇；不会因为是侗边而多加刁难。因此在民主选举的时候，村民们也不会计较伍苗、侗边上房族的差异，不会担心房族差异会带来权力上的偏向。因此村委会中的人员结构中，伍苗和侗边的人数比较均衡。

> 老师：我们每一次选举村干部都是说伍苗一定要有人。村子里做什么大事，也一定要有伍苗的人来做。我们这里有几个房族嘛，五分之二都是我们苗族。反正他们侗边那里又分几个房族。

> 吴启善：伍苗在这个村子里面是比较有地位的，比较有话语权。有什么大事的话，基本上都由伍苗说了算。因为伍苗在这个村子里面是一半，其他的四五个房族也才一半，苗族伍苗就占一半。他们在这里也是很有话语权的。伍苗半边天嘛，他们那些四五个房族才是一半的天。

在神话故事（很久以前苗族在高定村扎根，侗族到来后赶走苗族却颗粒无收，便又将苗族请回高定）的集体记忆塑造下，一方面增强族群内部凝聚力，强化族群之间的融洽度；另一方面故事凸显苗族的重要性，也使伍苗的人多多少少存在优越感。不过，他们也都提到，现在伍苗与侗族的区别没有那么大了。

> 老师：现在基本上呢，还是这个样子。但是现在，我们这个苗侗就不

太讲这个了。到后面年轻一代就更不讲了。

乡土艺术团总共有20余人，大多是来自伍苗侗边的老人，也有少数年轻人。有侗戏传承人，也有笛子歌的传承人，之前也有侗笛的传承人——吴大伟，但后来吴大伟因为个人原因离开了艺术团单飞了，主要是出于经济原因和时间安排，而并非是房族之间的矛盾。有意思的是侗戏传承人和笛子歌传承人都是伍苗房族的，从另一个角度反映了伍苗对侗族文化的接受与认可。事实上，伍苗和侗边在乡土艺术团中相处得十分融洽，演绎的都是侗族的传统戏剧——侗戏，配以笛子、歌等侗族传统艺术。乡土艺术团也适当对侗戏进行创新，有揭示孝顺重要性的戏剧《称爸》，也有歌颂社会主义兄弟情的主题与党的十九大有关的侗戏，乡土艺术团常常被邀请在乡里乡外演出，备受群众欢迎。

吴启善：几个兄弟不想养爸爸，这个月给你养，那个月给他养。到我养的时候，爸爸是80斤。到你养的时候，不到80斤，那你就是对爸爸不好。你养的时候呢，要到80斤。到时候你还给我的时候是79斤，那你就是对爸爸不好。这个就是称爸。戏曲就是把这个现实里的东西给表现出来。

戏曲中表现的现实，不仅是伍苗人的现实，也是高定村的现实，当今社会的现实。为了更好地弘扬传统民俗文化，一方面体现民族特色，另一方面也力求贴近现实，符合当今社会主义核心价值观。在共性和个性的平衡中，侗戏渐渐成为高定村的招牌特色，而不同房族间的差异也渐渐融合，共同展示着高定村的文化特色。

问：你们是原本就会这些乐器还是后来跟侗族人慢慢学的？

吴启善：我们老祖宗就会这些乐器，传承的时候也不可能说你跟侗边学啊还是跟苗边学啊什么的，没有这种说法的，反正现在就是哪个有能力就带徒弟，看能力的。

问：你还会苗戏吗？

吴启善：现在不会，以前还是会的。

问：苗戏，现在都没有人会了吗？

吴启善：这个村里面的苗戏，跟这个侗戏基本上是一样的，基本上差不多，结合在一起。以前苗戏我们也不知道。就说我们都是侗族，我们都是一起，就都是唱侗歌的。

鼓楼是高定村人民生活娱乐的据点，男人们聚在中心鼓楼、五六雄鼓楼打三棋、打扑克、休息聊天。在伍苗鼓楼中常有侗边人休息，同样的，在侗边的鼓楼，诸如五六雄鼓楼、五通鼓楼，伍苗人也可以上鼓楼，鼓楼的准入没有房族的界限。

　　问：现在侗边的人会到你们伍苗的鼓楼里面坐着聊天吗？

　　吴启善：现在可以，你到哪个地方聊都可以。聊天是可以，但是你不能够随时随地就进那个鼓楼，我们搞那个芦笙比赛就要分。到那个时候才有这个分界线，才比较明显。这些只有在节日才比较明显。平时的话，都是一样的，大家都在一起的。

图4　蕴含房族意义的建筑——鼓楼

鼓楼作为高定村独特的建筑，具备多种功能，不论是社会功能还是文化功能，皆能起到促进村民团结，增强共同体凝聚力的作用。是维系各个房族友好相处不可或缺的纽带，也是高定村共同的文化标志。虽然各个房族都会建造属于自己房族的鼓楼，但在建造过程中，全村的人都会帮忙，建造好的鼓楼也是全村共享。同时全村最大的村寨鼓楼在高定人心目中更是全村共同的鼓楼。

　　问：建鼓楼的时候，全村人会一起来帮忙吗？

　　苗仙爸爸：会，有时连钱都不用出。等于说是他们起的柱，我们其他几个楼族帮他们建。但是最起码你要有饭吃，我才来帮你。那个木头我们也是送的，只是你出钱买木头，我们帮你送。

　　问：鼓楼对你们有什么作用吗？

司机：鼓楼对我们来说肯定是必不可少的。比如说我们搞什么活动都要去鼓楼，不管你搞什么活动，都要来鼓楼。比如说我们要商议什么，去你家还是去我家这都是不算数的，要去鼓楼，那里是光明正大的。不同房族之间的纠纷也是在全村共同的鼓楼那里商议。

高定村的村民在一定程度上利用鼓楼的独特功能进行着村落不同房族间的社会整合，文化标志的不排他性也使得不同姓氏、房族的村民们融合为村落共同体。

村委会、乡土艺术团和鼓楼等社群和机构与身处其中的人群一起，越来越趋向一致，和谐相融。

(三) 房族维度——从民族之别到房族之别

要理解苗侗融合的现状，就离不开对高定村的房族现状的认识。房族是苗族和侗族都有的一种基于血缘关系的整合体，而在高定村，所有人都归属于侗族族群的房族，这样的划分，使得高定村呈现出一种不分民族，只论房族的和谐融洽的民族融合现状。

房族是以某一父系血缘为基础，通过拟制血缘的文化手段在同一姓氏内部分化为不同内聚力强烈的文化整合体；这个文化整合体常常体现出通婚、祭祀、生产生活以及互助等文化功能。(姜又春，2015)

高定村人对各个房族来源有着大致相同的记忆——高定村目前存有 11 个房族，共有 6 个姓氏：吴姓、卢姓、杨姓、王姓、莫姓、李姓，其中吴姓包含 6 个房族：伍通、伍苗、伍丰、伍大、伍央、伍六雄。当地老人对于本族的起源和发展都有自己的传说，根据当地人们的说法，11 个房族的历史起源可绘成如表 2 所示。(谢雪琴，2015)

表 2 房族情况简述表

房族/姓氏	时间	起源	最初数量	发展现状
伍苗吴	1400 年左右	贵州黎平 水口圩牙双屯	一个公	130 多户
伍通吴	伍苗后，1400 年左右	三江寨准	一个公	100 多户
伍六雄吴	1700 年左右	贵州黎平洪州区 化乡高山屯	一个公	50 多户
伍央吴	民国初年	独峒归盆	两兄弟 (吴央桥、吴央海)	20~30 户

房族/姓氏	时间	起源	最初数量	发展现状
伍大吴	1700 年左右	湖南（江西）潘阳	一个公	30 多户
伍丰吴	1600 年左右	湖南（江西）潘阳	一个公	30～40 户
杨姓	伍苗来后不久	湖南（江西）潘阳阳沙	一个公	30 多户
李姓	1970 年前	铜锣乡孟寨屯	一个公	20 多户
莫姓	1500 年	独峒具盘	一个公	1 户
卢姓	1930 年左右	湖南	一个补锅佬	2 户
王姓			一个公	1 户

关于房族的渊源，大部分的村民已经记不起房族这个划分的名词具体是何时出现，只残存了一些关于房族的共同历史记忆。大部分的村民都提到，房族间唯一比较大的矛盾是出现在数百年前伍苗（当时仍为苗族）和伍通（当时为侗族）因土地争夺而引起的纠纷。但说到现在，大家都表示，房族间已经基本上没有什么矛盾，各个房族之间都能和睦相处，呈现出团结和睦的侗族大家庭的氛围。

问：不同房族如果要是有矛盾的话，那该如何协调呢？

族长：基本没有什么矛盾。私人底下有点，族之间基本上都没有了。以前听老人家说我们苗族刚刚住进这个村子来，侗族看不起苗族，因为侗族人比较多一些，把苗族撑出去了。后来谷子不熟又请苗族回来。

可见，稻谷不熟，请苗族人回来的传说已经是现在村民们关于房族纠葛仅存的共同历史记忆，这种共同的记忆是一种集体社会行为，人们从社会中得到记忆，也在社会中拾回、重组这些记忆。每一种社会群体皆有其对应的集体记忆，借此该群体得以凝聚及延续。伍苗和侗边的村民共同拥有的这段历史记忆，表现为不同房族间矛盾的记忆，也提醒着他们祖先分别是苗族和侗族。

这样的集体记忆重塑了其文化融合体的族群身份，也增强族群内部凝聚力，但同时也因为圆满的历史结局而强化了族群之间的融洽度。这段记忆的结局是侗族请回了苗族人，双方其乐融融地共同生活——这也为后期长达数百年的两族相安无事、融合为一体奠定了历史的基调，成为历史上苗族人和侗族人共同开发高定所发生的冲突和调适的"社会事实"的象征符号。

关于房族间相处的现状，大家一致表示，房族之间已经没有什么争执，大部分都是私人恩怨。

> 问：现在不同房族之间的矛盾还多吗？
>
> 司机：现在没有了，现在都是讲法律，现在你打我的话，我不用来打你，我们也不要叫兄弟来报复你，我直接报案了，叫派出所来找你，现在讲法律了。

高定村的村民在同一个姓氏内部，按照一定的原则分成几个不同的房族，每个房族的成员都认同为兄弟姐妹，具有血缘关系或拟制的血缘关系，他们具有父系大家族所具备的各种文化限制，譬如同一房族严格禁止结婚，成员之间须遵守严格的伦理禁忌，成员之间相互拥有家族性的社会义务等。高定村的村民讲述了他们房族内部约定俗成的规范，如同房族不能结婚、有大小事务房族内的成员相约共同商定、婚丧嫁娶等仪式以房族内部的成员共同参与、同一时间的节日等，这些仪式都将房族间的成员紧密联系起来。

关于吃冬的节令，杨老板表示这是祖先传下来的日子，因此不同的房族都要遵循祖辈留下来的节日时间，进行庆祝。

> 问：就是大家都吃冬，但还会分时间不一样是吗？
>
> 杨老板：比如说祖辈规定那个日子，就必须在那一天。

值得注意的是，房族下又会分有几个血缘关系更加亲近的小族，小族内的成员商量的事项则一般为婚丧嫁娶类的重大仪式。

> 苗仙：过年我们会有办婚礼的，就会去商量下谁要结婚，然后几家商量要做，做些什么、准备些什么东西，要送女方那边什么的，都会有商量。他们每一个小族，就是他们小族的那几个人，就几个比较重要的人，他们会在一起讨论，然后就怎么做。

房族这一结合体将血缘相近的一家人紧密团结起来的同时，我们也需要注意，不同的房族共同构成了高定村这个侗族大家庭。1400年前后迁来的侗族、苗族土著，早期搬迁至高定村的移民和后期移民在村落社会中通过"房族"这一划定建构其同一的侗族身份认同，即虽然属于不同的房族，但不同的房族共同组成了高定村的侗族群体。由此，我们可以认为，房族的统一是苗族基本演变成侗族，即伍苗从苗族变成侗族的其中一个房族的时候，房族成为侗族大家庭一分子的重要标志，也是民族融合状况良好的一种生动呈现。

高定村的村民在一定程度上通过房族的规范和血缘关系的纽带确保村落的社会整合，使得不同姓氏、不同历史来源的家庭和谐相处并结合为村落共同体，房族内与房族间都共同实现了更加深层的融合，这也营造出了没有民族之别、只有房族之别的和睦相处的融合氛围。

（四）婚姻同化维度

伍苗和侗边通婚，也是民族融合的一个重要维度。我们发现，由于房族内不能通婚的规定与高定村狭窄的通婚圈限制，伍苗只能和侗边进行通婚，这也促进了苗族和侗族的民俗、血缘等方面的融合。

提及通婚，首先要讲到的是由同姓不能通婚到同房族间不能通婚的转变，这也是加速伍苗这一房族与侗边房族血缘融合的重要通婚基础。构成高定村的侗族人社会结构主要是吴姓人，"姓"是一个父系血缘集团的文化符号，在婚姻制度中，一般实行严格的"族外婚"，即同姓不婚的限制性制度。但在高定村域绝大部分村寨都以吴姓氏为主，若严格实行同姓不婚制度，那就意味着高定村的男女青年必须要远距离与外姓缔结婚姻，这在交通条件极不方便的古代是不利于婚姻缔结和村落社会结构的稳定与绵延的。（付前进，2017）因此，高定村青年男女的交友范围往往局限在本村寨和附近的少数村寨，社交网络集中于他们的生活圈中，结亲的对象也就在这个范围内选择。

侗族人将自己的社会结构分割成一种叫房族的社会组织，将"族外婚"制度限定在房族这一社会结构层面上，解决了"同姓不婚"的父系血缘婚姻制度在几百年前存在下来的现实困境。高定村侗族在民族内婚、层级内婚的规则上同时实行宗族外婚制，即在同源同宗的房族内部不允许通婚，配偶必须在宗族之外选择。（廖梦华，2007）

> 药店老板：房族不同才可以通婚，伍通可以跟伍六雄共同通婚。

现在这种通婚的规则仍然持续影响着高定村的村民，因为从一个祖先繁衍出来的后代，有亲近的血缘关系是兄弟姐妹，彼此不可通婚结亲。这种"同源同宗不婚"的规定是防止亲近血缘乱伦的保证措施。

　　问：这边伍苗嫁给其他房族的人多吗？

　　族长：全部嫁出去，全部嫁给侗边。因为伍苗之间不能结婚。

　　问：嫁到其他村里面的人多一些，还是嫁到本村里面的人多一些？

　　族长：一般是本村的人多。

　　伍苗是高定村唯一带着苗族历史血统的房族，伍苗不能与自己的族群通婚，而在高定村的通婚范围内，在同房族不可通婚的限制下，伍苗只能和侗边的其他房族通婚。由此，我们可以发现，在小小的高定村范围内的通婚圈，以及伍苗必须与侗边结合的通婚规则，相当大的程度上加速了苗族和侗族之间的血缘和民俗的融合，也使得不同族群间的差异的弱化，直到族群边界完全被消融。

　　具体要了解通婚这一历史事实是通过何种方式消融民族边界和民族差异的，这就要考虑到结合后夫妻双方基于民族差异的互动模式。族际的婚恋本身就有"冲击与消融"族群边界的作用，在婚后的家庭生活中，这种消融民族边界的作用则会更为明显，一些族际通婚家庭中会表现出民族文化融合的特征（魏霞，2015）。

　　据村民们讲述，伍苗房族的祖先是苗族的分支——草苗。

　　杨老板：伍苗以前本身就是苗族啊，伍苗是草苗，苗族是有几个苗的，具体怎么分我也不知道。

　　根据文献记载，草苗在语言、民俗、服饰上本来就与侗族的这些民俗文化十分相近（朱慧珍，1998），因此他们在通婚后的民族边界会更加容易消融，适应与改变的障碍也相对较小。虽然我们不知道具体在何时这种民族的边界被完全消解，代之以房族的边界，但我们通过对房族祖先的探究，可以得知：通过不同族群的通婚，草苗和侗族这种民族差异转移到房族的区别的过程是比较缓和的，因为他们的习俗本身并无太大的差异。

　　不过，尽管如此，苗边和侗边至今仍然在一些习俗上存在差异，这些差异是从他们的老祖宗继承而来的。当前表现为房族的差异，村民们说现在的伍苗和侗边各房族，除了过节日的时令和婚丧嫁娶存在差异之外，基本上没有其他的差异了，这在一定程度上也要归功于苗和侗的通婚与更加深入的融合。

　　李晓霞（2005）认为，不同族群通婚后的改变发生在个人及家庭两个层面，所有的改变是两个人的小家庭与大家庭乃至族群文化间相互妥协的结果，

88

具体有四种强度的互动与改变方式：（1）同化，一方完全适应配偶的族群文化；（2）迎合，双方降低规则的要求，一方有选择的适应；（3）主动回避，减少接触，避免犯规；（4）创造规则，修改规则，减少冲突。事实上，在高定村，通婚后的习俗改变有着固定的取向，即女方顺应男方的习俗，即属于第一种同化的互动取向，这也为民族间的融合减小了阻力，避免了冲突，大家都习惯女方按照男方的习俗来行事，这也是一种约定俗成的通婚规则。

> 洗衣阿姨：那你嫁给谁你就按照谁的习惯，跟着哪个族就是哪个族，你是随乡随俗。

> 苗仙爸爸：她嫁过来就是和我们一样的，你是我的人了，我们这边就是这样的。她过来，她那边（的习俗和规定）就管不了，我们小时候是这样，嫁过来的话那边就管不了那么多。

关于高定村当前的通婚现状，村民们表示，随着交通的便利和外出打工的年轻人增多，本村内通婚的这种现象相对来说在不断地减少，而房族间才能通婚的这种限制，对于向侗族以外的族群或者城镇通婚的群体而言，已经基本不发挥作用。伍苗到了镇上结婚，只需说自己是侗族的身份即可，无须再分什么房族。

> 问：您的女儿是跟着您算是伍苗那边的吗？

> 药店老板：我的女孩嫁到三江县。

> 问：嫁过去了，那她还是伍苗的吗？

> 药店老板：那就不存在伍苗，在外地了就不管了。嫁外地就说是侗族，嫁的人是汉族。

从药店老板的讲述来看，伍苗人已经在长期的通婚过程中将侗族身份纳入自我认同的重要部分，对外也是统一宣称自己是侗族人。

（五）认同意识同化维度

民族融合中一个同样重要的维度就是认同上的融合，认同是指个体或群体对自己和他人归属于某一特定客体的认知及情感依附。认同是一种辨识的过程，即自我通过与他者的比较，力图发现自我与他者有何共同点和区分，进而达到对"我是谁"即自我身份的确认。（文慧，2011）

高定村在民族识别后，侗族这一统一的身份认同更为深入人心。民族识别，是指对一个族体的成份和名称的辨别与确定（吴仕民，2008）。我国的民族识别工作是从 20 世纪 50 年代起，由中央及地方民族事务机关组织科研队伍分赴民族地区，对全国自报提出的 400 多个民族名称进行分阶段的调查识别，于 1986 年基本完成。民族识别工作是我国一切民族政策落实的前提和基础。正是通过当时的"民族识别"，我国才正式明确了"56 个民族"的社会结构，建立起了一个官方的"民族身份"制度。

有人说，在民族识别之前，高定村的村民已经基本上都认为自己是侗族人了，因此民族识别可以看作在较好的民族融合情况下深化民族身份的一个因素。

问：在民族识别前，大家都觉得是侗族，是吗？

橙衣老人：都是侗族。

户籍登记中的"民族成份"、升学求职各种表格中所需填写的"民族"一栏等，都有意无意地提醒人们自己的民族身份与族群差别，民族身份的制度化确认，客观上使各民族成员的民族分界意识加深了。在这个过程之中，高定村的村民更加深刻的认知到自己的侗族身份。

高定村村民从孩子到老人，基本上都认为整个村都是侗族人，他们一般都会提及户口簿上面都是这样写的，所以这个政治上被命名的过程在强化侗族身份、加速民族融合中也起着重要的作用。

问：就是以前伍苗那边老祖宗是苗族，后面现在都是侗族了是吧？

洗衣阿姨：户口簿写的都是侗族。

问：你觉得你们是侗族吗？

吴金秀：是啊，我们一个村子都是。

问：那你们村里有没有苗族人？

吴秋娟：没有，好像没有。

高定村大部分人都像金秀和秋娟那样，基本忽略了伍苗的苗族属性，也渐渐淡化了房族的区别。在一起玩耍的孩子，基本上不会看对方是属于什么房族的，也不清楚对方的房族有什么意义，大家都以一种和睦的侗族大家族式的方式来认同自己的民族身份。在极少的时候，小孩会因为老人传下来的这个古老传说而发生口角，伍苗的孩子认为，自己的民族身份是值得炫耀的。

金香：有一次，我们班起矛盾了。然后那个伍苗的跟我们班的一个男生一直争来争去，伍苗怎样好啊，鼓楼又怎么好啊，如果没有苗的话，你们怎么吃饭呢？

问：吃什么饭？

金香：就是那个稻米嘛，他们就说是苗族结的种。

不过也有少数人提及，还是想要保留自己苗族的身份，如一些对高定村演变历史较为了解的老人。这可能与苗族人被侗族人请回来的祖先传说有一定的关联，苗族人作为伍苗的祖先，在村民们的心里是智慧的化身，这样一个老祖宗的高大形象无疑增加了伍苗人作为苗族后代的优越感和自豪感。有意思的是，一个伍苗的小女孩也跟我们表示，自己希望能成为苗族，因为苗族是很"厉害"的。

问：侗族和苗族你更想成为哪个？

汉香：苗族，因为我们苗族很厉害。

问：你觉得伍苗在村里的地位高吗？

汉香：嗯嗯，一定高的，他们都怕我们。

关于伍苗的历史地位，就要追溯到之前高定村的历史了。许多村民告诉我们，高定村中伍苗的地位一直以来都是很高的，过去的寨老也一直都是由伍苗的人担任，甚至还会出现其他房族很怕伍苗的现象。

苗仙爸爸：像以前我老婆嫁过来的时候嫁进伍苗，其他人还很羡慕呢，因为伍苗地位高。现在他们还是很怕伍苗。

问：为什么呢？

苗仙爸爸：比如说像我这房子，如果我卖出去，你再便宜，那个侗边的都不买你的啊。为什么呀？他不敢住。因为我们伍苗的地位高，他们不敢住。现在还是这样的。你老房子，你拆了房子的地皮，他们都不敢进去。

可见，历史记忆在相当大的程度上塑造了不同房族间的身份认同，有的房族是强大的，令人产生畏惧的，而有的房族则是相对弱小的。这样的历史印象也在一定程度上影响着部分伍苗人的民族认同感，当他们希望被认同为一个强大的族群的时候，往往就会讲到自己是属于伍苗的，祖先是苗族而不是侗族。

对于苗和侗的区别，大部分人表示只会在高定村这个范围内讲述，当他们走出高定村，就没有人会讲自己是苗族，而是清一色的侗族。

> 问：那您觉得您现在是侗族人还是苗族人。
>
> 老师：在村里面，我们说我们是苗族的。村子里面还有人觉得我们是苗族，但是到外面我们就说我们是侗族。

总体来看，高定村大部分的人已经认同全村都是侗族人了，这是漫长历史进程中的民族融合的结果，也是20世纪80年代民族识别强化的民族身份的现状，不过仍有一部分人受到历史记忆的影响，伍苗人希望明确自己是苗族而不是侗族的民族身份，这种现象从老人到小孩都是存在的，但是在整个大的背景下并不普遍。因此，从民族认同这个维度上来看，高定村村民对于自己的侗族身份是普遍认同的，民族融合的程度也是较高的。

（六）态度接受同化维度

态度接受同化，是指主体族群和移民族群没有歧视的态度和刻板印象，族群之间消除偏见。放在民族研究中，即民族之间没有对其他民族的歧视和刻板印象，没有民族偏见。在高定村，当地的原侗族村民已经基本上接受"侗化"的伍苗人，伍苗人同样接受侗边的人，双方之间相处和谐。

在以前的三江县，苗族人的身份地位比侗族低，会受到其他民族的歧视，处在弱势地位，两个民族之间的往来不多。侗族是"大族"，人口众多；苗族是"弱势群体"，居住在深山之中，自然环境更为恶劣，生活条件更为艰苦。在这样的大环境下，高定村的苗族人反而是个特例，他们在高定村享有比当地侗族人更高的地位，能更快地融入侗族之中。

态度的平等一致与身份一致有关。苗族是属于融入侗族的，伍苗人的身份地位的确认除了日常生产生活的接触互动外，还有一个神话传说强化了伍苗人的地位，赋予了伍苗人平等甚至更为尊贵身份的合法性。这个传说是这样被乡土艺术团传承人吴师傅叙述的：

> 传说是老人家说给我们听的。可能是战乱，我们也不知道（为什么迁来这里）。因为是很久以前了，这里山高皇帝远，这样一来他们（官兵）也不会追到这里，我们就来到这里安生。后来他们侗边又把我们赶出去。说什么这里是他们的地盘，把我们赶出去三年。三年里，他们这里

什么都不收，没有任何收获。后来有一个风水先生说是你们把苗族赶走了，就颗粒无收，你们要把苗族请过来，才能有收获。后来他们就请我们过来，然后我们就回来了。

这个传说在村子里几乎是耳熟能详，伍苗人是被请回来的，所以大家会更为尊敬伍苗人。尽管这只是一个传说，但是在一定程度上赋予了伍苗人留在村子的合法性，使得在寨子中伍苗人的地位提高了，相应的歧视与偏见就减少了。传说给予了伍苗迁回寨子的机会，也使得苗侗两边的关系开始变得融洽，开启了融合之路。

态度一致的情况体现在苗侗之间的通婚，通婚也促使形成平等与和谐的态度。苗侗两个民族以语言和服饰相区别，语言虽有不同但沟通无碍，在习俗上也有较多相同之处。现在的高定村，伍苗和侗边通婚常有发生。通婚既使得民族态度发生转变，也成为双方融合的条件，表现出他们对不同房族之间的平等与尊重态度。通婚给两个民族和谐相处创造了条件。在高定村，同村约定俗成的婚姻条件是不同房族之间才能通婚，同一房族之内属于兄弟姐妹而不能通婚。结亲的前提就是双方没有芥蒂，和睦相处。在婚姻选择上，伍苗人只能选择与其他鼓楼的人通婚，其他鼓楼的人也会选择伍苗的人缔结婚姻。通婚的条件使得大家更为注重个人以及家庭的品性，而不是关注鼓楼之间的差异性，削弱了对不同鼓楼之间的偏见。显然，这样的通婚促进了不同房族之间的交流，拓展了不同房族的社会关系网络，增进了他们对彼此的了解。社会网络的交织与熟悉程度的提高，是高定村民之间相处平等态度的体现。

如今在高定村中，我们可以听到属于不同房族的人都认可自己侗族的身份，大家对其他房族的态度都是友善的，他们认可自己的身份，认可相同身份的人。"我们这里没有觉得什么不一样的，老苗与侗边都是一样。我们都是侗族。"药店老板如是说。

（七）行为接受同化维度

行为接受的同化，是指主体族群不再对次级族群强调辨别，族群之间消除歧视。即在行为上，民族之间不再有明显差异，基本一致，不受歧视。

高定村的民族融合在行为上表现为无差异的态度和举止。历史不断演变，不同房族的习俗习惯、行为发生碰撞和融合，差异性被渐渐消解。乡土艺术团传承人吴师傅这样说："在这个村子里面，大家都是亲戚，习惯都是一样的，一模一样的。"行为接受的同化可以在节日庆祝上得到体现，不同鼓楼都有一个庆祝的节日，伍苗是新米节，也叫吃夏节；悦河鼓楼是吃冬节，五通鼓楼是社节，等等。除了节日时间不同外，其他大致相同，说明双方之间的相似性极高。在这些节日里，过节的一方都会邀请本族以及其他族的人前来家中吃饭，受到邀请的人必会欣然前来。村里的药店老板是这样说的："我们侗边人和苗边人关系蛮好的。侗边请客也会请伍苗的人来，伍苗请客也会请侗边的人。都是些同事朋友。"请客行为作为表现人情往来的一部分，体现了无论是苗边还是侗边，大家都相互尊重，过着和谐宁静的生活。无论是节日还是日常生活，侗边与伍苗之间基本没有差别，彼此都会喝油茶、过同样的节日、种植同样的作物、养殖相同的牲畜。在高定村里，他们日出而作、日落而息。我们居住的接待站杨老板就提到了一个高定村的建房情况——一家起屋，百家帮忙，体现了村民们齐心协力、互帮互助的友好行为。

> 比如说我（建）这间房子，我一通知他们，亲戚朋友都会来。亲戚就是你帮我我帮你，互相帮忙的。一般都是七八十人，没有这么多人，一栋房子也不好起啊。把这些柱子全部立起来，把那些地方圈了，全部交叉完了，如果要是没那么多人，就没有力气。这个（帮忙起屋的人）各个鼓楼的都有，不分什么，大家都一起来帮忙（起屋）。

起屋不分你我都来帮忙，他们接受百家帮忙的传统，不对不属于本房族（也就是同一鼓楼）的人有任何意见与不满。"一家起屋，百家帮忙"鲜明地体现了高定村民对彼此不同房族的接纳。此外如在打油茶上，高定村的打油茶是伍苗的人原本为苗族时候带来的，侗边觉得这个油茶不错，现在侗边也会打油茶了，油茶成为一个村子共有的行为习惯。这让我们看到他们在认知上已经接受同化，不分彼此，从而在行为上表现出一致性，不会对个别行为产生歧视，甚至会学习作为伍苗房族人的行为，伍苗也不断融入侗边。

村里有传承多年的芦笙大赛，这个原本作为促进两边和谐的比赛，现在成为村里人团聚一起的比赛。芦笙比赛是由各个房族的族长联系本房族内的人，族长带头组建本房族的芦笙队，在春节时两两比赛斗芦笙，谁吹得响就好。其他鼓楼的人就做评委，获得第一的鼓楼没有实质上的奖励，但会得到村民的认可荣誉，为促进大家的和谐关系设立的比赛，现在演变成为春节庆贺的一项必备活动。这样的比赛人人都可以参加，也正是在这样的接纳中，苗边人的行为渐渐趋向侗边，或者侗边也学习苗边，双方一起构建了和谐良好的行为习惯。

在一年年的节日中，不同鼓楼的人相互祝贺相互吃酒，没有哪一个房族例外。在孩子层面，他们或许只是知道自己的鼓楼和节日的不同，但没有被告知不同房族有何意义，也没有被告知他们的祖宗是苗族或是其他民族，他们从出生开始就在融合同化的环境下生存，被赋予侗族的法定身份。在他们的家庭、学校、村子里，他们的交友行为是无差异的。伍苗和五通鼓楼的汉香与金秀是这样看待寨子里面的同龄人的，"都会成为好朋友啊，一定会的，不论是哪里鼓楼的人，我们都是好朋友""是同学都会互相帮助"。从她们的话语中，我们可以看到在高定村人心里，他们的认知就是整个村子是一家人，这样的认识作用在他们的行为，如通婚、起屋、交友、节日庆祝等行为上，已经表现为不再有差异。以上很多行为都表明高定村侗边的人接纳了苗边，苗边也形成了与侗边相一致的行为习惯，成为侗族人。

在大融合趋势下，行为接受的同化尽管苗侗之间还存在一些不同，譬如丧葬的不同，苗族是老人去世就可以立刻抬上山去，侗族则需要看时辰日子合适才上山。这是表现他们民族的根，在融合潮流下还得以保存。但在高定村，村民们都不会强调他们的不同，这些不同在他们已经同化的生活中已成为普通的传统，每一个高定村村民都坦然跟我们说他们是一样的。

（八）公民同化维度

公民同化具体指社群间基于价值和权力的冲突逐渐消失。当侗族或苗族提出涉及高定村社会的公共或者世俗神火的要求时，不会引起任何与对方发生价值冲突和权力冲突的问题。（戈登，1964）经过十余天的调研，我们并没有发现从新中国成立以来伍苗和侗边之间发生或曾经发生过明显的价值冲突和权力冲突，高定村内这种相对稳定、各房族没有冲突的现状也是民族融合情况良好的一种重要表现。

从价值的层面上看，经过数百年的共同生活，高定村的不同房族虽然仍然存在习俗和文化上的一些细微差异，但总体上呈现出一派和谐团结的局面。基于调研的资料，我们发现高定村村民们主要是通过"老祖宗留下的传统"，来合理化伍苗和侗族在习俗和价值上的一些差异，这种解释的逻辑弱化了房族差异可能引发的矛盾，强化了高定村整体上的同一性。

木匠：我们侗族那些习俗和文化基本上是一样的，我们整个高定都是侗族。不过，伍苗这个房族里面讲什么迷信他（伍苗）都不听，也不拿。

问：不拿是指什么东西呢？

木匠：不拿就是你想什么，要做什么，他（伍苗）也不听你的。好处他肯定拿，坏处像出什么资金，他就不管。

问：那是祖先的规矩吗？

木匠：是祖先的规矩。他（伍苗）就是高明，他们祖祖辈辈都这样子下来，都习惯了。

高定村至今保留着房族这种以血缘来划分村内群体的形式，房族也在维持高定村稳定和谐的状态中发挥着巨大的作用。村民用宗族来拉近彼此的距离，在通婚、共同生活、共同议事的历史进程中，不同的房族虽然自成一体，但共同构成一个大家庭；不同的房族虽然过着不同的节日，在建房、婚丧等方面有着差异，但这种差异普遍被理解为一种"祖先留下的不同规矩"，因而也就没有什么可以争执的地方，大家都是在按照老祖宗定下的规矩行事，祖祖辈辈如此——这成为村民们一种共同的价值和理念。

总体来看，在价值层面上，高定村各个房族，苗边和侗边虽有这种小差异，但是并不会因此引发冲突，因为他们能用祖先之法来解释这些差异，长此以来，这也是一种和谐和稳定的传统的延续和发展。因此，高定村各个房族在"侗族请回苗族"的传说中，相安无事、和谐相处，中间即便有些小打小闹，也并不妨碍整体的和谐。今天高定村的其乐融融，实际上是各个房族、苗侗长期以来共同生活、维系团结大家庭场面的一种结果。

问：所以说你们这个侗苗（的区别）只是在节假日才比较明显？

老师：对对对，有这个节日才比较明显。平时的话，都是一样的，大家都在一起的。习俗就是只有丧葬不同，我们伍苗就是老人家去世就可以抬上山去。

问：这个和谐的东西是你们自己有这个意识，还是乡政府给你们灌输这种意识？

吴启善：是我们自己。因为大家在整个村子里面都是亲戚朋友。对吧？抬头不见低头见，你能怎么样，对吧？都是这样的，都是亲戚朋友。

如今在高定村内，大部分的村民们认为大家都是亲戚，是共同生活的一家人，虽然祖先各自来自不同的地方，但如今已经融为一个整体了。"和谐"

"一样""亲戚朋友"这些字眼在村民口中时常被提及，可见村里涉及不同房族的价值而引发的冲突基本上没有了。

从权力的角度来看，高定村的核心权力机构经历了从"寨老"到如今的"村委会"的变化过程。总体来看，伍苗在村里的地位较高，这也反映在权力的掌握者占比较高的现状上。从苗族被侗族请回高定村的几百年前开始，这种权力的分配和情况就基本上一直延续下来。

> 吴启善：他们后来又把我们请回来，所以我们的地位肯定是比较高，对吧，什么事情都要看我们。在这个寨子比较特别，苗族伍苗的地位比较高一点。但是其他的地方就不一定。
>
> 老师：我父母的那个时候，伍苗在这个村子里面是比较有地位的，比较有话语权。基本上有什么大事，都由他们说了算。因为伍苗在这个村子里面占一半，其他的四五个房族也才一半。
>
> 问：伍苗半边天？
>
> 老师：对对对，伍苗半边天。

在老人的讲述中，伍苗不仅是最早建寨的直系，同时也似乎掌握着高定最高的权力，是寨老制度之中的寨老首领，世世代代承担着高定的村务和寨务。社会日常事务通常由"头人""寨老""款首"等组织的自然领袖人物领导，但自然领袖群体没有超出一般民众之上的特殊权利和等级观念，他们由公众推举产生，不领薪俸，义务服务，没有世袭权力。

伍苗房族的吴廷德、吴廷炳等曾经都是高定寨的寨老，具有最高的话语权利；吴朝胜在国民党时期当过兵长（谢雪琴，2012）。从村民们对于伍苗的描述中我们不难发现，伍苗房族的人受到其他房族的尊敬，他们的形象是高大、智慧、高明的。由此可见，伍苗人一直被选为村里权力代表在情理之中。

> 司机：像我们房族，过去什么都是伍苗给一半的，分地都是伍苗给一半的。
>
> 木匠：他们（伍苗）的祖先很高明。他们不搞迷信，他们比我们讲礼仪。

值得注意的是，虽然伍苗房族的权力地位在村里最高，但是在村里面的政治机构——村委会中，村委调节房族矛盾时秉持着公正不偏袒的原则，伍苗的村干部不会因为对方同样也是伍苗而有所偏袒；不会因为对方是侗边而多加刁难。在民主选举的时候，村民们也不会计较伍苗、侗边上房族的差异，不会担心房族差异会带来权力上的偏向。

问：所以做什么决定都是伍苗人最多吗？

木匠：也不是他们人最多就都由他们决定。大家一起商量。

问：村里面的干部都是民主选举的吗？还是规定必须有多少个伍苗的人？

木匠：我们村子里没有帮派的。哪个做都是一样的，不会说伍苗做官的时候，就会排挤其他人。就算一家子的伍苗人做官的时候，也不会把其他房族的排挤出去，没有这样子现象。还有多少个委员，不一定全部是伍苗的。

因此，在房族间权力关系上，虽然伍苗地位较高，但是不同的房族也都是共同议事，共同商量，并没有一方被另一方欺压的现象，也不会因为争夺权力而发生冲突，这可以说是高定村村民长期生活、磨合而形成的和谐共处的智慧之道。

仔细留意可能会发现，伍苗在高定村的地位是更高的，而民族融合一般的趋势是地位低的一方向地位高的一方妥协、学习，最后融入地位高的一方。而伍苗作为地位高的一方，为何会融合为侗族呢？村民们也提出了他们自己的理解，大家都本着一种和谐、团结的基本立场，希望这种和睦能一直维系下去。

问：为什么你们同意全部改成侗族呢？

吴启善：如果我们算苗族，人家爱欺负苗族。如果全部都是侗族，那还能少欺负一点，所以就算侗族了。但是来这里就是挺有缘的，现在就是亲戚，都一起算成侗族算了。

问：怎么最后还是你们同意了呢？

老师：住久了可能都想得开一点嘛，就不想计较这些了。苗族原来人家喜欢叫苗仔。就容易受欺负一点，在村外苗族的地位是低的，后来就改成侗算了。

问：你觉得他们是苗还是侗？

金香：如果为了我们那个村的团结，他们还是会写成侗族的；如果是我们村里分，还是会说是苗族（伍苗）。

在统一村内的民族身份的过程中，出于各种因素的考量（如在外面苗族的地位比较低、恢复身份可能引起村内矛盾等），伍苗房族选择了妥协，把自己的身份认同改成侗族。更确切地说，在高定村他们强调自己是伍苗，祖先来自苗族（在村内伍苗的地位最高），而在村外，他们统称自己为侗族。

通过公民认同这个维度的分析，我们对高定村目前苗边与侗边和睦相处，基本融合为侗族的现状有了更加深入的了解。更重要的是，通过对于容易引发矛盾的价值和权力差异现状的分析，我们可以看到伍苗和侗边各个房族在弱化差异、强化团结和谐上付出的努力。在价值上基本没有差异的基础上，伍苗权力地位虽然高，但仍然秉持公平主持村中事务的原则，这解释了为何高定村村民的祖先来自各方，却能相安无事数百年，最终成功融合为侗族大家庭。

我们发现这种弱化房族、民族差异的努力仍然在继续，最显著的一点是村民们在"不同房族都是一家人，不分苗侗"这个立场上基本达成共识。

问：苗边小孩是更希望自己是侗族的还是苗族的？

吴启善：小孩们不知道的，反正我们这些以前的事他不清楚。我们也是对他们不宣传，也不要讲这些。我们大家就一起是侗人就好了。现在大家都是和谐的亲戚朋友。

伍苗和侗边的村民都指出，自己不会跟自己的孩子、孙子再去强调苗和侗的差别，而伍苗地位高的这个现象也在随着不同房族更多地参与村委会议事，以及传统方式和寨老发挥作用的弱化，而不断地被削弱。

公民同化在戈登看来是群体融合的最高阶段。我们看到如今的高定村公民同化程度如此之高，并且呈现出不断增强的趋势，因此我们可以预见，到了高定村的下一辈，民族融合将会达到更高的程度，侗族大家庭的印象将会更深入人心。

五、结论

本文研究的是广西壮族自治区三江侗族自治县独峒乡高定村的民族融合情况，多民族融合的情况在高定村得到鲜明体现。如今高定村的法定民族身份都是侗族，原苗族与侗族是村中历史最为悠久、人口最为繁荣的两个民族，原苗族和侗族在村中的民族之别转化为了房族之别，实现了苗族向侗族融合、侗族吸收苗族文化的民族融合大团结。

本文从戈登的同化阶段理论出发，在文化同化、结构同化、婚姻同化、认同意识同化、态度接受同化、行为接受同化和公民同化七个维度对苗侗之间的民族融合进行阐述，同时结合高定村实际增加房族维度。高定村借助不同氏族的鼓楼将民族之别转为房族之别，这是高定村因其民族情况而形成的独特文化。

在文化维度，我们观察到现在高定村的文化是以侗族文化作为主流，同时保留了他们认同的苗族文化。文化通过语言、服饰、习俗来表达，通过观察伍苗与侗边的语言、服饰、习俗，我们发现两个民族之间的文化在这些形式上结合，表现出同样的文化。

在结构维度，伍苗人和侗边人都在村委会、艺术队等组织中占据着一定地位，伍苗人不受歧视，可以与侗边一样进入这些组织；鼓楼更是使得每一位村民拥有自己的房族认同，加入村子的结构性框架中。伍苗人就此进入侗族的社会组织并获得认可。

在婚姻维度，在高定村范围内的通婚圈，以及伍苗必须与侗边结合的通婚规则，在相当大的程度上加速了苗和侗之间的血缘和民俗的融合，也使得不同族群间的差异一定程度的弱化。伍苗人已经在长期的通婚过程中将侗族的身份纳入自我认同的重要部分。即使在现在，侗边与伍苗通婚的人数依旧不在少数，婚姻呈现了两个房族之间的融合与认同。

在认同意识维度，所有的高定村男女老少都认同自己的侗族身份，伍苗也不例外。民族认同是判断一个人民族身份的前提，伍苗人已经自愿同化为侗族。他们接受了侗族的文化与生活方式，成为侗族人，但是以伍苗房族在村中生活，以识别不同支脉的祖先。他们基本上与侗族的生产生活方式相一致，友好相处在同一寨子中。但是，当这些"苗族人"在追溯自己的祖先时，仍在一定程度上认同自己原先的族属，即对外侗族，对内伍苗（甚至是苗族）。

在态度接受维度，高定村的侗族村民已经基本上接受侗化的伍苗人，仙鹤传说赋予伍苗人居住在高定的合法性，并通过通婚、节日等交流，使得伍苗人同样接受侗边人，双方之间的相处和谐友睦互助，伍苗人不会受到侗边的歧视和排斥。

在行为接受维度，高定村漫长的历史不断演变，不同房族的习俗习惯、行为发生碰撞和融合，差异性被渐渐消解。村民们的行为都受文化与传统影响，在民族融合中文化发生融合，相应的行为也就渐渐趋同，侗边与伍苗的交往越来越深入，达到你中有我，我中有你的程度。

公民同化是民族融合的最高阶段，强调公民之间无差异。高定村村民们通过"老祖宗留下的传统"来合理化伍苗和侗族在习俗和价值上的一些差异，在后辈的教育中也有意模糊民族边界，代以房族界限，坚定"不同房族都是一家人，不分苗侗"的立场，这种解释逻辑弱化了房族差异可能引发的矛盾，强化了高定村整体上的同一性，得到了公民同化的不断实现。在房族维度，房族这一结合体将血缘相近的一家人紧密团结起来的同时，不同的房族共同构成高定村这个侗族大家庭。1400年前后迁来的侗族和苗族土著与早期搬迁至高定村的移民和后期移民在村落社会中通过"房族"这一划定建构同一的侗族身份认同，即虽然属于不同的房族，但不同的房族共同组成了高定村的侗族群体。房族的统一是苗族基本演变成侗族，即伍苗从苗族变成侗族的其中一个房族的时候，房族是成为侗族大家庭一分子的重要标志，也是民族融合状况良好的一种生动呈现。高定村房族与鼓楼在民族融合中扮演着重要角色。

近年高定村民族融合、和谐稳定，双方都维持尊重与接纳、开放的心态。民族融合在高定村得到高度认可，全村人都认可自己侗族身份。即使对内依旧认为伍苗人是苗族，但这并不影响他们对外宣称和保持侗族身份，做一个侗族人。他们都各自记住自己祖宗与民族的根，他们把这种认同寄放在房族的鼓楼中。对内称伍苗，对外称侗族，两者并不影响融合，反而是苗族与侗族先民找到的处理民族关系的一条合理化路径，是先民的智慧结晶。

民族融合既是一种结果，也是一种过程（王希恩，2010）。民族发展具有历史性、连续性、传承性，虽然民族融合是一个大的趋势，但融合过程中，各自民族仍然保留自己的一些特征，保存历史的记忆。正如高定村原本的苗族人身份向侗族人转变，伍苗以房族保留了自己的民族之根，进而融入侗族中，其融合是自然而然、顺应历史条件的民族融合，这样的融合鲜明体现了在中华民族大环境下民族关系的和谐与稳定发展，成为中华民族大团结史上浓墨重彩的一笔。

参考文献

［1］纳日碧力戈. 民族与民族概念辨正［J］. 民族研究，1995（3）：11-17.

［2］罗伯特·帕克. 移民报刊及其控制［M］. 陈静静，展江，译. 北京：中国传媒大学出版社，2013.

［3］米尔顿·M. 戈登. 美国生活中的同化［M］. 马戎，译. 南京：译林出版社，2015.

［4］周大鸣. 论族群与族群关系［J］. 广西民族大学学报（哲学社会科学版），2001，23
（2）：13－25.

［5］费孝通. 中华民族多元一体格局［M］. 北京：中央民族大学出版社，1989.

［6］黄治国，贾桢. 从口述史角度看边疆多民族村庄的历史演变：以广西融水县安太乡培
地村为个案［J］. 广西民族研究，2011（4）：138－143.

［7］刘萌. 社会工作介入民族互嵌式社区居民社会融合研究［D］. 北京：北京工业大
学，2017.

［8］BOGARDUS E S. Comparing racial distance in Ethiopia，South Africa，and the United States
［J］. Sociology and Social Research，1968，52（2）：149－156.

［9］HOUT M，GOLDSTEIN J R. How 4. 5 Million Irish Immigrants Became 40 Million Irish A-
mericans：Demographic and Subjective Aspects of the Ethnic Composition of White Americans
［J］. American Sociological Review，1994，59（1）：64－82.

［10］王建基. 乌鲁木齐市民族居住格局与民族关系［J］. 西北民族研究，2000（1）：
41－56.

［11］付前进. 聚落与族群：清水江流域苗族的命名制度和交换体系［D］. 贵阳：贵州大
学，2017.

［12］魏霞. 国内族际通婚研究概述［J］. 满族研究，2015（4）：40－48.

［13］姜又春. 从"补拉"联姻和拟制血缘到地域社会整合：坪坦河申遗侗寨的迁徙与聚
居［J］. 怀化学院学报，2015，34（8）：1－5.

［14］谢雪琴. 舌尖上的村落：故事讲述与村落生活［D］. 桂林：广西师范大学，2015.

［15］文慧. 黔东南州苗族的民族认同现状研究［D］. 北京：中央民族大学，2011.

［16］廖梦华. 侗族传统婚恋习俗研究——以广西三江侗族自治县独峒乡为例［D］. 桂林：
广西师范大学，2010.

［17］朱慧珍. 草苗历史与风俗考析［J］. 广西民族学院学报（哲学社会科学版），1998
（1）：52－57.

［18］王希恩. 关于民族融合的再思考［J］. 西北师大学报（社会科学版），2010，47（1）：
55－58.

第二部分

粤桂乡村调查

乡村变革下的宗族文化重构
与三位一体治理模式

——以广西贺州市莲塘镇白花村为例

一、研究背景

（一）贺州市简介

贺州市位于广西壮族自治区东北部，地处湘、粤、桂三省（自治区）交界。东邻广东省的怀集、连州等市县，北接湖南省的江永、江华两县，西靠桂林，南连梧州。全市总面积 1.18 万平方千米。

贺州市辖八步区、平桂区、钟山县、昭平县、富川瑶族自治县，共 47 个镇，5 个乡，5 个民族乡，4 个街道，46 个社区 707 个建制村。2016 年全市常住人口 242.52 万人，其中市区人口 12.13 万人。

贺州市是多民族聚居地，壮族、瑶族为世居民族。现今，贺州市境内居住有汉、瑶、壮、苗、侗、仡佬、回、满、蒙古、土家、黎等 19 个民族。贺州市是多语言地区，境内语言主要以汉语、壮语、瑶语为主。汉语因区域差异、不同族群而形成多样的方言，如本地话、客家话、白话、土白话、铺门话、西南官话、九都话、坝佬话、鸬鹚话、开建话、怀集话、阳山话、船家话等方言。

贺州市有中国客家之乡、名茶之乡、奇石之乡、脐橙之乡和马蹄之乡之美誉，是中国优秀旅游城市、全国双拥模范城、国家森林城市，是全国少有的"中国长寿之乡"县域全覆盖城市，同时也是世界长寿市。2015 年被列为"全国生态保护与建设示范区"。

(二) 贺州市宗族文化

广西贺州地区是多民族聚居地，其中客家人有四十多万人，成为客家庞大的聚居地。客家的起源存在多种说法，主要有客家中原说和客家混血说两种。客家中原说认为客家主体构成来自中原的移民，而客家混血说则认为"客家共同体，是南迁汉人与闽粤赣三角地区的古越族移民混化以后产生的共同体，其主体是生活在这片土地上的古越族人民，而不是少数流落于这一地区的中原人"。从两宋开始，中原汉民大举南迁，经赣南、闽西到达梅州，最终形成相对成熟的、具有很强稳定性的客家民系。此后，客家人又以梅州为基地，大量外迁到全国乃至世界各地。贺州客家人的祖先，多是自广东梅州等地迁徙而来。

广西贺州地区的宗族氛围比较浓厚，宗族文化在贺州的体现可谓无处不在。在贺州，每家每户的门匾都会写着代表姓氏的"××第"，例如"德星第"（陈）、"淮阳第"（江）、"渤海第"（高）等，这背后体现着贺州人民对于宗族的认同感与归属感。高姓、江姓、陈姓、黄姓、苏姓等在白花村的分布比较多，是当地的大姓，他们无一例外都拥有本族的祠堂与族谱。每逢传统节日、红白喜事或其他重大活动，村民基本都会以宗族为基本单位开展祭祀等相关活动，这种以血缘为纽带的亲戚关系网具有较强的独立性与凝聚力，甚至一定程度上具有排他性。另外，很多村小组都是由某一姓氏繁衍聚集而自然形成，姓氏内部的宗族理事会也在很大程度上承担了村民理事会的职能，宗族在推进村务建设、拉动乡村经济等各个方面的作用日益显现，宗族理事会—村务管理小组—村委会—政府的对话沟通机制逐渐完善，宗族幕后话语权的彰显也让其成为乡村振兴进程中一股不可忽视的力量。

二、文献综述

(一) 宗族文化重构

1. 宗族与宗族文化

总体来看，宗族是一种传统社会的基层组织，在内部实行民主自治（吴祖鲲等，2014）。符文茂等（2006）认为，宗族文化是在特定的经济社会环境中生长出来的，经过长期社会化过程相对稳定的积累在族人心理层面的宗族观念、外显或者内隐的行为模式和价值传统。而宗族文化之所以能够成为中国社会结构的核心节点，主要是因为它的文化传统获得了广大民众的心理和情感认同（吴祖鲲等，2014）。

典型的宗族有五个部分：族谱、宗祠、族规、族产、族长（符文茂等，2006）。宗族文化在乡村主要的表现形式有祭祖联宗、编撰族谱、修建祠堂、组织农村乡俗活动等（符文茂等，2006）。而传统宗族具有组织、协调、教育和文化四个主要功能，功能作用的发挥受到宗族自我约束机制、农村现代化程度、宗族与政权的融合程度、权威主体社会控制能力等的约束（王天意，2005）。

近代以来，宗族文化一度受到很大的冲击，但是却从未消亡，持续存在于中国，尤其是中国的基层社会中。吴祖鲲等认为，宗族在近代以来走向衰落，主要原因有三：西方资本主义的异质文化入侵；土改动摇宗族的社会基础；意识形态斗争破坏。改革开放鼓励国家之间以及民间的交流合作（吴祖鲲等，2014）无疑给了宗族文化复兴的契机。在当下，越来越多的学者认为，在改革开放以前，宗族外在的文化形态被消灭，但深层结构没有遭到实质性破坏，因此在改革开放后，中国的宗族发生了显著变化（周建新，2006），走向了"复兴"和"重构"。

2. 宗族文化的重构

新中国成立后，宗族经历了三个阶段：超强社会控制与单一权威格局下宗族功能的萎缩；社会转型与多种权威互动格局中宗族功能的复兴；工业化城市化进程的加快与宗族功能的变迁（王天意，2005）。

杨喜添（2006）认为，宗族势力的抬头主要体现在两点，一是家族内部成员互动行为和内部关系重现，二是家族文化观念等意识形态的重现。宗族复兴本质上是一种文化的生产与意义的建构过程，追根认祖扩大了共同体的认识，建构了宗族的合法地位，通过与宗族的国家化建构了地方、民间与国家的关联，将群组纳入国家主流叙事当中（陈靖，2014）。宗族文化复兴以农村家庭经营方式为经济基础，具有明显的经济功利目的，在社会心理层面上则反映了乡村居民对社区的归属感与自我认同感的渴望（朱虹，2001）。

文化的解构与建构都是"重构"的重要环节（王永友，2017），本文之所以将这一过程看作"重构"而并非简单的"复兴"，是由于宗族文化在所谓复兴进程中的内涵已经发生了转变，而这种转变是为了适应乡村地区人民生活，响应国家政策的号召，是现代化洪流下的必然产物。宗族的现代化趋势主要体现在其向社会主义主流价值观靠拢，以及在组织原则和价值观中出现越来越多的民主因素（王海成，2014）。宗族文化重构是必然的，从宗族自身而言，其具有现代化重构的可能性，它们具有广泛的适应性、高度的灵活性。从外部而言，中国的地缘血缘关系、经济制度、文化背景、政治背景也要求它们重构文化内涵，向现代化靠拢（黄世楚，2000）。

近年来，国内学者对于文化重构这一概念大多应用于传统文化、民族文化的研究。宗族文化既是传统文化的一种，具有一定的儒家色彩，同时又有组织制度方面的特殊内涵，作为乡村中必不可少的一部分，直接影响到基层政治。另外，由于宗族本身在过去的几十年中几经起伏，文化重构在宗族研究中具有深厚的历史基础。

（二）宗族与乡村治理

1. 宗族与乡村治理的互动

众所周知，村民自治主要包括四个民主，即"民主选举""民主管理""民主决策"以及"民主监督"。而民主作为一种政治形式，并非终极价值，而是保障这些价值实现的工具（王海成，2014）。徐勇等（2014）认为，我国选择村民自治作为基层制度的原因有三：（1）这是历史特殊性衍生出的社会内在力量；（2）这是一种低成本的社会组织和治理形式；（3）自治为民主创造条件，是现代国家治理的基础。"治理"的基本含义是指在一个既定范围内，运用权威来维持秩序，满足公众的需要，其最终的目的是最大限度地增加公共利益，手段上需要在不同的制度关系中运用权力去引导和规范行动者（孙秀林，2011）。由此可见，村民自治重点在于维护公共利益、高效低成本的治理和对民主的维护。

在宗族组织参与村民自治的原因方面，学界主要有两种观点：第一种认为自治的形式为宗族发挥作用提供了契机，第二种则认为宗族自身的特点使得它可以影响甚至代替基层组织。第一种观点以孙秀林为代表，他（2011）认为，村民自治的实践过程为宗族组织的兴起在形式上提供了契机，使得宗族组织借助这种合法化的组织形式开始影响村庄治理的过程和权力结构。第二种观点认为，自治至少要包括两个核心要素，即自主性和自律性（徐勇等，2014），对于宗族来讲，内在权威性、文化规范力和血缘关系能够替代基层组织的法理驱动，满足这两个核心要素。肖唐镖（2008）认为，宗族之所以能参与乡村治理，是因为它有以下功能：规制功能、组织功能、参与功能、物资援助功能、规劝与惩处功能。不难看出，除了第五个需要借助强力机关支持以外，另外四个都是基层组织的职能所在。因此，宗族能够参与和辅助基层民主组织。

2. 宗族在乡村治理中的作用

20 世纪，学界对于宗族复兴的态度大多是负面的，认为宗族会影响基层管理的民主性，不利于政策的落地和执行。陈永平、李委莎（1991）直言，宗族势力曾经是历史上统治阶级借以维护基层乡村社区统治的重要社会力量，但在现当代却是一种封建残余，对农村社区起到破坏性作用。肖唐镖（1998）同样表示，宗族干扰了农村法治建设和精神文明建设，对农村社会的稳定和发展有着十分不利的影响，尤其是凌驾于村级组织之上，或者合二为一的宗族。

21 世纪以来，学界对于宗族的态度更加客观和全面，普遍认为乡村宗族文化的复兴兼有积极和消极的社会效应。积极来讲，经济方面，带动企业工业发展，解决了一些社会化保障不足而产生的社会问题；伦理方面，宗法伦理的范式调节了乡村人际关系，改善了人民公社解体的无序状态；心理方面，对于血缘亲情的强化调节了现代化进程中的社会心理，减轻了城乡结构差异带来的社会性压力。消极来讲，宗族一定程度上干扰村民自治和地方干部选举；宗族利益冲击公共利益和国家利益；家族势力介入纠纷可能激化社会矛盾；影响村民自治继而影响我国政治民主化进程（朱虹，2001；杨喜添，2006）。有学者从精神性和实践性来概括宗族的双重性作用，认为宗族价值观与村民自治精神具有本质性的矛盾，主要体现在宗族对于村民个人权利观念的抑制和缺乏人与人的平等精神，但是在实践性上却成为打击黑恶势力的良药，成为合理自治的基础（王海成，2014）。

针对宗族最主要的可能弊端，即破坏基层自治的民主性，学者们也提出了解决措施。朱康对等（2000）认为，宗族意识不可能一朝一夕彻底消除。一方面，我们需要坚持公平、公正、公开的民主选举制度，把宗族斗争引导到和平、公开、可控的秩序之中；另一方面，要加强农村的执法力度，严防少数害群之马挑起械斗，避免恶性冲突。当然，也有学者意识到要从改造宗族本身出发。因此，了解宗族拥护的是怎样的文化规范，如何影响、改造那些错误的文化规范，鼓励、发展正确的文化规范是一条和平处理宗族势力与村民自治之间矛盾的可行之路。

三、研究方法

（一）研究问题

（1）当下乡村的宗族社区模式是怎样的？宗族观念与关系何以延续，怎样发展？

（2）宗族与其他自治组织如何互动？在自治中发挥着怎样的作用？

（3）当下乡村自治模式是怎样的？这种模式是否发挥了理想作用？

（二）研究方法

在本研究中，我们主要采用访谈法、聊天法、焦点小组和非参与式观察法。我们在白花村共找到 7 名访谈对象，进行了 7 次线下访谈。此外，在村委会主任的协助下，进行了一次焦点小组。

我们访谈平均时间是 1 小时，场所大多在受访者家中，环境较为安静。刚开始的两次访谈，由于访谈对象不会说普通话，给我们造成很大的困扰。后来我们联系到了当地一位大学生，他作为"翻译"，使我们高效率、高质量地与受访者沟通。

我们不仅访谈，同时还参观了本地各个祠堂，并与其中一家人共度了"鬼节"，与另一家人一同为长辈庆生，深刻地感受了本地的宗族文化。同时，部分访谈过程中，村委会主任也在场，为我们观察主任与村民的互动提供了契机。

（三）研究对象与田野点的选择

1. 田野点的选择

本文的田野点选择在广西贺州市白花村，该村的基本信息在背景资料中已经呈现。

2. 访谈对象的选择

我们在选择访谈对象时，主要借助了偶遇法、滚雪球法。刚开始，由于总是村委会主任带我们去寻找访谈对象，导致访谈过程不是非常自然。后来我们尝试通过偶遇法选择访谈对象，取得了意外的收效。尔后我们便通过滚雪球法，让访谈对象为我们介绍下一位访谈对象。在实施滚雪球法后，我们发现村民更乐于向我们分享真情实感。以下是本次访谈对象一览表（见表1）。

表1　白花村访谈人员基本情况

姓名	年龄	老家	职业	现居地	是否为村务管理组成员	是否为族长
CJ	52	广西贺州	退休在家（原于贺州市国税局工作）	广西贺州	是	否
CXZ	56	广西贺州	退休在家（莲塘镇第一中学原校长）	广西贺州	是	是
SHT	39	广西贺州	莲塘镇白花村村委会主任	广西贺州	否	否
ZJ	55	广西贺州	白花村小超市经理	广西贺州	是	否
JL	74	广西贺州	务农	广西贺州	否	是
GXR	63	广西贺州	务农	广西贺州	否	是
焦点小组		广西贺州		广西贺州		

四、个案分析

（一）个案1

受访者陈先生是陈家宗族中管理宗族事务的主要成员，居住在八步区城区，时常回到白花村管理宗族事务和乡村事务。两年前从贺州市国税局退休，空闲时间较多。由于读书较多而且当过官，在宗族事务和乡村事务中有较大的威望。另一位受访者陈同学是陈先生的侄子，即将进入华南理工大学修读金融学硕士，是村里为数不多的名牌大学大学生，平日只有假期回到村里。

陈氏宗族在贺州被称为"德星第"，在白花村中大约有300人。虽然都姓陈，但分为从广东迁来的和江西迁来的。受访者所属的是从江西迁来的一个家族，迁入贺州大概已有八代，现在在白花村里大约有9户。他们与江西的亲人其实没有联系，原因有二：（1）联系不上，没有线索，没有族谱；（2）祖上在清朝时是杀人的逃犯，对江西的宗族没什么感情。

陈氏宗族在白花村人数较少，组织性和影响力都较小。但贺州有一个陈氏宗亲联谊会，受访者认为联谊会的存在主要依靠陈氏收入较高的企业家、退休的官员，而不是家庭之间的纽带。

关于宗族文化的传承问题，受访者并不担心由于新一代都外出求学或者打工导致宗族文化失传。受访者认为宗族文化的传承是在潜移默化中完成的，比如在饭桌上交谈的故事和经验、观看或者参与宗族活动等，并不需要刻意去传授宗族的文化。陈氏有家训，但已经找不到了。而陈氏特有的文化名片——武术，也在"文化大革命"后失传了。

（二）个案2

受访者陈先生担任洞心寺村民村务小组的组长，曾担任莲塘镇第一中学的校长。谈到建立村务小组的原因，他表示团结民众、凝聚人心是根本目的，解决滩涂农田问题是契机和引子。当初村委会主任等人提出建组的一些想法和建议，受访者也有类似的想法，于是一拍即合，就号召组织大家建立了村务小组。

受访者有见识、有文化，在村里德高望重，为人谦逊低调，做事大胆负责，于是被推举为村务小组的组长。回忆起他的个人经历，他最早以砍柴、耕田为生，读书毕业后去莲塘镇中学担任校长，退休后以钻井为生。

受访者又详细谈了河滩回填的问题。由于在动工前，村务小组的成员给村民做了充分的思想工作，对于河滩工程的利弊都做了详细的分析和解释，因此村民大都比较支持。村务小组规划将回填好的河滩分为乡村旅游建设和农产品加工厂建设两部分，但由于土地性质等不可抗力原因，没有得到政府的支持，不得不暂时搁置下来。村小组与村委会都在积极地做工作，首先由村务小组撰写策划和申请，提交至村委会，然后由村委会与上级政府协商。村委会也在采取通过土地置换改变土地性质的措施来解决这个问题。

除滩涂回填的工程外，村务小组也组织开展了不少其他的工作。例如通过号召村民捐款，安装了40盏路灯，很大程度上改善了村里的照明情况。洞心寺文化中心也是由村务小组提议，并自筹垫付资金建设完成的，后由政府拨款报销。

受访者表示，村务小组带动村民所做的成绩很大程度上推动、刺激了政府采取相关奖补措施，村民积极发挥主动性，自发筹款募资建设乡村，摒弃"等靠要"的想法。对此村委会和政府也予以积极肯定，并给予一定的支持，例如资金支持、帮助村民申报一些建设项目、提供相关技术支持等。村务小组作为一个极具自发性主动性的主体，与政府主体产生良性互动，对于美丽乡村建设以及乡村振兴战略的实施发挥了积极作用。

（三）个案3

受访者苏先生担任莲塘镇白花村村委会主任，同时对于苏姓宗族的历史比较了解。历史上，苏家从广东丰顺迁来，有一百多年了。最早来贺州的苏氏有四个儿子，最小的那个儿子又有五个儿子。总体来讲时间跨度有一百多年，经历五六代人。"四清"时宗族文化遭遇了摧毁性打击，时至今日家族在逐渐使宗族文化完整。至今四个儿子的后代依旧在白花村附近区域生活。

在家族建构上，2015年成立了理事会，初因是修缮祖屋，此后理事会作为常设机构存在，处理宗族事物如捐款、家庭调解等，理事会没有财务问题。在地方治理上，理事会充当的是"地方政府的调解员"，疏通政府与百姓的沟通渠道。在宗族捐款的问题上，族人比较乐意捐款的原因有：精神寄托、对宗族的责任感以及族内教会作用。款项来源方面，有乐捐和派捐两种，有的人一开始不愿意捐，最终还是百分之百捐出；比较富有的人会捐得更多，这些人在其他村务中也会出力。

捐款时，理事会需要做的说服工作比较少，大家捐款的抵触情绪较少。同时在家庭调解当中理事会的作用比较弱，村民认为，宗族理事会是非制度性的，与政府的互动较少，主要还是通过村委会传达民意。

关于宗族文化的现状，他们通过建立微信群来联系远方失散很久的亲人，通过建立修缮宗祠来增强大家对于宗族的认同。苏氏传承了武术，最早客居本地时，习武是为了保护自身安全，防卫与当地居民的冲突。除此之外，还传承了一套礼仪，如婚姻礼仪。时至今日，部分人已经不再遵从。

随着生活水平的提高，在与其他姓氏的互动上，各姓整体之间的冲突比较少，如争水等。

（四）个案4

受访者是白花村村口一家超市的经理，因为个人对宗族事务比较上心，加之职业原因，与同姓乃至外姓的人交往联系都比较多，故此基本上成为白花村张姓宗族事务的负责人。张姓在白花村人数不多，不到200人，但在莲塘镇比较多，大约有2万人。张姓的门联上写着"金鉴第"，体现了张姓的来源。张姓源于广东韶关，与唐代张九龄有关。唐开元年间，张九龄为劝谏当朝皇帝，撰写了《千秋金鉴录》，但皇帝没有听从张九龄的谏言，最终导致了安禄山造反的悲剧。皇帝十分后悔，方才拿出《千秋金鉴录》重读，并将其视为一面镜子。后来张姓为纪念张九龄，便以"金鉴第"作为该姓的标志。

受访者作为张氏宗族的代表人，参加了不少宗族活动。贺州张氏宗亲联谊会是"世界张氏总会"的永久团体会员，故贺州张氏一族有重要的地位。受访者参加"世界张氏总会"的会议，也有不少事情要商量，例如家族的事业发展情况、祠堂的建设、宗族内孩子读书的奖助问题、与政府联合搞开发的项目问题等。召开此类会议，祭祀活动必不可少，一般在会议举办地的祠堂举行。至于学生奖助问题，与大会举办地有关，每年大会在哪里举办，就资助哪里的孩子，一般是资助家庭贫困与奖励品学兼优的孩子，资助奖励的钱也都是靠热心人乐捐而来。

贺州张氏之所以可以成为"世界张氏总会"的永久团体会员，是因为贺州有一个张氏宗亲联谊会、张氏文化研究会，已有较完善的宗亲机构、组织架构，故可以发展成为会员。成为会员后，可以带动本地宗族事业的发展，也能通过总会找到失散的分支，编写族谱以正脉。张氏起源地在河北清河，从2009年开始，每年5月28日定为中华张氏祭祖节，受访者共参与过两次，但由于各种原因，无法每年都参加。于是，从2009年开始他便在白花村自家场地不间断地举办祭祖活动，每年参与人数有四五百人，涉及筹备酒席的资金全部自费。

近年，宗族内部的联系主要依托网络、微信群等形式。最初贺州张氏与广东张氏联系是依靠邮件，通过邮箱查阅相关地址，寄送邮件，方才得以通信，1998年联络成功。这期间支撑他们的就是寻根问祖的信念，以及父辈留下来的未完成的愿望。在日常对子女的教育中，受访者也比较重视向子女讲授宗族的事情，希望从小培养他们的宗族意识。

受访者说，由于现在大家的生活条件都比较好了，自然想要把村子搞得好一点，于是白花村下设的两个村小组，自发建立了洞心村民村务管理小组，前身是洞心寺体育文化中心，主要致力于村里的基础设施建设和相关村务的解决。受访者表示，近些年国家的"三农"政策不断完善，乡村振兴、美丽乡村建设都是国家工作的重点，于是他们想要抓住这个机遇，自发地做出一点成绩，从而获得政府的关注及进一步的资助。访谈时，该村务小组已经组织解决了洞心寺体育中心（篮球场、健身器材等，由村务小组撰写策划上报，政府出资建设)、路灯以及滩涂农田的问题。村务小组也有自己的规章制度,设有组长一名,副组长七名,副组长一般是每个宗族有威望的房头代表。村务小组处理相关事宜都会开会商讨,所涉及的资金都是乐捐,相关收支情况也会进行公示。

(五)个案 5

受访者江先生是白花村江氏宗族理事会成员,也是江氏祠堂的管理者和负责人,是江家兄弟中的老二,在村里务农。江姓发源于淮阳,迁至贺州市莲塘镇已经十八世了。到他们这一代,老大定居于仁冲村,老二定居于白花村。江先生保留了江氏族谱,代际传承,取名按照辈分诗的规定,但辈分诗在白花村保留得不是很好,因为当初这里战乱较多,经济贫困,百姓温饱都成为难题,更不必说保留辈分诗这些东西。后来,遇上"四清"或时代转折,很多东西更是遗失了。江先生祠堂里原本有一个两米多高的木质雕龙刻凤的祖牌,可惜在"四清"的时候被烧掉了。

至于宗族活动,一般有红白喜事或是清明等重大祭祀节日的时候,家族的人就会聚集在一起。理事在举办重大宗族活动之前,都会开会商讨相关事宜,例如来回的交通、膳食准备等。江姓有 400 多户村民,他们之间难免会产生分家、争地等纠纷、矛盾,理事会成员也会出面调解。至于宗族代表(理事会成员)的选择,通常是按照房头选择,选择的标准是威望,一般选的都是对宗族事务比较上心、比较无私的人,由全体村民开会选择。

开展宗族活动的资金由全体成员众筹产生,基本不存在不交钱的情况,资金也都够用,收支明细会进行公示。农历八月初十,是当地的传统节日——大众清明。四个房头都会聚集在一起,除了祭祀、聚餐等活动,也会有舞狮等娱乐项目。江姓中的年轻人大多出去打工了,很多都已经在外定居,逢年过节或者村里有重大事务也都会赶回来。实在脱不开身,也会把钱送到。年轻人的宗族观念还是比较浓厚的,这主要得益于父辈代代相传的教导,老一辈既希望子女能够走出农村,但又有些担忧村里宗族的事务无人打理,不过通常都会有人留守老家,不会全部都出去打工。

(六)个案 6

受访者高先生是白花村高氏宗族理事会长,也是高氏祠堂的管理者,在家里排行老十。高氏门匾写的是"渤海第",祖上由梅州迁至莲塘。由于高先生年轻时出门闯荡,干了不少工作,也见了不少世面,加上爱打抱不平,有正义感,常常调解乡邻之间的矛盾,对宗族事务也很上心,比较有威望,村里的人都很敬佩他,于是选他当理事会长。

高氏的宗族事务主要有修缮祠堂、修建路桥、兴办武馆。修建祠堂的钱基本分摊到各家各户,按人头出钱,加上一些乐捐的资金,基本可以够用。为此,高先生也要常常走家串巷,动员村民,遇上实在经济困难的家庭,他也会借一些钱。建桥由村民乐捐了四五万元,剩下的一百多万元全部都由政府出资。高家的武术是祖传的技能,相传一位姓欧的武术高人为报答高家收留救命之恩,便将毕生所学传授于他们,由此代代相传,也成为高家的一个标志。兴办武馆也得到了政府的大力支持,但拨款金额远远不够,欠缺的资金都要靠村民众筹和乐捐。在兴办武馆的过程中,很多在外打工的年轻人,也捐了不少钱。武馆会聘请专业的高氏武功传人作为教练,义务教授武功,一是为传播高家拳法,二是为了带动大家一起锻炼、强身健体。

高先生有一儿三女,全部都是初中毕业,外出打工,并在外定居。但逢年过节或是遇上宗族的大事,还是都会回来。高先生表示希望子女都可以走出农村,但对宗族事务的继承仍然保持信心。

在处理宗族事务的过程中,高先生与本姓其他人的沟通主要依靠微信群,发布信息、募款集资、公开收支等都会借助微信进行。

(七) 焦点小组

本次焦点小组主要讨论了宗族与政府的互动问题。宗族的文化形态几经变迁,已非常适应乡村振兴的大环境,适应政府治理乡村的要求。

苏主任、陈先生、陈哥在谈及宗族的发展时都提到了本地宗族意识不强,宗族观念淡薄的问题。其原因一是本地迁移村落的特殊性使得这里几个宗族的历史都不长,根基弱,不足以建立起完整的体系,自然也谈不上宗族之间的壁垒。二是经济原因,本地属于贫困村,历史上家庭都比较贫困,因此会将更多注意力投入在温饱问题而非宗族事业。三是在改革开放前并不提倡宗族文化。

虽然宗族意识不算浓厚,但是无论是生产大队还是村民村务管理小组的运行都依托于姓氏与宗族。管理小组由一个组长、七个副组长、财务、会计、秘书、顾问等构成,共20余人,通过各个姓氏召开户主代表会推举出有声望的人参与，政府不介入小组成员选拔过程。小组成立于 2018 年初，起源于休整河滩地。后续又进行了建设体育文化活动中心、修路灯等几期工程，对村庄建设的意义是很大的。在建组之初，带头人是"陈校长"，在他之前大家也想要去休整河滩地，但没一个人有能力且愿意去担负这个责任，陈校长有文化，又敢于担当，自然成为领头人。管理小组中主要做事的是一些年轻人，老一辈的人提供智力支持，也存在小组成员的罢免机制，结构相对完善。

夹在村民和村委会之间，村务管理小组也会遇到很多困难和矛盾。对于村民来说，并不一定能完全理解管理小组的倡议，此时小组成员会依靠宗族，挨家挨户去说服。有些项目短期内看不到收益，有些项目投资了未必可以赚钱，这些问题都要在一开始的时候和村民说清楚，这样才能避免村民有意见。政府对于村务一直都是持支持但不干预的态度，村民自己出钱做事，政府是愿意的，可是一旦涉及拨款，政府的态度就比较暧昧了。最近的例子，河滩地几十年来政府一直没有主动解决，直到小组成立，自行解决。邻村在白花村修建河道后面临洪水隐患，多次上访，政府未明确表态提出解决措施，加深了两村矛盾。另外，政府还存在着一些考虑不周全的地方，例如河滩地回填之后，政府才告知村民那里属于高标农田，不能用于别的开发项目，管理小组也只能一遍遍地沟通、申请。小组内现在有一个统一的观念，就是不等政府、不靠企业，希望用自己的成绩来推动政府作为。

村务管理小组与宗族理事会的理事可以兼任，在具体职能上有一定的区别。首先是代表利益不同，村务管理小组由不同姓氏的人组成，代表村内利益；宗族理事会沟通族内事务，代表族内利益。人员构成上，宗族理事会一般选择年纪大的、条件较好的；村务管理小组一般选择年轻一些、能做实事的年轻人。当然，无论是在哪里工作，他们都会和村委会产生互动，成为沟通基层民众与村委会的桥梁。

乡贤在乡村建设中也起到很大的作用，村委会希望他们能带来资金和项目，但是由于目前管理小组还没有资金缺口和成熟的项目，因此乡贤还未完全发挥作用。另外，村内对大学生的帮助和扶持，也是培育乡贤的措施，希望他们未来能为村里做贡献。族内长者的积极和消极作用兼有，对本村来讲，利大于弊，这主要是因为族内长者的选举门槛较高，基本上具有一定的文化水平，明事理，有威望，能与政府良好共事。当下宗族还能继续发挥作用，随着生活水平的提高，人们会有更多的精力参与宗族与集体事务，发挥更大的作用。

五、资料分析

（一）宗族社区的模式以及宗族观念的延续与发展

在白花村的调研中我们了解到，客家人宗族社区经历了新中国成立以来社会主义集体经济和改革开放的洗礼。宗族社区在不同程度上受到集体经济、城乡发展、科技进步等多方面因素的影响，加上宗族本身聚居程度、人口总数、迁移年代、宗族文化等宗族自身特点的不同，内因与外因共同作用，使得宗族社区出现了多元化的特点，不同宗族社区都有其独特的一面。

宗族社区在社会经济科技的发展中发生了巨大的变化，"金鉴第"张家算是笔者所见到的受到全球化、现代化影响较大的一个宗族。贺州市的张家人相传来自广东丰顺，1998 年通过信件成功联系上了广东丰顺的亲戚，2000 年后成立了贺州张氏宗亲联谊会和贺州张氏文化研究会。这两个会同属于"世界张氏总会"的会员。作为会员，"联谊会"和"研究会"平时的任务有两个：一是组织贺州的宗族祭祀以及与祭祀相关的事宜（聚餐、修祠堂等）；二是筹集资金资助年轻一代的优秀学子读书。宗族成员之间的联系也经历了一系列的变革，从刚开始的信件联系，到后来用电话联系，再到如今使用 QQ 群和微信群联系，联系的方式越来越方便快捷，联系的范围也越来越大。每过一段时间还会有全国张家人的联谊，会举行张家的名片活动——射箭。通过这样一些聚会，从而使张家人更加紧密地联系起来。在白花村，张家同其他客家宗族一样设立了自己的宗族理事会，用于调和村内宗族内部事务，代表宗族与村委会和其他宗族交流。

像"德星第"陈家、"淮阳第"江家、"渤海第"高家等大多数客家宗族，都还保留着传统的、比较简单的宗族社区运行模式。这种运行模式主要覆盖面都只局限在村一级，如果宗族成员之间离得比较远只能覆盖村小组一级。宗族理事会是该模式运行的中心，宗族理事会的成员由各户派代表参与宗族大会，在会上推举选出，成员一般都是族内德高望重的老人。宗族理事会的主要工作是负责祭祀、聚餐、婚事、丧事等宗族内的日常事务，还要筹集资金修建、维护祠堂和祖屋，每过一段时间与同族的人联系编写族谱。村里的一个宗族少则200 人多则近千人，成员之间冲突在所难免，平时最常见的冲突便是多个儿子分房的问题，这时候宗族理事会便会出面调解矛盾。

　　一个族里面那么多人，有些因为分家兄弟之间闹矛盾，这些东西（家务事）都搞不清楚。农村一般都有两三个儿子啊，房子问题，钱啊，地啊，赡养老人的问题等。

　　还有一个例子，陈家一位年轻人骑车不慎撞死了一位陈家的老人，陈家宗族理事会考虑到年轻人的家庭以及未来，决定不起诉这位年轻人，宗族理事会在宗族内部事务中的影响力可见一斑。成员较多、经济条件较好的宗族社区还会建立宗族内部的基金会，筹集资金用于资助考上大学的年轻人完成学业。

　　宗族社区中，宗族观念是宗族的标志，宗族观念的延续对一个宗族的命运至关重要。客家人一向重视对子女的教育，宗族观念也是对子女教育的一环。宗族观念的延续主要依靠言传身教、重大活动、文化坐标三条路径。客家人常说"台上教子，床上教妻"，其中"台上教子"即在饭桌上教育孩子便是传递宗族观念的方式之一，而老一辈对宗族事务的积极参与也是下一代看在眼里的，宗族观念也就在这样一个言传身教的形式下得到传承。祭祀、聚餐之类的宗族重大活动是宗族观念延续的一个场合，年轻一代参与重大活动当中，看到上一辈怎样举行活动或者协助上一辈举行活动，久而久之就容易对宗族产生归属感，也学会了举办宗族内部的活动。客家人是由其他地方迁徙过来的人，迁来后与本地人必然会产生冲突，这导致几乎所有客家宗族都有自己的武术，比如白花村的江家和高家擅长打拳，苏家擅长用棍，张家擅长射箭。当下社会比较稳定，武术也变成了强身健体的一种方式，年轻一代跟着老一辈学习武术，文化坐标与宗族观念一同得到了传承。

　　现在国家这边重视搞武馆，在贺州市乡下，我们高家是第一家。这是我们高家祖传的。我们高家武馆在解放前就有了。之前三个人到北京去比赛，个个人都拿到第一名的。这个武馆不光为我们贺州争了光，也为我们广西争了光。

　　然而，很多宗族文化在"除四旧"的风浪中受到破坏甚至直接失传，加上年轻一代很多带着孩子出去打工，在村里生活的时间不长，对宗族文化的兴趣也有限，宗族文化的传承也遇到很多困难。

　　出乎意料的是，各个宗族里的老一辈仍然表示不担心宗族观念的传承问题，也不会特意去向年轻一代传授宗族观念。他们认为，等到年轻一代到了他们的年龄，从外地回到村里，自然会继续拾起宗族观念，再传给下一代，宗族观念的延续主要还是依靠潜移默化，并不用刻意为之。

> 办了这个武馆，就不会有人（再）说去打麻将，像一些年轻人，他没事做才打麻将。现在年轻人不去打麻将了，就是去练武，强身健体。这个是没有强制的，都是自愿的，我们这个武功像是我自己8岁的时候学的，还有五六岁开始学的。

一个宗族的基础在于宗族内部成员关系的维系，没有了宗族关系，宗族是无法存在的。白花村的客家宗族关系的中心仍然是男性，例如当子辈长大或者父辈过世之后，父辈的房子将会被分给子辈。白花村有越来越多的年轻一代离开村里在城市里安了家，很少再回到村里，但由于客家人普遍生育的子女较多（即便是在计划生育政策之下），总还是会有人接手宗族事务。离开村里的人也会保留与村里宗族亲戚的联系，当有祭祀、婚事、丧事、修祠堂等重大事务的时候同样会回到村里参与，即便实在是抽不出时间，也不会欠活动举办、祠堂修缮等事务的份子钱。

> 那些都在外面办企业（的），逢年过节过来一下。他们都在外面住，在外面有房子，有些人在贺州，有些在北京、上海的。（祭祖时会）回来的。有些不放假的实在回不来就没办法，好多就是人没到钱到。

总的来说，现代化的发展对宗族社区、宗族观念、宗族关系的影响还是不小的。一方面，离开村里在外谋生的人越来越多，人们在村里生活的时间越来越少，导致宗族社区变得松散，宗族观念减淡，宗族关系弱化。另一方面，交通的发达、科技的进步、生活水平的提高，又使得宗族社区联系更加广泛密切，宗族观念因人们对精神文明的追求而更受重视，宗族关系也由于现代通信技术变得更加容易维护。这两方面影响的结果，与各宗族自身特点相关，人数较多、经济能力较好的宗族受正面影响较大，人数较少、经济能力较差的宗族受负面影响较大。

（二）乡村治理中的宗族

宗族作为影响乡村生活的一个重要因素，在村务管理中发挥着重要作用。在近代，宗族力量曾作为治理乡村的主要力量，积极处理日常事务，完善社会基层慈善制度，为政府减轻了行政负担，也调动了基层自主建设的积极性。新中国成立后，随着人民公社化等一系列事务在乡村的推进，乡村的经济面貌发生了巨大变化，原有供宗族发展的经济基础被摧毁，宗族在乡村生活中的影响力减弱。改革开放后，随着家庭联产承包责任制在农村的推进，农村的集体化程度减小，国家政权作用减弱，这就导致了乡村公共权力出现空白。国家通过在乡村建立村民的自治制度，来完善基层民主自治制度。在新的时代背景下，原先式微的宗族力量也以新的面貌再次兴起。宗族本身脱胎于乡村社会，深入乡村社会肌理，因此宗族在弥补这些空白时具有其独特作用。由于这种原生性，宗族的力量在乡村治理的许多方面能够更敏感，更高效。

当影响逐渐强大的宗族重新回到乡村的公共权力空间时，为了使乡村的治理更加有效，它必然要与其他的权力主体进行互动，如村委会、上级政府部门等。那么这样一种互动背后的推动因素是什么？这种互动的具体表现形式是什么？这样一些互动中有什么问题存在？这种互动对于宗族和村委会的未来发展具有什么借鉴意义？

为什么会产生这样的互动呢？首先从宗族方面来说，宗族虽然建基于血缘亲情上，在道德方面具有很强的号召力，但是现今政府对于宗族的态度并不明确，这就导致宗族许多的操作依旧是属于自发性的，而不是合法性的。在发挥乡村治理的时候，必然会有很多掣肘的地方。比如修建体育文化中心或寺庙时，往往是宗族作为发起人，号召村民捐款。但是仅靠村民捐款是远远不够的，还需要政府的相关专项资金拨款，并且作为工程资金的主要来源。以宗族理事会为代表的宗族必然要和村委会进行接触，向村委会成员提出相关提案，由村委会向上级提交，申请拨款。由此我们可以看到，至少在现在这一阶段，由于宗族发展较为缓慢，宗族的实际能力还比较弱，必须要借助如村委会等主体的力量，才能更好地发挥作用。村委会作为法定的基层群众性自治组织，在处理村务时往往要按照规章制度办事，但是农村由于还是一个熟人社会，人情味还很浓厚，只按照规章制度行事，就会在很多方面出现管理的缺位。宗族内部可以完成道德教化，提高村民道德水平。宗族还可以协助村委会落实相关政策，开导村民思想，凝聚人心，有利于政策更好落地。同时，宗族也可作为一个民意管道，收集村民的意见，并在内部消化之后反馈给村委会或者上级部门。也就是说，以宗族理事会为代表的宗族群体，实际上起到了一种不可替代的"上传下达"的作用。在这样一种宗族与村民理事会的"各取所需"中，互动就产生了。

事实上，由于现在宗族在乡村治理中的地位并未得到正式承认，所以宗族与政府力量的互动也并不是直接的、二元的。在白花村中，宗族里的领导人物往往都是村民村务管理小组的成员或者村委会成员。因为他们能力较强，也愿意为村民服务，因此他们在村中会有较高的威望，活跃在这些管理组织中较大程度上是同一群人，宗族与村委会的互动是较为自然和谐的。

关于宗族与村委会互动的具体形式，两个主体互动中主要涉及的内容包括农村基础设施建设、上级任务在本村的落地执行、宗族文化的培育与发扬等。这种互动的集中体现是该村村民自发成立的村民村务管理小组。在白花村下属的洞心寺管理小组中，村民自发成立了洞心寺村民村务管理小组，其运行依托于姓氏与宗族。村务管理小组通过各个姓氏召开户主代表会推举出有声望的人参加，政府不介入小组成员的选拔过程。

问：你们理事会会长是怎么选的？换届有没有自己的章法和规定？

答：像我们这里，贺州市莲塘镇白花村洞心寺村民村务管理小组，有组长一个，副组长七个，每个宗族的房头有一个，比较有威望的作为副组长。还有记录每次会议的秘书，还有财务、会计，还有老前辈做顾问。不忘初心嘛，有重要事情还是要请老前辈出来，那些德高望重的老前辈，让他们出谋划策啊。

问：村民村务管理小组就融合了不同姓氏的人，只有一个组长，要选哪个姓氏的人呀？

答：这个不论姓氏的，选有能力的人作为组长。我们今年是第一年嘛，以前就是生产队的那个小组，有个小组长。现在我们两个小组合起来，就一个组长，有什么事情都可以一起商量了。

洞心寺村民村务管理小组的成立初衷是修整河滩地。事实上，在村务管理小组成立之前，村民已经多次向上级部门反映过修整河滩地的诉求，但是上级部门迟迟没有回应。在这样的情况下，村民自发成立村务管理小组，可以看作是在这种管理空白中的无奈之举。在采访中，受访者也表示，村务管理小组成立的主要原因是希望村民聚合力量自行整治河滩地，"不要等靠要"。但是同时，他们也希望这样一个小组的成立能够倒逼上级政府有所作为。在他们看来，集体的诉求会更容易获得政府的关注。

该村村民村务管理小组的成立背后有多重深层因素的影响。一是村民对于更高的农村治理水平的要求。随着经济水平的提高，村民已经不仅仅满足于自身家庭生活水平的提高，他们同时也期望自身所处的公共空间的管理水平以及公共产品供给能力的提高，这促使村民自发地以宗族为单位形成组织，整合村民已有的资源，以村民的合力推动乡村治理水平的提高。

问：你们这一个村务管理小组是代表整个村子吗？

答：我们不代表整个村的，只是村以下的两个小组，是我们自发建立的。现在生活条件好了，就想要把村子搞得好一点，看着心情也好一点，自然就长寿了嘛。

二是在后税费时代，农民的主人公意识的兴起，直接推动了村务管理小组的成立。这样一种认可，一方面是因为农村经济的发展，村民生活更富足，使得村民有更多的时间、精力和资金去改变农村的生活环境；另一方面是因为近年来政府在思想层面的引导，促进了村民思想水平的提高，使得他们认识到自己可以充分发挥自治的权力去实际改善农村的面貌。此外，政府的一系列惠农政策也在经济方面增强了村民积极自治的信心。

问：为什么这些年村里的这些机构、建设都变得很有体系了？

答：因为近些年国家政府也有这些项目嘛，"三农"政策也在逐步完善，乡村振兴是国家工作的重点。所以说我们抓住了这个机遇。

在白花村洞心寺小组这样一种情况下，重新考察宗族在农村的现实状况，就会发现宗族的兴起与乡村的治理水平提高的内在逻辑是自洽的。乡村的治理水平与村民的幸福感直接相关。村民为了进一步提高生活水平，必然要团结在一起，发挥出集体的力量。此时，宗族作为一个现成的且被广大村民从内心接受的传统，无疑就成为最好的凝聚力量的组织。因此，村民随着经济水平的提高而对于治理水平提高的诉求变得日益强烈，必然会推动凝聚人心、聚合资源、集中诉求等宗族作用的发挥，宗族的复兴也就理所当然。当今社会上都在倡导宗族文化的保护与复兴，特别是农村的复兴，必定有其实质性作用；否则，它的复兴就是没有活力的，也是难以维持的。宗族力量的重新崛起、宗族文化的复兴，虽然是随着村民生活水平和传统文化保护意识的提高而发展的，但是我们同时也应该看到，农村现实生活对于它的需要也是其发展的强有力的推动因素。

（三）宗族文化在乡村建设中的意义

本小节将探究宗族文化在乡村建设中的意义。在探究这个问题之前，先要了解宗族文化在当今的乡村中是如何发展的，这样一种发展又是受到什么样的作用力而进行的。以白花村为例，通过调研我们发现宗族文化在农村的复兴受到推力和拉力的共同作用。

首先，经济基础的改善是推力。近年来，随着农村经济水平的逐渐提高，宗族文化有了更好的发展环境。原先仅仅满足于温饱的农民逐渐在精神生活上有了更高的追求，他们有精力、时间和资金在宗族中做出更多的贡献。比如在白花村中，高家的宗族成员每人捐出5000元用以修建新的高家祠堂，而据筹款人高先生的介绍，几乎每个家庭都按时拿出了捐款，筹款阻力较少。同时，随着移动互联网在农村的普及，宗族内成员可通过互联网进行沟通和组织活动，使得宗族成员之间的交流沟通成本大幅降低，信息传递的渠道更加通畅。当然，经济的改善还在许多其他方面潜移默化地推动宗族文化的发展，比如村内公共活动场所的修建、政府的特别财政支持等。总而言之，经济的发展必然会促进作为上层建筑的农村文化建设，而农村文化当中，首当其冲的、与村民生活关系最大的就是宗族文化。在这种意义上，宗族文化在农村得到发展是可以理解的，也是必然的。

其次，宗族文化的拉力在前文当中已经有所论及，其实是农村现实生活的需要。村民对于更高的乡村治理水平的要求，从各个方面对宗族这样一个凝聚人心、集合资源的组织表达了诉求。在乡村治理的层面，宗族作为一种现成的建构，对于村民具有一种向心力，有利于乡村秩序的构建。在这种情况下，乡村必然对宗族文化有更高的要求。

在当今的乡村社会中，宗族首先是一种文化现象，其次才是一种管理体制。随着依法治国的推进和法治社会的建设，宗族作为一种管理组织对乡村的直接治理作用早已极大弱化，因此当今宗族更大程度上是作为一种文化现象而存在。这样一种文化现象首先要满足的就是村民对于精神生活的基本需要，比如祭拜祖先、家族成员聚会等。但是要进一步发挥宗族在满足现实乡村治理方面的作用，必然要进一步在宗族文化建设上下功夫，让村民在其中找到归属，增强宗族的向心力。沿着这一逻辑，宗族文化在这种现实需求的拉力下获得发展。

在这样的兴起背景下，探讨宗族文化在乡村治理中的意义，无疑是具有实际意义的。当今的乡村宗族更多是一种文化现象，却不只是与文化相关。因此在探讨宗族文化时，我们以一种更宽广的视角去看待它。

第一，宗族文化对于乡村经济建设的影响。对于乡村内部，宗族文化在乡村建设中最明显的作用是对基础设施建设的影响。在后税费时代，宗族文化将村民凝聚在一起，形成一股新的力量推进乡村基础设施的建设和维持乡村公共物品的供给。例如在前文案例中提到的，村民往往通过宗族来筹集资金，聚集众人力量共同修桥建路，修缮路灯等。在村民最初产生这样的诉求时，宗族文化作为一种他们潜意识里认可的文化，能使村民团结起来做大事。这样一种讲求团结的宗族文化在汇集大众诉求的同时，也能汇集大众的力量，这就使村民的意志有一个集中表达的窗口，并且是一个有效的出口。在农村中，涉及公共事务最重要的是乡村基础设施的建设和公共产品的供给。在过去，村委会带头修库建桥时往往会遇到一部分人不愿意捐款出力的情况，这一方面使得工程汇集的力量有限，另一方面又会打击其他村民捐款出力的积极性。这其中其实主要缺少的是一种道德的感召力与约束力，而宗族文化就恰好具有这样一种力量。倘若发挥宗族文化的作用，首先是让成员产生一种归属感，将宗族的事情即乡村基础设施的建设视为自己的事情；其次也能以一种宗族内部的力量去说服、开导村民为乡村建设贡献自己的力量。相对于村委会或者上级政府来说，这样一种力量是来自内部的，因而对于解决一些外力无法解决的问题会更加有效。

在对外方面，宗族文化有利于发展乡村的旅游业。在调研白花村的邻村仁冲村时，有一个江家祠堂成为 AAA 级景区，促进了该村旅游业的发展。在调研中我们也发现许多宗族都有自己的特色文化，例如白花村高家就有习武传统，并且在政府的支持下修建了武馆。这样一些特色的民居民俗在当今旅游业逐渐发展的时代背景下具有很大的发展潜力，倘若加以培育，则有助于当地旅游业的发展。

在乡村治理方面，前文当中已论及，宗族寻求介入乡村的治理中，这种介入表面上是主动的，但其实是被动的。而当宗族作为一种文化介入乡村建设中时，会对乡村的行政管理有什么影响呢？宗族文化能够起到凝聚人心的作用，将村民的个人意志统一表达为宗族的意志，这能在乡村治理中建立更加有效的管理秩序，提高基层的管理效率。宗族文化给予村民宗族的观念，让他们对自己的宗族产生认可，而行政力量借助于这样一种认可能够产生一种内生性力量解决治理难题。同时在宗族文化的影响下，村民会受到更多的道德约束，这在客观上能够提高村民的道德水平。道德的力量在乡村治理中具有独特的作用，而依据道德的治理也更切合乡村人情社会的传统。

第二，宗族文化的发展也能更好地满足乡村居民日益增长的精神文化需求。在调研中我们发现，在白花村里的公共活动区域如祠堂广场，许多村民越来越热衷于跳广场舞，这种本来属于城市广场中的文化活动形式逐渐扩散到乡村，实际上就体现出了乡村日益增长的对精神文化的需求。那么宗族文化在什么层次上满足了村民的精神文化需求呢？宗族首先给予的是一种归属感，在农村这样一种归属感其实也是一种安全感。根据马斯洛需求层次理论，在满足基本的生活需求之后，人们会进一步追求安全需求，这一理论在农村同样适用。宗族以血缘关系为纽带，成员在其中会获得一种直接的安全感。同时，宗族的活动丰富了村民的日常生活。如在白花村的高家，组内成员在晚上空闲时会在一起习武，在继承传统的同时也增加了生活的幸福感。类似的宗族活动还有很多，如祭祀、聚餐庆祝等，都在很大程度上丰富了村民的精神生活。这样的需求得到满足，最直接的作用是推动乡村文化氛围的建设，重新焕发乡村作为曾经的民间文化据点的活力，带动更多传统文化的发展，在让百姓生活更幸福的同时，也促进了乡村精神文明建设。

因此，当我们在重新审视宗族文化在乡村治理中的作用时，可以发现其涉及非常多的方面。这是因为宗族本身就是一个有机体，它并不单独地作为一种经济、政治、文化的现象存在于乡村当中。它脱胎于中国传统乡村社会，并且曾经作为农村生活的一整套建构而延续多个世纪，必然对于中国的乡村社会有其独特的适应性。在经历了过去一个历史阶段的解构后，在新的社会历史条件下以及现实生活的新要求下，宗族体制以及宗族文化以一种新的面貌在当今乡村社会中重构。这样一种重构，既作为一种传统的再现，也作为一种传统的更新，是一种推陈出新的过程。这种重构有其积极意义，它作为一种原生力量，为政府力量做补充；也作为一种新的经济增长因素，为乡村经济发展提供更多的可能；作为一种精神文化，重新填补乡村社会的精神生活……但是同时，这种重构也会带有弊病，比如影响村委会选举，激化大宗族与小宗族之间的矛盾等。但也正是因为这样一些不足的存在，当今农村的宗族及宗族文化值得我们更多更深入的审视，以求在去除弊病的同时，充分发挥其优势，促进乡村社会的振兴发展。

六、结语

（一）总结

在本次的调研中，通过对于案例村白花村的深入调查与对当地村民的访谈，结合对于相关文献资料的梳理，我们得出以下结论。

其一，通过对当下宗族社区模式和宗族观念的详细分析，我们可以了解到，由于一系列的历史事件的影响，同时也因为案例村白花村的客家人迁徙到此地的历史并不是很长，当地的宗族文化经历了一个低水平发展甚至倒退的阶段。但是近年来，随着社会经济的发展，宗族文化的发展获得了更好的乡村经济基础。同时，乡村现实生活需要也对宗族文化的重构起了重要作用。在这样的现实情况下，农村的宗族组织建设逐渐完善，宗族文化氛围更加浓厚。

其二，现如今宗族社区的建设主要是理事会、基金会和宗亲联谊会等，通过这样一些宗族成员的代表机构，宗族的日常事务得以顺利进行，宗族成员的意见得以集中，宗族资源得以汇聚……总而言之，这样一些代表机构作为宗族的中心枢纽，实际上支撑着宗族的正常运行。

其三，在对宗族与其他乡村主体互动的探讨中，我们可以看到，在过去宗族与其他主体的互动是比较单一的。这种模式是建立在宗族力量比较弱的基础上的。而随着宗族的发展，宗族与政府的互动结构变得更复杂精致，由直接互动变为间接互动。现今在宗族治理的环节，各宗族往往一起组成一个村务管理的自治机构，寻求一种对于乡村治理的制度化介入。这样一个自治机构代表宗族与代表政府意志的村党支部和村委会进行互动，共同促进乡村治理水平的提高（见图1）。

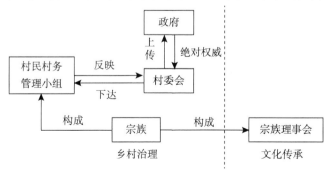

图1　当下的宗族—政府互动

127

其四，宗族在加入乡村建设中时，在许多方面起到了积极作用。如推动乡村基础设施建设，在旅游方面提供新的经济增长点，维护乡村社会秩序并提高乡村治理水平等。这些积极作用必然在当今乡村振兴的政策导向下为乡村发展起到强有力的推动作用，但同时宗族也会有其自身的弊端存在，而这必然要求我们对宗族这股日益增强的社会力量进行重新且进一步的审视，以更好地扬长避短，助力乡村社会的发展。

（二）反思与展望

1. 研究不足

（1）本次研究总时长共 10 天，对于一个完善、深入的田野研究来讲是远远不够的，时长限制使得我们面临着难以深入村民生活、难以探查村民内心真实想法、难以完全赢得村民信任甚至难以摆脱村委会主任对访谈的影响等问题。另外，由于田野点临时更换到广西贺州市，这使我们对于本地的熟悉程度不足，更放大了时间短的局限性。

（2）与本地村民语言不通。本地村民大多说客家话，该地的客家话与广东地区的客家话又有所不同，因此即使本次调研队伍中有一个客家人，也并不能很好地帮助我们与本地人沟通。在涉及历史事件的问题上，老一辈的人更有发言权，但是老一辈人也是最不懂普通话的，因此我们在信息收集上是有遗漏的。

（3）本次我们访谈的对象大多是在村务管理小组或者宗族理事会中有任职的，这也就意味着他们和政府联系更多，在村民中也比较有威望。然而这样的样本选取并不能完全代表村民，即使我们在访谈时让他们回忆了作为一般村民时的行为想法，但相比直接与一般村民接触还是有所欠缺。

2. 展望

（1）笔者一行人希望今后有机会再次或多次进入田野，更加深入地进行观察和访谈，希望能更加细致地叙述本地宗族文化重构过程，填充更多历史性资料。同时，我们希望发掘更多宗族参与村民自治、村务管理的细节，从而更精准地描述该地宗族参与村民自治的体系。

（2）笔者在调研过程中发现，本地宗族文化的变迁过程经历了从较为淡薄到更加淡薄，再到现在的复兴与重构的过程，这与很多现有研究是不符合的。追其历史，可以从贺州是移民城市来解释，但是否有更多影响因素，以及是否存在其他更多村落都有类似的情况，是我们十分感兴趣的问题。

参考文献

［1］付文茂，龚春明. 乡村宗族文化复苏的路径依赖：以江西 F 村为例 ［J］. 社会工作，2006（11）：13 - 14.

［2］吴祖鲲，王慧姝. 文化视域下宗族社会功能的反思 ［J］. 中国人民大学学报，2014，28（3）：132 - 139.

［3］王天意. 宗族的功能及其历史变迁 ［J］. 上饶师范学院学报（社会科学版），2005（2）：50 - 53.

［4］朱虹. 乡村宗族文化兴起的社会学分析 ［J］. 学海，2001（5）：114 - 116.

［5］陈靖. 追根认祖：一种国家与乡民关系的文化建构：一个壮家宗族复兴的考察 ［J］. 广西民族研究，2014（1）：75 - 82.

［6］周建新. 人类学视野中的宗族社会研究 ［J］. 民族研究，2006（1）：93 - 101，110.

［7］孙秀林. 华南的村治与宗族：一个功能主义的分析路径 ［J］. 社会学研究，2011，25（1）：133 - 166，245.

［8］彭玉生. 当正式制度与非正式规范发生冲突：计划生育与宗族网络 ［J］. 社会，2009，29（1）：37 - 65，224 - 225.

［9］杨喜添. 农村宗族势力对村民自治的影响与对策分析 ［J］. 广州大学学报（社会科学版），2006（6）：28 - 32.

［10］陈永平，李委莎. 宗族势力：当前农村社区生活中一股潜在的破坏力量 ［J］. 社会学研究，1991（5）：31 - 36.

［11］肖唐镖. 农村宗族势力与国家权力的互动关系 ［J］. 探索与争鸣，1998（7）：15 - 17.

［12］朱康对，黄卫堂，任晓. 宗族文化与村民自治：浙江省苍南县钱库镇村级民主选举调查 ［J］. 中国农村观察，2000（4）：64 - 69.

［13］徐勇，赵德健. 找回自治：对村民自治有效实现形式的探索 ［J］. 华中师范大学学报（人文社会科学版），2014，53（4）：1 - 8.

［14］王海成. 村民自治背景下的宗族两面性及其未来 ［J］. 西北农林科技大学学报（社会科学版），2014，14（2）：87 - 91，100.

［15］王永友，潘昱州. 文化自信视域下传统文化重构的"三重"困境 ［J］. 南京社会科学，2017（7）：142 - 149，156.

［16］黄世楚. 宗族现代化初探 ［J］. 社会科学研究，2000（4）：105 - 107.

［17］肖唐镖. 乡村治理中宗族与村民的互动关系分析 ［J］. 社会科学研究，2008（6）：91.

绿耕社工站对仙娘溪村经济文化建设的影响

——从化站调研报告

 绿耕社工站（以下简称"绿耕"）在农村社会实践中，发展出了自己的整合式社会工作方法。其内容大致是：社会工作者（以下简称社工）驻村，运用社区为本理论和资产为本的社区发展等实务理论，将村民的组织建设和村里的资产建设整合在一起，从而扩大村民的社区参与度，逐步实现社区的可持续发展。

 绿耕在仙娘溪村的实践策略，也大致遵循这样的模式。在"以人为本、助人自助、公平正义"的社工理念指导下，运用整合的社会工作方法，通过自助与互助的能力建设形塑"新人"；发展城乡合作互助组织、挖掘优良农副产品等社区资源，以专业精神和策略回应社区民众可持续发展的基本需求，以此推动城乡合作，从而和谐城乡关系、化解"三农"问题；通过当地的文化建设和经济建设，引导村民的社区参与。在这7年的实践中，绿耕发展出了三个组织：妇女互助小组、青梅加工小组和导赏小组，促进了当地的经济发展。与此同时，绿耕也进行了文化建设，通过对祠堂的重新修缮和对围屋文化的保护——重修新龙围、构建口述史、穿插暑期的儿童文化夏令营，以期唤起村民参与社区公共事务的责任感和使命感。

 本次博雅教育——蜀粤桂教学实践项目的从化站组，在帮助社工进行村民资源调查的过程中，通过访谈了解社工站农村社会工作实践的细节。因此，我们通过实地走访和查阅当地资料，探讨社工在当地经济建设和文化建设中扮演的角色。通过为期十天的考察，我们的报告分为经济建设（导赏小组、妇女互助小组和青梅社）和文化组织建设（祠堂、围屋和近期举办的夏令营）两大部分，主要探讨社工在建设上的能力和成效，以及对当地的实际影响。

一、妇女互助小组

（一）妇女互助小组——"八仙娘"

自 2010 年绿耕进驻仙娘溪村后，第一个培育的村民互助组织即是妇女互助小组，这是组织时间最长的一个小组。绿耕一方面推行"老屋重生"乡村旅馆计划，一方面在村里寻找有意愿经营乡村旅馆的妇女。经过第一批社工的积极入户动员和鼓励，有七位"仙女"选择尝试加入。2011 年，又加入了一位新成员，"七仙女"变成了"八仙娘"。

乡村旅馆有赖于妇女们共同经营。妇女互助小组内有明确的分工：个人分别负责财务、出纳、外联、维修，而收拾被褥、整理房屋、打扫卫生、做饭是集体工作。比如负责外联的静姐，她平时的任务是负责外来游客的电话咨询。若介绍、安排外来的游客和活动，社工站也会首先联系她；负责旅馆维修事务的是朱金姐，旅馆房屋的损坏、器具的损坏会由她来亲自或联系维修工进行维修。在分工确定上，社工站先期着重于外部引导，2013 年起由妇女互助小组内部独立决定。同时，妇女互助小组共同租地生产农作物。妇女互助小组的运作日趋成熟，逐渐成为真正意义上的独立经济组织。

七年的发展中，八位"仙娘"在社工的鼓励、支持和陪伴下，逐渐建立了彼此之间的联系。由相对孤立的务农个体到共同经营旅馆，再到参与村里的公共事务，八位阿姨的主体性愈发凸显。在经营旅馆的过程中，我们看到了社工站的预期：社会工作者应该成为服务对象采取某种行为的倡导者，即向服务对象倡导某种合理行为，并指导他们使其成功。"社工挺好的，要是没有他们，这个旅馆也不可能经营起来；没有他们，我们也不会有那么多的客人。"社工与阿姨们的关系，不是简单的"帮助—被帮助"的关系，而是一种"帮助—帮助"的双向关系。

妇女小组虽因经济目的而成立，但在社工的陪伴下，她们逐步参与村里的日常公共事务。经营旅馆纯利润的 70% 作为劳动回报直接分配给个人，20% 作为乡村旅馆维修管理基金，支持小组的可持续运营，10% 作为回馈社区的公益金。公益金支持妇女互助小组以整体形式活跃于村庄公共建设：为村内杨氏宗祠的重修捐资；在村内发放生活用品，访谈中随户可见的陶瓷杯即是一种"福利"；中秋节时为孤寡老人购买月饼；负责清理打扫修缮后的杨氏宗祠；

在今年的儿童夏令营上教村里的小朋友们制作糍粑。

但仙娘溪村妇女互助小组本身的发展有一定局限。我们的访谈反馈出客人减少的情况。同时，从客人的组成中也可以看出一些端倪。"来到仙娘溪村住的，很多都是来考察学习的，但是真正来旅游的游客就没有那么多了，去年还有电视台的人在这里住了几个月。"即客源一定程度上依赖于绿耕的联系。可见，妇女互助小组的旅馆在吸引客源上尚有未突破的瓶颈。除此之外，维护旅馆的费用也是一笔不小的开支，且房屋的潮湿问题一定程度上也影响了居住的舒适性。据估计，每月的维修开支在千元左右。另一个不容忽视的问题是同行之间存在竞争。据仙娘溪咫尺之近的长流村，有一家由废弃小学改建而来的旅馆。同时，在距离仙娘溪村 6 公里远的乐明村，也修建了民宿。尽管它们的定位不同，但在客观上对旅馆的经营造成一定的冲击。

（二）不同妇女小组成长情况之对比

坚持优势视角，发挥妇女的自主性，绿耕的宗旨不会改变。但是乐明与仙娘溪两邻村的妇女培育效果却有差异。

仙娘溪村的妇女互助小组主要是和经营旅馆联系在一起的。不论是导赏小组还是青梅加工小组，实际以男性参与为主。妇女互助小组在客观上没有得到很好的扩展，即女性在村内事务的参与度是有限的。自妇女互助小组成立以来，成员从 7 个发展到 8 个，此后再无增加。出于旅社的经营情况，8 人已足够。加之分红不稳定，收入仅作为务农的补充，因此妇女们认为不再适宜加入新的成员。因此客观上对新成员的增加有一定的阻碍。与乐明村相似，绿耕在仙娘溪也有扩大妇女组织活动的实践——组织妇女跳广场舞。但是广场舞的动员成效欠佳，妇女们的积极性不是很高。可以认为，仙娘溪村的妇女工作组织程度有限，社会参与度亦有限。

与仙娘溪比较，乐明村的妇女组织规模更加庞大，受众面与影响力更加广泛，其原因在于对妇女自主性的深度挖掘，再由深度衍生出广度。乐明村妇女组织的培育是通过生态种植组织起来的，2013 年发展成了青梅种植小组。这些得益于社区资产建设带来的契机。2015 年，乐明村成立"妇女之家"，在实习生的教授下推广广场舞。妇女之家除了为村中的妇女提供交际休闲的文化活动场所外，也是妇女之间交流创意想法、集思广益与召集人员的平台，无形中成为一个创新的摇篮，妇女们的腐竹加工、竹编加工小组都是通过这种方式自行组织。可以看出,乐明妇女组织具有极大的自主性,她们已经能够自己发现需求,并自主组织实践。这显示了绿耕在乐明村妇女赋权实践的成果。妇女赋权强调的是妇女增强自己的权利,她们在日常生活的互动中进行选择,通过自己的能力掌握物质以及非物质资源,以增强自我意识。妇女的赋权必须回到日常生活、组织及社区的社会环境中,质疑并挑战现存的性别结构,才能使妇女成为真正有主体性的个人。

总体来看,村中留守妇女可以说是"绿耕"入驻以来最大的受益者。妇女是传统社会观念下的弱势群体,而社工站发起的妇女组织推动了妇女的赋权,从经济着手,整体"改造"妇女的社会性别角色。女性在"妇女小组"的团体背景中共同学习、组织与行动,实现相互赋权。在村中的社区语境下,权利意味着物化的生活条件、经济利益和文化水平,妇女赋权争取的是发展话语的合法形式。绿耕对妇女互助小组的培育,正是希望以妇女充权的方式来挑战传统的权力关系格局——通过日常生活中权力关系的变迁,实践村落妇女等弱势群体能力的提升、底层发声等一系列有深刻意义的社会行动,以达成社会变迁的最终目标。我们认为成效是显著的,诸多细节反映了女性的社会参与和地位的提高。从官方的村委会选举,选民名单中女性占四至五成比例,再到村内公共管理,杨氏宗祠张贴的宗祠维修捐款名单上妇女互助小组以 680 元位列第一。所以,绿耕的理念投射于经济先行,带动社会结构性调整,有更长远的发展意义。

二、青梅合作社

(一)青梅合作社概况

从化原乡梅好蔬果专业合作社(以下简称青梅社)的前身是仙娘溪——乐明的生态蔬菜种植小组,该小组在 2010 开始尝试种植生态蔬菜;2012 年,小组开始尝试农产品的深加工,进行了洛神花果酱和花干的制作;2013 年年底,由于交通运输不便利等原因,蔬菜配送停止,生态蔬菜种植小组转型。2013 年开始尝试加工制作梅汁、梅酒、酵素、梅干、话梅、梅精等青梅产品,青梅加工小组(以下简称青梅组)成立。之后,更多的工作重心转到加工制作生态健康的青梅产品上。

青梅加工小组成立至今,成员从 5 人增加到 12 人,共分为 3 个生产小组,分别为仙娘溪青年组、仙娘溪中年家庭组和乐明妇女加工小组。此后 3 个小组合并，并在 2016 年 4 月正式注册成广州市从化原乡梅好蔬果专业合作社。现阶段，青梅合作社正在制定和完善各种规章制度，规范合作社的生产、加工、销售、售后、研发、合作分工等，开始走上专业合作社道路。

（二）社工站在青梅合作社创设运营中的角色

在青梅合作社创建初期，社工站的引导、支持不可替代。

第一，社工站在本地优势资源的挖掘中起到了重要的作用。绿耕秉持"优势视角"理念，即强调每个人自我决定的潜力，是建立在个案主导上，关注生存环境中的资源，以及如何运用这些资源为案主应对当前所面临困境的社会工作实践理论。在"绿耕"模式中，优势视角发挥着"反对服务对象问题化或标签化"的作用。优势视角要求人们从一开始就抛开问题的标签，以发现的眼光寻找本地社区可利用的物质和精神资源，并思考社工应如何调动当地居民的积极性，重塑其主体性，以使其与社工一起整合并激活这些资源为社区及其居民服务。

青梅社的成立即是优势视角的产物。仙娘溪及临近的乐明等村素有种植青梅的历史，且村里有不少荒废的青梅林，自然条件得天独厚。此外，加工成本低，青梅产品的加工全程由人工完成，免去了购买机器设备的成本；种植青梅的土地基本为青梅社成员所有，所以土地成本低；加工好的产品大部分贮存在村里的电站，仓储成本基本为零。

第二，社工站提供了资金与技术支持。在青梅组创建之初，社工站为其提供了 5000 元的初始投入资金，并承诺如果加工青梅产品尝试失败，该笔资金不用偿还。原始资金的投入减少了村民尝试新生产方式的机会成本，促进了新式生产方式的创建与推广。在改进青梅酵素包装的过程中，社工站也提供了15000 元的资金用于购买设备。对于青梅组来说，加工技术是生产中最重要的一环，也是依靠自身力量最难攻克的壁垒。在青梅组成立之初，社工站邀请了一位来自香港的青梅产品加工专业人士对村民进行技术指导。社工站在协助青梅组寻求技术支持的过程中起到了至关重要的作用。

第三，搭建城乡合作平台、构建城乡支持网络。仙娘溪村地理位置偏僻，寻找销售渠道是一大难关。青梅加工社的产品主要通过绿耕社工搭建的城乡合作销售平台销售，其中最主要的平台是"沃土工坊"。沃土工坊是广州本地的非营利性组织，遵循社区支持农业的理念，将合作农户的生态农产品销售给城市居民。这是社工工作的关键一步。因为农村社区并不能单凭自身的力量解决问题，当前农村的困境某种意义上是城市化的市场交易及城乡二元结构体制造成的。突破困局的关键在于跳出城乡割裂、二元对立的现状，建立"生产者和消费者的合作"和"另类市场"，突破"主流市场"的限制。绿耕搭建"城乡合作和公平贸易"平台，改变现有的城乡关系，促成一种优势互补、互惠互利的"生产—消费关系"。

（三）社工站参与的青梅社管理

"绿耕"模式是传统社会工作角色在农村社会工作中的新应用，我们可以将之理解为一种对乡村经济、社会结构的重新整合。费孝通认为，深入中国乡村的改革举步维艰。因为一旦牵涉到"人际关系"，就不得不充分考虑所有参与者的个人利益以换取大家的一致同意（或默许）。而取得大家一致同意后的改革，则往往大打折扣，甚至背离了原本的初衷。因此，打破自上而下的传统模式，按照契合本土化需要的农村发展模式进行管理十分必要。所以，绿耕如何调配小组内部关系至关重要，这决定了成员的凝聚度和小组下一步发展的顺利与否。

第一，社工站对青梅社的收入进行调配，主要分配到四个方面：一是社员的个人收入；二是发展基金，主要用于社员的能力建设，比如组织社员外出学习和邀请专家进行指导等；三是公益基金，主要用于村里的公共事务，覆盖到每个村民，如路桥修缮、社工站组织夏令营和购买实物赠品等；四是"绿耕费"，用于支持社工站本身的运作，如支付新龙围的租赁费用等。社工站干预收益的调配是一个再分配过程，着重生产者的能力培养以及社区文化建设。绿耕的介入促进了资产建立—能力提升—社区发展的良性循环与持续发展。

第二，协助青梅社管理。社工站协助青梅社的管理主要体现在青梅产品的品质管理和青梅社的行政管理两个方面。青梅社采用的青梅原材料要求不得使用农药和化肥，坚持纯天然培育。社工会定期检查青梅林，一旦发现不合要求者，立即放弃使用；3 个加工小组的合并过程极具代表性地体现了社工在行政管理上的协助作用。合并的原因是消费者反映不同小组加工的产品质量不一致。为了保证产品质量统一，社工动员 3 个生产小组进行合并。合并前每个小组分别生产几种青梅加工产品，合并后一个小组只负责特定产品的生产。

随着青梅社扩大，生产与管理架构的调整是必然的。合并后统一了生产标准，分工更加精细明确，提高了生产效率，显然可以获得丰厚的长期效益。但是合并的过程必然伴随着人员的变动和利益的再分配，存在阻碍与隔阂。如果具备现代管理经验与市场意识的社工站不介入小组合并工作，单靠青梅社自身很难顺利完成合并过程。

（四）村民自主经营能力的培育与社工角色的演化

随着青梅社社员自主经营能力的提升，如今销售与售后、人事和财务等日常事务由青梅社的人员自主管理。现阶段，社工已经由资源转介与跨域合作平台的角色转变为退居到幕后提供后续支持，如社工目前正在协助青梅社申请食品安全认证与生产许可证等事宜。

青梅社目前主要面临两大发展瓶颈。第一个是技术瓶颈，针对部分产品种类销售不佳造成积压（如青梅酒）以及部分产品包装瓶渗漏（如青梅酵素）的情况，需要对现有产品的质量进行改进，同时开发新的产品种类（如话梅、番薯干），这些都需要新技术的支持。对此，青梅社主要成员表示香港、台湾等地区的青梅加工产业拥有成熟的技术体系，加上现代化的包装与宣传，价格可以达到青梅社同类产品的 2～3 倍，所以完备的技术体系对于下一步的发展十分重要。另外，纯天然种植方式会带来病虫害防治的困难。按照生态农业的思路，应该采用生物防治的方法，这同样需要相关防治技术的引入。

第二个瓶颈是管理制度的完善。以收入分配方式为例，在加工小组合并前，青梅组的入伙份子钱和收入分配都是平均的。而青梅社的扩大使得社内人员分工加强，平均主义势必不能适应发展需求，需要采用更完善的管理方法。长远来看，社工下一步需要重点培育青梅社领导者的管理能力或者引进管理人才。对此，青梅社主要成员希望吸引从村里走出去的有才干的年轻一辈回流返乡，加入青梅社协助管理。

显然，青梅社内部已经有了自己的运作模式与独立长远规划。所以基于社工工作"助人自助"的理念，目前绿耕已从原来的挖掘优势资源、提供资金与技术、搭建销售平台等初期基础工作，转换为在幕后协助青梅社改进技术与管理，以及在后台担任发展规划智库的角色，以期帮助青梅社突破发展瓶颈。

三、绿耕社工站与绿芽基金会的帮扶模式对比

乐明村扶助村民的机构除了绿耕社工站外还有绿芽基金会（以下简称绿

芽），两家公益机构同时驻扎在乐明村。绿芽基金会的全称是广东省绿芽乡村妇女发展基金会，是一家致力于乡村妇女发展的非公募公益基金会。绿芽基金会在2013年进驻乐明村，经营源味厨房与民宿，并于2016年成立"良源物予"青梅加工妇女小组，对外销售青梅、蜂蜜等加工产品。

通过乐明村绿芽的民宿与仙娘溪绿耕的乡村旅社、青梅加工小组之间的发展模式，我们可以看出它们之间在经营理念、具体执行方式上的差异。

（一）仙娘溪、乐明乡村旅社经营模式之差异

首先，经营主体的差异。仙娘溪的乡村旅舍，由妇女互助小组的八位阿姨独自经营。接待游客、安排房间、维护旅舍、管理账本都是内部明确分工，分别负责。这种经营模式的形成，与社工的理念密切相关。绿耕不仅希望带动乡村的经济发展，更重要的是用优势视角发掘他们的潜在资源和优势，培育当地村民的主体地位。而绿芽的民宿则由基金会自身经营。经营过程中，雇用阿姨打扫民宿，以工资的形式补贴村民。其次，绿芽基金会的商业主体性质发挥了很大的作用。通过与广泛社会机构的合作，客源得到了保证。相较于绿耕的政府购买服务性质，绿芽基金会善于从更多层面吸引资源。

绿耕和绿芽的理念差异，影响了他们帮助当地村民的方式。在改变传统的权力关系格局层面而言，绿耕社工站较之绿芽的商业性质帮扶具有更深的意义。绿耕秉持"助人自助"的理念，坚持发挥妇女互助小组的主体作用，以期实现真正的"可持续发展"。绿芽基金会更重视现实，通过在当地直接经营民宿，利用自己与多家企业和机构合作的优势，来给当地妇女创造更多经济效益。可以看出，绿芽在民宿的经营上施加了主导性的影响。长远来看，绿芽重视经济角度的帮助，绿耕更重视经济产生的社会效益。但是从另一个侧面来看，不论是绿芽的民宿还是仙娘溪村的旅舍，他们都共同面临着可持续发展的问题。因为顾客才是经营旅馆的生命力。但是在顾客这个层面，在相当程度上依赖于绿芽和绿耕的外在力量。因此，怎样做好宣传，怎样更好地推广乡村的旅馆，怎样培育妇女互助小组独自招揽客人的能力，是下一步考虑的方向。

（二）青梅加工小组模式之差异

前文已详述绿耕在仙娘溪、乐明村青梅社运营中发挥的作用及其影

响。下面，我们将通过同质化竞争问题来分析两机构模式的差异。

绿芽主导成立了"良源物予"。起初的领头人曾经是青梅社的成员，后来与绿耕社工产生分歧，退出青梅社。在绿芽基金会的支持下，召集村里的其他一些妇女另成立青梅小组。

这次"跳槽事件"是由组织过程中的矛盾与分歧扩大化造成的。出现这些分歧的原因是多样的。首先，村民对社工定位的理解容易出现偏差。社工在引导村民建立资产时起到的仅仅是引领与协助的作用，二者之间并不是雇佣关系，也不能包销包赚。而村民未必能够认识到这一点。其次，资产建立是一个长期而需要不断摸索的过程。社工更看重青梅社的长期发展效益，以及资产建立与社区建设之间相互促进的良性循环（从上述的青梅社收益调配中可以看出），因此短期内难以有巨大的收益回报。而村民注重的是短期的可见的收益，一旦村民的实际增收与预期不符，双方就容易产生分歧，这种分歧逐渐扩大，就会出现成员退出小组的情况。

对于此次"跳槽"事件，当事人表示绿耕所联系的销售平台抽取过高佣金，影响了个人收益。这印证了上述分歧的存在。而绿耕社工表示这名妇女带过去的不仅是人员，还有生产技术，"这不能不说是一种损失"。绿芽基金会的社工则澄清了两个青梅加工组织的主体性："不是绿芽和绿耕分别有一个青梅小组，而是这个村有两个村民小组生产青梅加工产品，分别由绿芽和绿耕扶持。"

那么，两个青梅小组是否形成竞争关系？从销售渠道上看，两个青梅小组分别由两个社工机构搭建的不同平台进行销售，因此目前没有明显的竞争现象，两家售卖的同种青梅产品的价格不同也可以印证这一点。对比两家产品的情况，直观上"良源物予"生产的青梅产品包装更精美，价格更便宜，种类更丰富（新开发了青梅酱、话梅、蜂蜜），总体来说更具有竞争力；从两个青梅组织的实际创收来看，合并前绿耕培育的三个青梅小组的人均净收入在每年几千到一万元之间浮动（根据受访者口头描述），"良源物予"平均每月为组员创收 1098 元（数据来源于绿芽工作报告）。总体来说后者人均收入稍多，但不排除绿芽缺少收入调配过程的影响。

两个组织都处于发展期，合并后青梅社的预期收入将有大幅提升，因此未来存在很多变数。可以预想的是随着两个青梅加工组织渐趋成熟，相互之间必然会形成某种竞争或相互促进的关系，这有待后续的探究。

通过两个青梅加工组织的对比，可以窥见绿耕社工站和绿芽基金会在扶助村民进行资产建立过程时具有明显不同的组织特点与工作重心。

第一，从资源支持来说，绿芽基金会相对来说更具有资源优势。它依托多名社会企业家创办的组织，与多家公益机构有合作关系，拥有丰富的资金、技术、信息、市场和人才资源。如青梅产品的定价、包装、宣传均邀请社会上的专业团队协助完成，未来绿芽基金会也计划成立生态种植专家智库，为村民提供持续的技术指导支持。但基金会的过多参与和干涉，容易造成社工服务的单向输出与村民主体性的弱化，不利于村民长期的能力建设；而绿耕社工站则依托政府资金支持，由政府购买社工服务，另外还有其他的政府资源如广州市黄浦区的定向扶贫等。

第二，两机构的资金来源不同，决定了它们的工作重心存在差异。因为绿芽基金会的一部分资金来源于社会捐赠，所以相比于只能取得无形成果的社区文化建设，绿芽基金会的工作重心更多放在社区所能产生的经济效益上，注重创造有形、可见、短期的成果，同时积极参加各种比赛来推广自己，以寻求更多捐赠者的关注与支持。绿芽社工表示，基金会理事长曾说"前两年光顾着服务村民而忽视了开源"，即批评前两年的工作过多放在了社区环境改善等服务项目上，而忽略了经济项目的开发。绿芽基金会的其他部分收入来源于自身运营的经济项目如生态民宿与乡村自然教育等，因此市场化运营能力较高。

绿芽扶育的青梅小组等经济小组的收入均直接转化为组员的经济收益，缺少收入调配过程；绿耕的调配模式注重社区的整体性与长期性发展，体现了经济收益、社区文化、村民能力建设的多位一体的可持续发展理念。如乐明村的妇女之家是村中最大的文化组织，其建立与发展是绿耕社工最具代表性的文化建设成果。另外，绿耕在扶助资产建立的过程中注重扶助弱势群体，社工表示选择组员的时候肯定不会首选村干部或者经济状况宽裕的个体。如青梅组组建初期就选择让丧失部分劳动能力的人参加，并且不需要分摊青梅组的生产成本。这一工作特点也体现在项目的选择上。仙娘溪村内的蜂蜜生产同样具备资产建立项目的基础与条件，但绿耕社工表示当地的蜂蜜生产户经济条件较为宽裕，暂时不存在经营上的困难，于是没有把蜂蜜加工列为重点发展扶持项目。

跳出两个机构帮扶模式的差异分析框架，青梅加工的模式仍有值得探究之处。最关键的问题在于，该小组对于全村的覆盖度是有限的，即参与者和直接分得利益者不是全部社区居民。这将会引发社会心态的分层，于长远的社区建设不利。青梅小组是在社工站引导下的青年人自发组织，而不似珠三角传统的潮汕式家族企业。必须承认，这是一种有生命力的新形式，但是不同年龄层次、收入层次人群的力量并不能得到完全凝聚。比如，牵头人南哥的伯父一家，包括其在外务工的堂兄弟都没有参与青梅小组。论及此事，他虽未有直接的怨言，但是通过非青梅社社员的角度看青梅社，表现出对其不看好，"这里只是一个小山村，没有什么可以旅游的特色，来的人少，买的少"。在访谈过程中，亦有其余户表现出类似观点，比如"不清楚""不了解"，或认为"其他没有入青梅组的人，如果同样制造青梅产品，也比不过专业指导的小组，没有竞争力"。虽然这与青梅社的实际发展状况、宗旨未必相符，但是折射出一种社会心态：因未参与而不了解，进而产生出一定的"敌意"。青梅社的参与者、受益者范围有限，直接利益分配问题必须得到更完善的解决。否则可能使村民对社工的态度打折扣，进而影响绿耕组织活动对全村人的整合力和下一步工作的开展。

四、导赏小组

导赏小组成立于 2015 年 4 月 12 日，由在外打工多年，返乡创业的年轻人和熟悉村庄历史文化的退休老师组成。小组成员原有 6 人，后分别有成员因语言表达能力不足、外出打工而离开，故而现有成员 3 人。

导赏小组是仙娘溪乡村体验游的主要发展力量。其任务是引导游客领略本地的风土人情，具体介绍内容包括建筑、历史文化、花鸟虫鱼和农耕生活等。客人一般有两类：一类是社工调研考察队伍，还有一些企业、社会组织和政府人员；另一类是来村里参加亲子活动的游客。导赏小组的收入分为四部分："绿耕费"、公益金、小组发展基金、成员工资。其中，"绿耕费"用于支付社工站为提高小组成员导赏能力而组织老师对其进行培训的费用；公益金用于支持村里的公共事业发展；小组发展基金可以支持小组的可持续发展；成员工资原则上平均分配给参与导赏的导赏员，但陈老师考虑到其他成员为返乡青年，在收入分配上会比较照顾他们。

导赏小组成立两年多来，取得了一定的成效。首先，社工站会不定期组织老师对导赏员进行培训以提高其导赏能力。陈老师表示"（参加导赏后）胆量大了很多，变得更加能与外地人交流了"。导赏工作提高了居民收入，也增强了参与者对家乡的认同感。即导赏小组的成立客观起到了文化建设的作用，利于推动深入的农村建设。其次，从导赏小组的收入中抽取部分资金而设立公益金，可以看作村民参与社区建设的具体措施。在强化社区公共空间的同时，有利于增强村民主动参与社区公共事务的意识。最后，导赏小组作为乡村体验游的重要组成部分，改善旅游感官体验，与"八仙娘"妇女互助小组的乡村旅舍相互促进，相辅相成。

然而，目前导赏小组的发展仍存在问题。其中，最突出的是游客流量过少，经济效益不佳。两类客人均在逐年减少，其中第二类减少的幅度更大。而第一类客人主要由社工站联系，客源对社工的依赖度较高，未实现真正意义上的独立自主。导赏小组最近一次接待游客是 7 月 1 日，而在我们考察的 10 天内未见其他游客。游客流量过少，相应的是收益堪忧。据了解，每位小组成员的收益不足 30 元/月。除此外，导赏小组还存在人员流通机制不完善，小组成员"只出不进"的问题。目前已有三位成员相继退出小组，陈老师也因年纪过大打算退出小组，导赏小组很快便只剩两人。这对于小组的持续发展而言无疑是十分不利的。在仙娘溪村的三个小组中，导赏小组的情况最不容乐观。虽有社工站的引导支持，但是更多表现在经济贫困带来的内部动力缺乏。较之青梅社的规模壮大，导赏小组更需另谋发展。

五、社工站与祠堂、新龙围重修

仙娘溪村有两座祠堂，一座易姓，一座杨姓。易姓祠堂规模小于杨姓祠堂，仅有一进的祭堂。杨氏宗祠的规制完整，呈三进三路。正堂门楣上有书"弘农堂"，并用一块十一世祖的总牌位代替了各房、支的先祖。但是东、西两路已经改建而另做他途。西路的南间是理事会办公室，北间堆放杂物，早期欲改建成乡村博物馆，未果。现仅见一顶花轿置于墙角；东路改造为厨房，是妇女互助小组的阿姨为游客做饭的场所。每逢重要活动，祠堂厨房可以供应全村人的饭食。

虽有两座祠堂，但是仙娘溪村的宗祠文化并不浓厚。

在祠堂内部布置方面，易氏宗祠已无牌位，祭台上空无一物，墙角零散着燃烧过的香烛。问及易姓后人对萧条的祠堂有何看法，他们更多表现出并不在意的态度。杨氏宗祠虽有牌位，但是未详尽至各房支。一方面，固然是因为"宗祠"之名和三进的规格，说明该祠堂是一姓的总祠；另一方面，也可见"祖先"更多是一种符号象征，而非实际的宗族关系和约束力。此外，宗祠内部允许"活化"为他用,本身就意味着神圣性的消退和对世俗需要的让步。从两座祠堂的用处上看,经访谈村民证实,除清明节时固定的拜山外,再无传统宗祠文化活动。祠堂打破了族姓之间的界限,发挥公共场所的作用。比如接待游客、张贴青梅小组的产品信息和悬挂介绍仙娘溪村历史与建筑的宣传牌;社工站组织的夏令营中,小朋友在此学习家乡的历史与老建筑;中堂墙壁上隐隐可见的"囍"字讲述着村内梁阿姨的儿子结婚时在此宴请全村人的胜景。最重要的是,在社工站的介入下,杨氏宗祠开始发挥全村公共空间的作用。比如,2011 年重修杨氏宗祠完工后,全村在祠堂庆祝,"大家吃了一天"。此后每年的某一节日,社工站组织全村人在祠堂聚餐一次几乎已成为定制。除聚餐外,在祠堂的歌舞聚会也由各小组共同出资。这些可以视为凝聚村民的重要手段。

社工站在仙娘溪村发挥着重要的整合性作用。仙娘溪是一个自然村,虽然社工站不具有政府的权力而仅是对村民进行引导,但具体细节事务层面上,权力的真空状态由社工站填补。而传统的社会控制力量——宗祠文化明显衰退。传统意义上的宗祠控制,在于依靠族姓血缘关系,以不同的层次设置个体的社会角色,由不同的角色分工达到社会整合的目的。除了培育几个村民小组以外,社工站凝结全村的重要方法是营造公共文化空间。公共空间打破了血缘等级的差序格局,将所有个体置于一个开放而平等的环境内。一切事务属于全村,族姓之间的壁垒不强。从杨氏宗祠内张贴的清明节时维修宗祠捐款名单可见一斑。捐款者姓名按照所捐数目大小依次牌列,排名第一的是"妇女小组680 元"和"绿耕社工站 380 元"。妇女互助小组成员并非全部属于杨姓,更遑论社工站这一完全与村内血缘无关的外来者。二者的出现即说明了全村上下对于重要事务的普遍参与,但是这种参与度和族姓约束力几乎无关。

社工站参与全村公共空间的营建还体现在新龙围的重修上。新龙围是仙娘溪村历史最悠久的老围屋之一,建于清咸丰至道光年间。社工站进驻前,年久失修,甚至有一角坍塌。2015 年 3～5 月,新龙围的修建提上日程。在筹建过程中,乡村旅社妇女互助小组、青梅加工小组、导赏小组、合作农户一同参与议事。7 月,重修后的新龙围竣工。现今,这里依旧居住有两户居民,但已经成为社工站主导下的全村公共空间。2015 年 2 月,仙娘溪村新年茶话晚会在新龙围举办,这是新龙围在修缮后迎来的第一次集体活动;3 月植树节,仙娘溪全村聚会,新龙围是一个主要的聚会地点,村民在此摆台聚餐。新龙围作为公共活动中心的公共性意识逐渐形成。

新龙围的"重生"是一个整合全村力量的过程。从最初的老围屋保护和口述史采集，到村民共同商量新龙围的使用与管理，再到动员全村共同筹备修建，最后至畅想新龙围未来的发展及社区未来的发展。这不仅仅是一次老房子的保护，更重要的是在这个过程中如何与社区互动，如何通过新龙围这一载体来组织村民，一同探索村庄的可持续发展道路。

六、社工站开展的夏令营活动

绿耕社工站在仙娘溪村中的文化建设工作，还包括儿童的文化教育方面。为了提高仙娘溪村儿童的环保意识和家乡意识，让小朋友认识村史、了解自然，从新的角度增强社区认同感和归属感，2016 年，仙娘溪绿耕社工站与村中三个经济互助小组的主要负责人共同策划组织了"第一届暑期夏令营"活动。夏令营活动的组织筹备，主要由绿耕社工站发起，提出活动筹划意向，然后与互助小组的牵头人共同决定活动内容、物资筹备、应急预案设置、人员分工等工作。在"第一届暑期夏令营"取得较好反响的情况下，于次年 7 月 15 日至 19 日，仙娘溪村三个经济互助小组与绿耕社工站共同筹办了"第二届暑期夏令营"。与第一届夏令营相比，本届夏令营时间从 3 天延长为 5 天，活动内容也更加丰富（见表 1）。

仙娘溪绿耕社工站在帮助该村筹建经济互助小组，以改善该村经济条件，鼓励村民高效利用资源致富的同时，充分重视儿童成长问题。夏令营活动利于丰富仙娘溪村儿童的假期生活，培养情操。在对夏令营的组织者青梅加工小组的清哥和导赏小组的陈老师进行访谈的过程中，当问及组织这样的活动是出于什么样的目的时，两位都多次提到对儿童过早接触电子产品和网络的担忧。仙娘溪村可供儿童玩乐的物质资源匮乏，随着手机、电脑等电子产品的快速普及和网络的覆盖，越来越多的儿童暑假在家时开始沉迷网络游戏，而过早地接触这些对儿童的身心健康是不利的。因此，仙娘溪夏令营活动的筹划是在分析当前村中儿童发展问题后而提出的。社工站和妇女互助小组为儿童亲近自然、了解自然，认识家乡历史开辟了一个良好的渠道。同时，二者内部的良好互动与合作更具有"拉近团队与村民之间的距离，取得村民信任，促进村民对社工的接纳"的意义。

表1　第二届暑期夏令营日程安排表

时间		主题	内容	物资	负责人	备注
7月15日	上午 8：30	夏令营开营 我是仙娘溪的守护者	● 开营 1. 总营长讲话（营期目的、人员介绍） 2. 营员自我介绍 3. 破冰游戏 4. 订立契约 5. 营期注意事项和任务	笔、日记本、小木牌、白纸、胶、绳子	陈老师、阿甘	总营长：阿堂
	下午 14：00	仙娘溪历史文化知多少	● 了解村里的历史 1. 杨氏祠堂、易氏祠堂 2. 风水池 3. 老围屋 4. 旅社 ● 寻宝 小朋友根据提示寻找仙娘溪的"宝藏"；向村里的长辈了解关于村里的历史故事；分享，补充		阿姨、陈老师、阿甘	
	晚上 20：00	故事会·我的家乡	小朋友们分享白天导赏过程中印象最深刻的故事，或者分享自己了解到的关于家乡的其他故事		陈老师、阿甘	
7月16日	上午 8：30	晨练 大自然的菜市场	● 跑步 认识野花野草野菜 1. 任务布置 2. 完成任务1h 3. 小朋友 & 营长分享1h 4. 再次寻找1h	任务卡、植物	南哥、阿忠	
	下午 14：00	自然创作	1. 自然拼图 2. 植物制衣	草帽、胶布、透明胶、双面胶、颜料、白纸	南哥、阿忠	清哥果园
	晚上 20：00	给自然的一封信	1. 写信1h 2. 分享1h	A4纸（设计信纸、彩打）	南哥、阿忠	

时间		主题	内容	物资	负责人	备注
7月17日	上午 8：30	环保小先锋	捡垃圾 制作环保标牌	火钳、木板、小推车	安、清哥、康	
	下午 15：00	户外生活小能手	●野炊 分组 1. 摘野菜 2. 搭灶	柴米油盐、姜、蒜、水、碗、盘子、刀、伞、砧板、锅、野菜、鸡蛋、鸡肉、猪肉、豆角干	安、清哥、康	菜单：野菜鸡蛋汤、豆角焖肉、炒鸡 场地：电站
	晚上 20：00	夜访大自然	●夜观 选定主持人、安排节目		安	
7月18日	上午 8：30	一粒米的故事	●了解生态水稻 1. 室内课（15~20min） 2. 两个游戏（40min） 水稻飞行棋 水稻变形记 3. 路上 4. 稻田观察（小卡片记录15~20min） 5. 溯溪	小卡片	阿堂、阿甘	
	下午 14：00	竹筒饭	分组合作		阿堂、阿甘	吴师爷庙
7月19日	上午 9：00	手作传统食物	做糍粑		家钰、阿姨、阿甘	
	下午 14：00	故事会·我的成长	●回顾总结 1. 整体回顾 2. 读日志 3. 营长表扬小朋友 4. 排演节目 5. 布置晚会现场		阿忠	营长全部到位
	晚上 20：30	结营晚会	●汇演 1. 邀请小朋友家长 2. 选定主持人 3. 回顾	零食、奖状、Q梅、本子、笔、公仔	阿堂	营长全部到位

从整个活动的策划到实施，绿耕社工站由发起者身份正在渐渐转变为陪伴者。社工们参与其中，利用手头资源，发挥村民的积极性和自主性，逐渐淡化社工站自身在活动中的导向作用。社工站在逐步培育村民的活动组织能力，让各小组成为活动策划实施的主体。如此，即使在社工站撤出以后，村民仍会有能力依靠自身能力将这个活动延续下去。所以，夏令营活动汇集全村各层次的力量，是农村社区内部能力建设的重要一环。更深层意义上，夏令营活动的日程安排基本涵盖了全村可利用的资源，使社工站与村民对村庄资源调配、筹措的方案及时进行调整、修正。夏令营活动是一种通过文化建设体现出的整合性工作，整合的层次是多元的。从资源利用上看，各小组在夏令营组织过程中进一步了解自然资源的实际利用转化情况；从参与主体上看，村民与社工站的互动可以增进彼此的配合，更利于长远的经济、社会建设；从受众层次上看，小朋友的参与是表面，背后代表了各自家庭对于社会公共活动的认可、参与度。短暂的暑期活动带动长期的心态习惯转换。

但是在活动的筹办和实施过程中还是存在一些问题。首先，没有一个清晰的报名流程，参加人数直到夏令营开营当天才基本确定；其次，整个夏令营组织性还有待改善，多个小朋友并没有全程参与其中，只是选择性参与某几天的几个活动；再次，活动时间跨度和活动内容还应再加斟酌，部分小朋友反映活动跨度太大，活动内容单调，今年的夏令营较去年趣味性不足；最后，活动覆盖面太小，参与的小朋友人数较去年减少近一半，除去升学、随父母外出等原因，来参加的小朋友也仅仅是仙娘溪村的部分儿童，活动覆盖面还有待提高。这些问题能否解决，影响了夏令营活动长期的效果收益预期。

总体来说，仙娘溪儿童夏令营是一个在村内、通过村民自身资源能力进行暑期儿童教育的良好窗口。虽然目前还存在一定的问题，但预期其今后的发展将会逐渐成熟。同时，是否与乐明村的绿耕社工站联办，以及是否尝试接收外来的夏令营团队，做成一个仙娘溪特色乡村生活夏令营等这类的尝试在未来仍可商榷的。即如何扩大影响力与效益范围是社工组织需要进一步考虑的。

七、总结

通过为期十天的考察，我们试图回答两个问题：第一，"绿耕"模式在农村社会工作机构中扮演什么样的角色。第二，"绿耕"模式下的农村社区以及农民个人怎样得到发展，得到了什么样的发展。

　　绿耕社工站带着发展经济的扶贫目标进驻乡村，首先必须澄清"贫困"观念。"贫困"到底是否只是物质上的问题，还是包括社会文化建构的问题？当工作者以社会文化建构的新视角去审视农民的"贫困"问题时，既不会被"贫困"问题困扰，更不会将"贫困"问题个人化。相反，我们会将农民的"贫困"现状与他们所处的社会文化环境结合起来思考，重新界定"贫困"及扶贫策略。

　　从人类学角度来看，贫困是一种文化。凯索尔曾在《贫困和底层阶级》一书中，认为贫穷是由社会失范带来的社会价值观无序导致的结果。"贫困战争的失败，源于工业所需要的和穷人所能提供的技术和态度的错误匹配。"虽然凯索尔的这一分析是针对美国的贫穷底层阶级，但与现代化下的农村贫穷有相似的原因。曾经稳定发展的小农经济与文化被切断，工业在曾经的农田中突然建立。而随着城乡发展不均，整个进程伴随着持续性的社会失范。社会失范的外化表现是，传统农业的生产方式扩大了城乡差距与经济落后；内化于乡村社区，即是对传统生计方式与文化体系的质疑。贫困如此循环往复。

　　凯索尔认为处于"贫穷"文化中的群体难以依靠自身对抗贫穷，改变的希望来自外部群体。从某种意义上而言这是必要的。绿耕社工站对各小组的初期组织、引导即说明这一点。然而如何能实现真正的、根本的改变？是通过大量资金救济直接救济贫穷，还是授人以渔，进行社区文化的改造？是建立在尊重传统的基础上，因地制宜地脱贫，还是灌输现代工业化、商业化模式以尽快改变现状？绿耕社工站选择了从理念和能力建设上入手，长远发展。

　　首先，社工是农村社区脱贫的服务者，但服务的深层目标是为后续工作打下坚实的基础。我们观察到，村民小组建设、夏令营活动、公共空间重建（祠堂和新龙围）等是社工站的核心工作。如前所述，培育三个小组是村民能力建设的一部分，其长远目标是"助人自助"，以使其能够自我管理，并参与社区公共事务建设；夏令营活动除帮助儿童丰富假期生活这一目标外，更具有"拉近团队与村民之间的距离，促进村民对社工的接纳"与整合村内资源的意义；公共建筑的重建则更是整个社区传统文化恢复和重建的大前提。其次，"绿耕"是某种行为的倡导者，即向服务对象倡导某种合理行为，并指导他们以使其成功。"绿耕"的扶贫行动另辟蹊径，不再以自上而下的指令或指导为原则，而是强调发挥"优势视角"，发掘社区的优势资源，而鼓励受助者自我开发、利用和独自管理。从这层意义上看，社工提供服务的目的是对服务对象进行能力建设。其自身只是"搭建桥梁的人",而农村社区及村民才是资源使用的主体。

"绿耕"模式下的农村社区呈健康发展的态势,经济、环境、社会与文化得到了全面的建设。优势经济资源的发掘建立在生态可持续的基础上,并以此带动村民自主能力的建设,进而推动对社区结构、社会性别、权力话语的深远改革,即资产建设与能力建设并重,最终目的是重建村民的社区认同感和文化自觉。

参考文献

[1] 黄晓宇. "绿耕"模式下的农村社区发展 [D]. 北京:中国社会科学院研究生院,2013.

[2] 陈红莉,李继娜. 论优势视角下的社区发展新模式:资产为本的社区发展 [J]. 求索,2011(4).

[3] 张和清,杨锡聪,古学斌. 优势视角下的农村社会工作:以能力建设和资产建立为核心的农村社会工作实践模式 [J]. 社会学研究,2008(6).

[4] 张和清,杨锡聪. 社区为本的整合社会工作实践 [M]. 北京:社会科学文献出版社,2017.

乡村旅游业传统性与现代性的交织

——以龙脊民宿业为例

一、绪论

（一）研究背景

龙胜各族自治县龙脊镇古壮寨，地处广西壮族自治区桂林市越城岭山脉西南麓，是一个风景秀美的地方。古壮寨距所属的和平乡政府所在地 10 公里，距龙胜县城 21 公里，距桂林市区约 76 公里。

早在 400 多年前，这里就已经有文字记载壮族先民迁入活动的迹象。经过数百年的发展，古壮寨现已发展成为总计三百多人口，包含廖家寨、侯家寨、平段寨和平寨四个寨子的村寨，如今共有侯、廖、潘三个姓氏。龙脊地区在先祖辛勤耕耘中，开发出壮丽的梯田。

凭借丰富的梯田资源，学习隔壁平安寨的发展经验，古壮寨也在 21 世纪初开始走向旅游开发的道路。在 21 世纪的前十年完成了修路、消防等旅游基础设施的建设工作，并于 2011 年正式运营。

然而期待中的爆发并没有一蹴而就，古壮寨的旅游发展始终不温不火。龙脊风景区的游客量从 2013 年的 247.90 万人次逐年增至 2017 年的 739.77 万人次。然而古壮寨 2016 年的游客数量仅为 11 万人次，而 2017 年也只有小幅增长，不到景区整体游客量的 5%。

也因为游客数量不足的原因，在村民补助等问题上，村民、村委会、旅游公司三方主体常陷入"先有鸡还是先有蛋"的矛盾当中，无法找到一个最佳的解决方案，导致古壮寨的旅游开发处于一个缓慢发展的状态。

而在这个缓慢发展的过程中，部分先布局的村民已经享受到了旅游发展的红利。比如极少部分村民在寨子开发前期就已经开始改造自家房舍，建立客栈，并获得一定的收益。而这种模式被其他村民看在眼里，都在一定程度上效仿。通过改造自家的房屋，建立客栈，房间数从个位数到20间不等。

当前古壮寨一共建造了39家客栈，不包括在我们调研时期已经停止运营的两家客栈。价格从每天几十元到八百元不等，可以说是覆盖了从平民到高端白领的各个价位。

（二）研究问题和对象

基于古壮寨的旅游开发现状和背景，我们团队决定以客栈为切入点，探究乡村旅游与客栈之间的关系。

旅游业作为改革开放步入全面小康时代迅速发展的产物，拥有现代性这一必要的特征。与此形成鲜明对比的则是村落的传统性。而当旅游业尝试将现代性与传统性交织在一起时，这个磨合的过程带来了许多在中国历史上从未遇到的问题。

客栈这一对象则更为复杂。一个标准的客栈，本应是一个商业实体，具有浓烈的商业性。可是在传统村落的客栈中，客栈却拥有另一属性，传统村民的居住属性。居住属性和商业属性对于一个建筑实体本身有不同的要求，因此在这个融合的过程中也产生了很多新问题。

古壮寨的客栈则更为特殊。相比于平安寨对于建筑材料已经不设要求的现状，古壮寨依然对于建筑材料有很高的要求。各村民实体建筑，尤其是主要景观区域的建筑，不允许使用水泥外墙，必须使用木制外墙，同时对于建筑高度也有一定的限制。这就赋予了这类客栈一个新的属性——景观属性。三个属性交织在一起，往往有复杂的问题产生，比如如何在保证安全的前提下保证景观优美，如何让木制的住宅具有商业客栈的隔音效果，等等。

同时，由于客栈具有实体性和不动产性质，一旦经济利益元素进入其中，就无法与动产一样通过快速的资产变迁和转移来达到促进经济发展的效果。一旦其居住性质被商业性质所超越或覆盖，居民的心理防线——住宅归属感则被完全打破，其乡土性将发生重大质变。正如我们在村寨走访中发现的"百年古屋"，其管理者是一位年纪很大的老婆婆，由于生存压力、家庭成员利益、无其他共同居住家庭成员等原因，导致其必须全年365天无休地居住在自己的"家"中，招待前来游玩的旅客。这座屋子究竟是"家"还是"景点"，值得深思。

（三）研究意义

1. **理论意义**

本文研究的理论意义，在于以客栈为视角，探索分析多方主体关系以及"好恶交织"的发展模式带来的社会经济后果与社会文化影响。

我们试图将客栈作为载体，去看待从农村乡村性过渡到后乡村性产生的变化，现代性与传统性碰撞和交融的结果。并尝试分析从农业（第一产业）直接跳入旅游业（第三产业），而没有经过工业改造（第二产业）过程中的乡村变化机制，了解村民在这个过程中的感受。

诚如王宁教授所言，"虽然在前现代社会，也存在客栈等招待业，却不存在系统的旅游产业，换言之，旅游没有产业化"。因此，客栈从居住属性转变到旅游属性也是现代社会发展的产物。

左晓斯教授在从社会学视角研究乡村旅游时曾指出，"原真性不过是根据客源地社会成员所持有的刻板印象和自身期待给这些文化、地方或人加贴的标签而已。因此，原真性其实是游客自己的信仰、期盼、偏好、刻板印象及意识在旅游客体特别是旅游他者上的投射或外化"。

我们将"原真性"这个概念引入客栈这个载体中来分析。客栈的古朴和心旷神怡的精神属性，不过是城里人的原真性投射。对于村民而言，客栈本作为居住的功能，并没有一个文化的属性，而是随着外来文化的侵入，差异性的体现，强行赋予了客栈文化属性。木屋即是如此，存在下来的原因仅是因为通风和冬暖夏凉的原因，但其易燃性和隔音性差却使其不具有现代商业性。然而它被赋予的文化属性和景观属性却将现代商业性强加于它。

此外，我们也试图通过左晓斯教授使用的"他者化"概念来看待这个问题。左教授指出，"霍尔相信，他者化过程涉及对一个'绝对的、有根本性差异的他者'即大写的他者表述；这样的他者化过程产生了一系列的二元对立，如东西方对立，城乡对立等"。

很明显，在当前的城市中，木屋是一个非常稀罕的实体。因此，游客在内心中产生"他者化"的对立心态，试图去观察社会的另一面满足个人的好奇，所以前往乡村寻找木屋，固执地认为乡村必须有木屋。

2. **现实意义**

本文研究的现实意义，在于以客栈为视角，通过观察上下游产业链、相关利益链，厘清古壮寨的旅游发展状态和乡村旅游社区形成过程的动荡。

澳大利亚学者墨菲早在 1985 年时就引入旅游社区的概念。他指出，"旅游业产生之时，就有巨大的经济效益和社会效益，如果能够将它从纯商业化的运作模式中脱离出来，从生态环境和当地居民的角度出发，将旅游考虑为一种社区的活动来进行管理，那么一定能够获得更佳的效果，这就是社区研究方法"。所谓乡村旅游社区，是指旅游核心景区景点被农村和农民所包围，农业让位于旅游业、农民偏离农业而且以旅游业为支柱产业的社区。

如此看来，古壮寨随着旅游景区的发展，乡村旅游社区在不断形成。如何让经济效益与生态环境、民族文化等共生发展，也是我们希望在本研究中试图给出解决方式的现实问题。

当前，"社区精英获得了余下的多数，而绝大多数居民由于仅能参与少许低报酬的'下等'劳动获得微薄收入，或者仅靠不稳定的一些演出、出售小纪念品获取少量不稳定收入……旅游给乡村社区带来更多的是社会文化及环境冲击。一些原本属于社区独有的社会文化特性如亲密的人际关系、纯朴善良的民风，特别是对本社区或本民族的热爱由于受到外来文化的诱惑变得逐渐淡漠"。

在古壮寨中，社区精英指的是寨老、村委会等干部，我们通过调研可发现，他们确实在村寨中属于既得利益群体，掌握了部分优质资源。而外部主体，如旅游公司是社区精英的合作者，更会放大社区精英与普通村民的利益差距和矛盾。这种合作虽然能够在整体上提高村寨经济水平，却因为"不患贫而患不均"，破坏了居民之间的人际关系。

我们在本次研究中，也希望通过自己的一点努力，去寻求一个平衡的方式，既能促进村寨经济的发展，又能保证各方的和谐关系。从理论到实践虽然要付出很大的艰辛和努力，但我们相信只有各方携手、沟通努力，才能共同迈向旅游高速发展，摆脱贫困的新时代。

二、文献回顾

旅游在现代人的生活中越来越普遍，随着旅游在人们生活中地位的提升，学术界对于旅游的研究也逐渐由广而深。对旅游的社会学研究始于 20 世纪 30 年代的德国，随后许多欧洲和美国学者对旅游社会学的发展作出了卓越的贡献。西方旅游学研究，或者说西方对旅游的认识最早是从旅游的利益开始的（Cohen，1984）。在接下来的近百年时间里，旅游社会学的研究从"二战"以前研究旅游现象的时代特征（Boorstin，1964；Forster，1964）和"大众旅游的兴起；到 20 世纪 70 年代对国际旅游的类型学研究（Cohen，1972）和 MacCannell（1973）对旅游设施及其反映出来的"真实"与"舞台真实"的首次理论综合，同时期一大批学者（Graham Dann，Neil Leiper，Cohen，MacCannell 等）从学科理论层面探讨了包括研究视角、研究内容、基本概念等内在的旅游社会学研究的基本问题，并发展出了一系列新的概念来支持和解释他们所提出的新理论和新观点（张进福，2004）；再到 20 世纪 90 年代学科进入系统性的研究时期，在研究地域（全球范围）、研究内容（由旅游社会影响研究到旅游安全领域的研究）、研究方法（借鉴经验主义研究和实地调查的方法，综合运用统计等手段加以分析等）方面都得到了全面的发展。

纵观旅游社会学的学术史，旅游与现代性的关系是旅游社会学的核心问题之一。伴随着现代社会技术的变革，旅游由个体的体验行为逐渐演化为普遍的大众化的群体性事件、一种文化现象，更构成了一种可供社会学进行研究的"社会事实"。MacCannell 是第一个从现代性视角来解释旅游现象的学者，他将旅游看作现代人应对现代性危机的一种手段，大众旅游正是人们治愈现代性所带来的压力和心理创伤的有效形式。随后，Graham Dann 从现代性的背景来说明旅游动机。Urry 认为，旅游是现代社会的地位标志（the marker of status），把"旅游者凝视"（tourist gaze）看作同现代性相联系的、社会化和系统化的观察世界的方式，是现代社会与文化实践"培训"和建构的产物。Rojek 则把旅游看作人们在现代性条件下的"解脱方式"和弥补现代性所带来的失落感的产物。Tuner 的畅爽（flow）、阈限（liminal）及共睦态理论，Jafari 的"跳板隐喻"理论（the metaphor of the springbroad），Graburn 的"神圣旅程"以及 Nash 将旅游看作一种上层建筑的观点，他们都在不同程度上涉及旅游与现代性之间的关系。

而开创国内旅游社会学先河的学者王宁（1999）则认为旅游是现代性生存条件下好恶交织的反应和体现，旅游反映了人们对现代性既"爱"又"恨"的矛盾纠缠心理。一方面，旅游体现了人体对现代性的"爱""好"或"喜"的一面，是对现代性所带来的技术进步（尤其是交通与通信技术的进步）、生活水平的提高和随之而来可任意支配收入、时间的增加的"庆祝"。这既包括个人和家庭的消费"庆祝"（表现为随消费水平的提高而来的文化休闲消费支出的增加），又表现为旅游产业的"喝彩"（表现为旅游产业中用于旅游广告等文化性诱惑的投入加大）。另一方面，旅游又反映了人们对现代性的"恨""恶"或"厌"的一面，是对现代性的某种无声的批评和不满，因此旅游是对现代生存条件下的异化、生活程式化、都市环境的劣质化等伴随现代化而来的负面后果的暂时性和周期性的逃避和解脱。可见，旅游是对现代性的存在条件的既"好"又"恶"的表现。人们对现代性的"好恶交织"是旅游同现代性发生联系的原因所在。

随后国内学者董培海（2013）在王宁提出的"现代性包括了时间秩序（如工作时间的程式化、日常化，工作时间和休闲时间分离的制度化）、社会空间秩序（地域人口的民族化和城市化、城市空间的抽象化、经济的全球化趋势）和精神秩序（世俗化、工具理性化）等"框架的基础上，从时空特征（流动性、全球化、时空收敛）、社会特征（城市化、标准化、商品化、生态恶化）、精神特质（理性原则、价值工具、人际关系的梳理、世俗化、人性的异化和分裂）三个方面描述现代性的特质，并对照分析现代性与旅游的关联。在时空层面上，现代性所带来的流动性使人们形成了空前的迁移意识，现代技术也为旅游出行提供了技术支持，旅游变得越发普遍。在社会层面上，经济发展和城市空间的大规模扩张等带来的生态环境污染、生存环境恶化和心理压力等促使现代人向外寻找寄托，在此背景下乡村旅游应运而生。在精神层面上，与商品化相伴的人格物化使得人际关系日益疏离和淡漠，受理性主义原则的支配，人类的生活从诗意化的田园场景蜕变为理性化的技术场所（周宪，2005）。理性化原则渗透到休闲旅游中，团队旅游就是大众旅游"麦当劳化"的最好例子，游客宛如传送带上的零件被旅游车从一个景点高效运载到另一个景点。逐渐地，一些人对现代的大众旅游感到厌倦，在此背景下，远离城市的乡村旅游应运崛起，从旅游行业的边缘慢慢回归。

（一）乡村旅游

伴随着工业革命的兴起，乡村旅游成为人们躲避工业化、城市化的选择。尽管在全世界范围内，乡村旅游已有一个多世纪的发展历史，但学界对于乡村旅游的定义仍未取得统一，国内外学者都有过诸多关于乡村旅游定义的讨论。

欧洲联盟（EU）和世界经济合作与发展组织（OECD）将乡村旅游（rural tourism）定义为发生在乡村的旅游活动，即只对地域有了初步定义。

Bernard Lane（1994）界定乡村旅游特别是纯粹形式的乡村旅游是：

（1）位于乡村地区；（2）旅游活动是乡村的，即旅游活动建立在小规模经营企业，开阔空间，与自然紧密相连；（3）规模是乡村的，即无论是建筑群还是居民点都是小规模的；（4）社会结构和文化具有传统特征，变化较为缓慢，旅游活动常与当地居民家庭相联系；（5）由于乡村自然、经济、历史环境和区位条件的复杂多样，因而乡村旅游具有不同的类型。

国内学者王兵（1999）还另外提出，乡村旅游还应该是以都市居民为目标市场，以满足旅游者娱乐、求知和回归自然等方面需求为目的的一种旅游方式。

尽管对于乡村旅游定义众说纷纭，但不可否认的是，这些定义具有诸多共性，虽表述不同，但其涵盖的内容却大有相似之处。林刚、石培基（2006）就曾对中外学者提出的 20 个乡村旅游的定义进行定量分析，发现 20 个概念中，85%认为乡村旅游是以乡村田园风情作为吸引物，60%认为乡村旅游是以民俗文化为吸引物，50%认为乡村旅游是以农业生产活动为吸引物，80%认为乡村旅游是以乡村地域为依托而开展，75%认为乡村旅游是休闲观光游览度假活动。

综上可见，学者普遍认同的是，乡村旅游是以乡村为地点，以具有乡村特色的景物、文化为吸引点的休闲旅游方式。所谓乡村旅游，与乡村性天然具有密不可分的联系，必然是以乡村性为其主要的依托点。因而，乡村性是乡村旅游不可缺少的特征，也是研究乡村旅游不可绕开的一个关键点。

（二）乡村性

国内学者张小林（1998）最早提出了"乡村性"这一概念。他认为，在当今世界城市化的大背景下，乡村的定义应让位于乡村性这一概念，在一定地域内考察乡村性的强弱（从对立面来看，就是城市性的弱强）。冯淑华、沙润（2007）将乡村性的内涵概括为：地域条件、旅游资源特性、社区参与、旅游产业本地化和可持续发展几个方面。何景明、李立华（2002）认为，乡村性由以下几个特征构成：第一是地域辽阔，人口密度较小，居民点的人口规模较小。第二是土地利用类型以农业用地和林业用地等自然用地为主，建筑物占地面积较小，即具有乡村型的自然景观；经济活动简单，以农业和林业为主，并具有较强的季节性。第三是具有传统的社会文化特征。李红波、张小林（2015）整理归纳了较为全面的乡村性的定义，即乡村性是综合反映乡村发展水平、揭示乡村内部差异、识别乡村地域空间的重要指标，是由乡村居民与其他参与者共同体验与表现，描述了人们对乡村的感知、意象以及乡村的多功能社会需求，揭示了城乡之间的相互作用强度及其对乡村发展的影响。

（三）乡村性与乡村旅游——乡村性是乡村旅游的核心吸引力

乡村性对乡村旅游的重要性，可以从乡村旅游的产生伊始说起。乡村旅游的产生，本就带有对现代性的逃离和厌倦，是人们为了躲避城市的繁忙与疲惫而为自己创造的一个"世外桃源"——"19 世纪末的欧洲，人们在享受工业革命带来的物质利益的同时，开始关心工业化和城市化给生活和环境带来的不良影响，为缓解工作压力，逃避城市拥挤、喧嚣的环境，人们开始对保存有过去传统文化、生活习俗和拥有美丽、宽广田园风光的乡村地区感兴趣（冯淑华，沙润，2007）。"因此，乡村性是乡村旅游的本质特征和核心吸引力这一观点是为学者们较为普遍认可的。

尽管如此，不同的学者对乡村性成为核心吸引力的路径有不同的看法，即对乡村性是如何使游客感到满足的这一问题存在分歧。

有学者认为，乡村旅游的强大动力来源于乡村意象，鲜明的乡村意象是乡村旅游得以开展的巨大财富。乡村意象是指人们对乡村的整体印象和感觉，强调的是乡村的整体氛围，它能够激发城市游客前往乡村寻找回归原始的梦，满足他们的"归属感"（熊凯，1999）。

也有学者认为，乡村旅游实际上是在"乡村概念"中旅游（彭兆荣，2005），实际上也是在我们自己构建的乡村的认知和想象中旅游。乡村性正是人们心中对乡村的想象和要求，因而它使得乡村符合了人们对乡村旅游的需求。

（四）研究问题的提出

乡村旅游正是在现代性与乡村性的双重影响下不断发展，其天然具有"乡村性"这一性质，但在现代化浪潮中，它又必然行走在现代化的道路上。乡村性与现代性这两个看似相反的性质，如何在乡村旅游这一产业中共存并发展，是我们最感兴趣的问题。以往的旅游研究多从"需求"的角度出发，研究旅游者选择乡村旅游的动因，而较少关注旅游服务提供者——乡村居民对于"旅游"这一现代性产物的态度以及相应的应对策略。乡村旅游是一个综合性较强的产业，涉及领域众多，民宿作为乡村旅游服务中重要的一个环节，也是乡村旅游的重要载体（宿伟玲，郑岩，2017），以民宿作为研究对象有助于我们更好地了解当地的旅游发展状况。龙脊作为一个旅游景区，旅游业对其乡村状况的影响毋庸置疑。经过考察我们发现，龙脊旅游景区的模式基本为旅游公司提供公共服务，村民提供餐饮住宿，由此共同构成了完整的景区服务链条。经营民宿，已经成为龙脊农民收入的一个重要来源。民宿对于当地的旅游业具有代表性和典型性，能够代表旅游产品提供者的理念和态度，是当地村民适应旅游开发所做的初步尝试。因此本研究主要将从龙脊县古壮寨的民宿业出发，客观了解其发展状况，并以此为切入点探讨我国乡村在旅游业发展的背景下传统与现代的交织性与复杂性。

三、研究方法

（一）资料收集方法

相较于定量研究，采用质性的研究方法更能深入、整体地"理解"某一社会现象，获得更丰富、细致的个体化资料，适宜对"现代性与传统性"这一类较为抽象的议题进行分析。本研究主要采取半结构式访谈的方法收集资料。在正式调查前，我们大致了解古壮寨的发展历史、文化习俗等基本情况，再结合研究问题拟定了大致的访谈提纲，以民宿的改建过程与经营方式作为切入点，了解一家民宿如何设计、如何建造、如何招揽客人、如何雇工、如何提供服务等情况，重点研究村民们在做出种种选择与决定背后的心态。在实际访谈中，我们并没有严格按提纲进行，而是主要讨论村民想要分享的部分，把更多的注意力放在对方"想说什么"之上，而非讲求我们研究者"想听什么"。这样一方面有利于访谈顺利进行，同时能更好地了解这个寨子的文化和观念——文化背景的影响往往通过无意识的方式，无所不在地反映在寨民所讲述的每个细节中；另一方面也有利于拓宽我们的思路，作为寨子的外来者，我们的研究思路容易被局限在自身的知识和想象中，只有多了解寨子里的各种情况，才能跳出自我的框架，进入他们的生活世界。这样的方法的确收到不错的效果——在漫谈中，我们了解到寨民们一些对于旅游业和农业的态度，也知道了一些之前没有想到的经营方式。

除了半结构式访谈法，我们还采用非参与式观察法了解民宿的设计情况、装修情况等。通过这种方法，我们能非常直观地看到寨民对于民宿的定位、投入的心血。而且绝大部分民宿都是由自家的老房子改建而来，难免留下主人的生活痕迹和传统文化的痕迹。这些不同用途、不同特色的空间的"争夺"恰好也反映了传统性与现代性的交织。

（二）资料分析方法

本研究主要采用主题分析、文本分析的方法，辅之以情境分析法。对访谈所得的资料进行转录后，再根据文本内容进行编码，需要编码的内容包括民宿的基本情况、设计并改建民宿、经营民宿、对民宿的未来规划四个部分。首先是内容上的编码，旨在梳理不同寨民在每个环节做出的不同选择及其背后的心理动机，归纳出不同的类型。其次具体地分析这些想法、行为背后所蕴含的或传统或现代的文化因素，理解文本的意义，这一步是在较为抽象的层面上进行编码。再次对编码进行归类，在了解不同类别发生的背景及其脉络的基础上对比各类别之间的异同，将具体的想法、行为对应到文化因素与生活情境之中。最后梳理不同的文化系统与生活情境交叉分类形成的主题，展现这些主题下寨民各不相同的心理动机和行动选择。

情境分析法是指将资料放置于研究现象所处的自然环境中，按照故事发生的时序对有关事件和人物进行描述性的分析，强调对事物作整体和动态的呈现，用一个叙事结构的线索将故事连在一起。具体来说，在叙述时尽量保持每个故事的完整性，而不是完全分散在各个主体下，由于文化系统和生活情境对人有一以贯之的影响，所以寨民的心理应对和行动策略的逻辑通常是统一的，使用情境分析法可以更完整地了解寨民从做出改建民宿的选择到设计、雇工建造民宿再到日常经营等各个环节的心理动机和文化因素，从而更好地回应研究主题。

四、资料展示

（一）农业与旅游业

虽然旅游已成为古壮寨的重要经营内容，但农业种植仍具有相当的重要性，尤其是在古壮寨这样以梯田为"卖点"的旅游景区。从收集到的信息来看，古壮寨农业种植的主要作物为水稻，当地村约又规定，出于保护梯田景观的需要，村民不得在梯田区内种植水稻以外的作物。梯田区内的水稻可分为三种：普通梯田水稻、有机水稻、"五色稻"。

普通梯田水稻，即杂交水稻，在梯田区内的种植面积最大。村民种植普通梯田水稻的收入，除了售卖作物得到的利润外，也有来自村委会 200 元/亩的补贴。

有机水稻，与杂交水稻追求产量不同，其品种改良的目的在于升级作物的"质量"，不使用农药化肥，更符合"健康可持续发展"的理念，产品用户面向都市中等收入以上的消费者。有机水稻的种植需要先进技术，牵头的是几家来自外地的企业，带领农民散户种植有机水稻。有机水稻虽然相比杂交水稻产量低了将近 1 倍（有机水稻亩产仅 250 公斤），但 5 元每公斤的价格比起普通稻谷贵上不少，并且公司保证回收，减轻了农户作物价格受市场波动影响的风险，村民们都比较喜欢这样的经营方式。我们还访谈到一位来此地考察的深圳有机食品公司经理，他希望能够在有机水稻继续推广种植的前提下，带客人来龙胜实地住宿、参观有机食品的生产过程，增加客人的信任感。

"五色稻"顾名思义，即有五种颜色的水稻，主要作观赏用途，为配合梯田景观而种植。"五色稻"由旅游公司引进，2018 年是试种植的第一年，农户种植"五色稻"，收成时旅游公司按普通水稻的市场价格收购（旅游公司农耕部员工的说法）。村里推广种植"五色稻"，村民们对此颇有微词，相比种"五色稻"，有机稻的收入更高，种"五色稻"会牺牲眼前的一些利益。但长远来看，旅游公司承诺，只要景区客流量达到 20 万人次/年，每亩"五色稻"就能获得 1000 元的补贴，加上出售"五色稻"稻谷的盈利，种植"五色稻"农户的获利将远高于种植有机稻。种植"五色稻"，从而吸引更多游客，更多的游客意味着旅游公司更多的补贴，进而打破村子旅游发展的僵局，使大部分村民都能享受到发展成果，而不是只有几个人通过客流量在 10 万人次/年波动。如果"五色稻"种植失败，客流量未达到预期，愿意继续种植"五色稻"的农户便越来越少，古壮寨旅游将再次陷入发展停滞的死循环。

总而言之，农业依然是古壮寨的重要收入来源，农业在古壮寨旅游的发展中扮演着重要角色。一方面，种植水稻维护梯田景观，为旅游发展提供了必要资源，"五色稻"的新尝试也成为推动旅游发展的契机；另一方面，种植水稻能解决基本生活需要，成为农户一个"兜底"的保障，使其敢于踏足一个相较水稻种植风险性较高的旅游经营领域——开办客栈民宿。但传统农业也是一种制约古壮寨发展的较为温和的"资源诅咒"——因为通过传统农业还能够维持生计，所以旅游业变成了一种不是十分必要的发展方式，有很好，没有也罢。这使得村民没有把很多心思放在如何经营民宿上，也没有多高的热情去争取客源。

（二）设计与建房

古壮寨民宿客栈呈现出的主要特点有二：其一，"商住合一，逐层开放"；其二，"传统"与"现代"之间存在矛盾。

首先是"商住合一，逐层开放"。在收集到资料的 21 家民宿中，至少有 19 家为商住合一型。所谓"商住合一"，在古壮寨中民宿通常的模式是一楼为住房，二楼以上为客房。商住合一，也是与家庭式经营特点相适应。所谓"逐层开放"，即新修建的客栈并非在楼房整体完工后才开始营业，而是先建成的楼层先使用。以新龙门客栈为例，2017 年一层建成后，即开始作为餐厅营业；2018 年上半年二层建成后，又开始设置客房经营。在我们调研期间，该民宿在正常经营的同时，继续装修第三层。"逐层开放"的目的是尽快赚钱，在公路开通前，建材运费高，建一栋房子的开销仅靠一家人无法完成，必须寻求亲友帮助。通常情况下，亲朋也无法凑集那么大一笔资金时，建房者就会考虑采用"帮工"的形式（下文"雇员"部分有详细阐述），或者直接向银行借贷。不难看出，逐层开放经营，边修建边赚钱，是分担建设成本的权宜之计。

其次是在设计与实际建设中，"传统"与"现代"之间存在矛盾。这一方面体现在非传统木质结构的房屋增多，但同时又保留着传统木制建筑的外观及部分元素；另一方面体现在房屋的建设理念中传统元素与现代元素的碰撞，以及建设者对所谓"现代化"的"好恶交织"的态度。

古壮寨传统的民居为全木质吊脚楼，这些木质建筑全出于寨子里一个固定的木匠团队之手，木匠技术世代传承。一位领头的木匠师傅表示，如今他已有三四年未做过全木房。他认为，一方面，因为本地木料不够，等待树木成材需要时间；另一方面，砖房更方便，居住起来也更为舒适。从实地调研的结果来看，新建的房子或改建的老房子大多采用砖木结构，在设计上也开始向诸如隔音、消防、干湿分离洗手间一类的现代标准靠拢。

所谓"砖木结构"，既保留了木制外观，维护了景区建筑的整体风貌，内部又重新设计，完善了传统木质房子有所欠缺的方面。古壮寨中最早开业的民宿——水云间，早在2011年就认识到要建设较高标准的民宿，以适应游客的需要。水云间从外墙和内部装潢来看，同其他新建的旅社别无二致，但民宿的硬件设计在建成这么多年以后再看，相对寨子里其他客栈而言，仍然算是高标准的。水云间总理尤为自豪地介绍到该民宿在隔音、消防等细节上实际有很大的投入，为了加设隔音层木料都贴了两层，每层也有铺设消防管道和喷头。

寨子里至今仍保存相当数量的百年古屋，大部分百年古屋的产权仍属于个人。在旅游业发展的过程中，一部分古屋完整地保留了下来，寨子中的一座百年古屋还成为一座博物馆；一部分古屋保留了原有的木质外壳，内部却采用现代化装修；最激进者，将古屋拆掉重新建造。而实际上，从古屋的保护和改建中，可以看出村民对旅游业和现代化发展的"好恶交织"。完整保留古屋的村民主要有两种理由：其一，古屋本身具有价值，随着旅游业的发展会越来越值钱；其二，古屋作为一种古老的历史性遗存，应该被保留。虽然同样选择保留古屋，但前者的出发点注重经济价值，而后者则关注其历史文化价值。两者关注重点的差异，必将导致古屋最后不同的结局。注重经济利益者可能更加寄托于旅游业的发展，在经济利益可观时会放弃继续保留古屋；而注重其历史文化价值者对旅游发展的寄托会更小，甚至于抵触旅游的过快发展，因为旅游发展必将给古屋的完整保存带来更多的挑战（如基础设施改造、游客增加，客栈需求加大）。

与完整保留古屋相比，更多的村民选择了部分改造古屋，希望以此兼顾经济价值与历史文化价值。不可否认，古屋存在漏水、隔音差、采光条件不好、有火灾隐患等缺点；与此相比，向现代标准靠拢的砖木结构能满足外地游客的需要。他们改造自家的古屋，又认识到古屋本身具有的历史文化价值，他们也相信保留一定的古屋风貌能吸引游客，从而转换为经济价值，同时也期盼旅游业的发展给他们带来更多的生意。如初客栈作为一家"半改造"的百年古屋，最具有特殊性。如初客栈由一家百年古屋改建而成，一半为宽敞明亮的新房子（砖木结构），另一半为采光稍差的百年老屋（纯木质）。由于多年的生活习惯，客栈女主人家里的老人现在仍居住在老房子，而家里的大人和小孩则搬进了新房子。招待客人的餐厅和客房也设置在新房子内。新老房子间仅有一帘之隔，刚落脚的客人往往会第一时间过去参观这座百年古屋，古屋在某种程度上也成为如初客栈宣传的招牌。传统的老屋现在不仅用来居住，也用来展示，在如初客栈里体现得尤为鲜明。古屋这个空间无论从其建筑方式、外观还是内部设计来看，在实体上都是传统的；但由于受到现代商业思维影响，以及被卷入现代旅游经济的事实，古屋的价值已经不仅仅存在于传统上的居住，因而在意义上又具有现代性。除了因火灾等造成的古屋损毁以及基础设施建设而需要的拆迁（水云间客栈的建设用地，正是防火廊道建设拆迁中的征地补偿）外，彻底拆掉古屋而重新建设的村民也占有相当的一部分。彻底拆掉古屋重建的原因也在于追求舒适性，这部分村民认为只有彻底改建才能贴近现代化标准，他们或许也认识到古屋的价值，但觉得舒适性与现代化更重要。

与由古屋改造的客栈相比，位于廖家寨的立梅楼则完全是不同的风格。在调研期间，立梅楼仍在装修，但从其雏形中已处处彰显着这是一栋现代建筑，明显区别于寨子里的其他建筑。该建筑最外层是一个石造的、半圆形的观景台，整间客栈用了许多大块玻璃的设计，许多客房都有整块的落地窗，窗框用现代的红木框起，房间里的木制外墙有许多带有现代元素的图案。这样的建设样式在古壮寨传统中是没有的，在清一色的木质外观建筑中鹤立鸡群，作为具有相当现代性的建筑理念，必然会与传统建筑观念产生冲突，而这种冲突将会在客栈建成后逐步浮现。

绿影和寻源·源筑的现代元素是完全由外来者带入的。绿影的负责人叶小姐来自广东，她认为村民没有建设上档次的民宿，她打造的民宿是度假风，面向的群体是都市白领，用温馨的设计、精致的房间布置让顾客得以在此感受生活。寻源·源筑位于山顶，由一位广东商人投资800万元建设，完全符合现代酒店的设计标准，无论是外立面设计还是内部装潢都与古壮寨的风格截然不同，明显经过专业设计。而最受游客好评的二号景点楼的装修是很精致的，很多的吊灯、装饰品都是阿姐和大哥亲手做的，每个房间也都是和外面标准的宾馆一样，每间客房都有空调，整个建筑是砖包木的结构，隔音效果非常好，客房里还有其独特的一些特色，单人间、标准间、大床房、家庭房的房型都有，一楼大厅还提供餐饮服务，客房都有小阳台可以看夜景，看日出。装修的每一个细节都能体现出阿姐大哥的用心和细致，他们在努力地布置好客房的环境，希望游客能得到一次美好的住宿体验。

村民自发性引入加上外来者的引入，现代元素逐渐渗透到古壮寨民宿的设计和建造中，使得古壮寨民宿呈现出多样化的特点，这不仅是不同文化碰撞的结果，更是传统向现代过渡的静态呈现。与此同时，村民自身在建筑和设计上的理念也发生着变化，对现代化和旅游业发展呈现出"好恶交织"的复杂心态。

（三）经营

1. 服务

"游客出来玩总要地方吃饭和歇脚"，古壮寨的村民们在这种心态下纷纷把家做了最低成本的改造。这种心态导致了古壮寨的民宿提供的服务并不多，大部分民宿都是在自住的基础上，满足了游客最基本的生活需求——饮食和住宿。根据我们的走访，大部分民宿都只有单人间或双人间，很少有家庭房、套房等在旅游城市的民宿里比较常见的、多样化的选择提供给游客。而且客房设施普遍比较简陋，只有一半左右的民宿会在客房内常备一次性的洗浴用具，其他民宿只有向前台询问才能获得。洗浴用具包只有牙刷和牙膏，没有梳子，包装也很简陋。大部分民宿的客房里空间比较小，只有床和柜子，没有卫生间，也没有空调和彩色电视机，就算有往往也是尺寸较小的老式电视机。整个寨子里只有两家民宿给客房安装了空调，其他客栈的主人都觉得古壮寨天气不热，没有必要安装空调。但给客房安装了空调的客栈主人坚定地认为空调一定要装，因为"空调是一种享受的象征，客人出来玩就是为了享受的"。在客房清洁方面，我们曾扮成要入住的客人看房，看到的是还没有收拾的床铺。许多民宿的主人反映：如果你们要住我们马上就给你换床单被褥。可见许多民宿都没有每日做客房清洁的制度与习惯，而是像住家一样，只在需要的时候收拾。

许多民宿的一楼都是大客厅，里面摆着几张可坐十人左右的圆桌，这些都是用来招待游客吃饭的。据客栈主人介绍，一般是客人如果想吃饭就会提供餐饮服务。有趣的是，这里各家的菜单相当统一。"竹筒鸡""竹筒饭""野韭菜炒蛋""鲜笋炒腊肉""山水豆腐"这几个菜是每一家民宿的菜单都有的菜品，除此之外就没什么其他菜式了。客栈主人说，他们的食材都是自家种的，绝对纯天然，村民都知道每家种什么菜，需要的话就会交换食材。而且寨子里没有集市，所以基本没有什么"外来的"食材，都是做古壮寨的特色菜。

但是仍然有少量民宿为游客提供了更多的服务。比如一家叫"二号景点楼"的民宿，夫妻俩为客人提供了一条龙服务，从游客到达古壮寨开始，大哥会去寨门口接游客的行李，然后告诉游客怎么走，让游客慢慢地边欣赏风景边走上来，到了之后办理入住，大哥会帮游客设计旅游路线，晚上可以同大家一起聊天，喝喝家里自酿的果酒，看看星星，放松放松心情。客人想吃什么告诉阿姐就可以了，阿姐负责餐饮，大哥还可以帮游客联系包车。现在大哥有一个新的想法，想要开发一个体验式的游玩项目，在梯田的最下面有一条小河，可以带着游客们去抓鱼。我们问大哥，这要作为一个收费的旅游项目吗？大哥很豪迈地说："肯定不收钱啊，有空我就带着去了，客人来了就是要让他们玩好啊。"这样一种事无巨细的服务态度和无微不至的服务质量让二号景点楼在整个寨子里都很突出。阿姐和大哥是把客栈经营作为一种营生，并不是说这只是自己家住的一个副业，他们把客栈经营的收入当作主要的经济来源，经营客栈的目的在于让自己的生活过得更好，所以他们很用心地经营。最后看一下他们的日常管理，他们客房里的床上用品有客人时是每天更换的，没有客人时定期清洗打扫，卫生间常备洗漱用品。二号景点楼的经营理念是服务为上，做好服务，认真地去经营自己的客栈，主动吸引游客。另一家叫"绿影"的民宿则是希望走"休闲度假"的路线，希望客人能把古壮寨作为放松休闲的地方，在节假日经常到这边来玩，所以在院子外设计了一个观景平台，摆了一个秋千和漂亮的桌椅。有一些客人就在这里聊天、观景。甚至还有地下的乒乓球室、桌球室等。当我们问及其他民宿为什么不这样做时，许多人的回答是现在寨子里的游客太少，对这些娱乐项目的需求不大，为此投入资金不划算。也有人提到古壮寨的地形较为崎岖，没有一片集中的商业街，游客们不大可能有很丰富的娱乐活动。但我们去了平安寨和大寨以后发现，那边的地形一样崎岖，然而娱乐业发展得不错。

从服务的角度看，寨子里的民宿有两种截然不同的取向。一种是冀望于整个景区发展好了带游客进来，享受景区发展的红利；另一种则是依靠自己，把景区作为一个发展的平台。前者是"等待需求"，会说"来这里的年轻顾客少，所以不会做什么装修、不会搞什么娱乐"；后者是"创造需求"，会想办法（一般是优良的服务）吸引顾客。二号景点楼也好，绿影客栈也罢，其有培养一家民宿的"核心竞争力"的意识，把经营民宿当成一份事业。前者占了寨子的绝大部分。这其实是基于一种传统的小农经济的思维模式——像传统农村一样，农民们仍然是一种集体主义的思维，很少意识到自己的力量，习惯性地将发展的重任交给更大的组织——这里的组织是上级政府和旅游公司，认为只有它们才能带动旅游业发展，而自己要做的就是配合工作以及享受发展带来的红利，很少去思考自己能够起到"引领"作用。而我们知道，市场经济中，旅游业等服务业鼓励的绝不是等待，而是发现先机、占领先机。这样的矛盾使得村里的客栈同质性程度很高，基本都是家庭式旅馆，而用心的、创新的客栈往往都是外地人开的，一定程度上代表了新思维的冲击。另外，这也反映了小农经济对于"风险"的敏感性，农业对于寨民来说是已知的产业模式，而旅游业则是相对陌生的领域。寨民们不想冒险，于是选择最保守的方式发展旅游业，许多村民会说"建客栈没有完全的亏本，因为本来旧房子也要翻新，有客人住最好，没有自己也能住"，这样的生意基本不会亏本，但是也不会赚很多。因为不想冒险，所以不会对客栈投入很多资金，也不会涉猎其他的领域（农业体验，其他形式的餐饮、住宿），这使得寨子的旅游形态相对单一，跟随大家一起建客栈也有利于风险共担。

2. 雇工

在民宿改建和经营过程中，雇工的情况同样反映了传统性和现代性在古壮寨的交织。在旅游业开发前的古壮寨里，村民们往往不会"雇用"别人来建房子、办红白喜事。他们说得更多的是"换工"，即是在某家需要帮忙时大家都去帮忙，但是不会计算工钱和工时，只是在下次别家需要帮忙时也去帮忙。虽然没有进行实际上的货币交易，但是村民们在表述时会把换工的劳动按市场价折算进成本中，比如告诉我们建一栋房子要花三四十万元，如用货币支付肯定没有这么多，有相当一部分是经过折算后的劳动。用老村主任的话说，这是一种"互帮互助的传统美德，不会计较多干一点少干一点"。但是，旅游开发后这种方式逐渐消失了，在改建民宿的过程中，村民们提到只有很熟的亲戚和朋友会来短期帮忙，做一些扛扛提提、收拾收拾这些简单的小活。"帮工"随着专业化要求的提高和需求的多样化逐渐消失。以前基本都是建木房子，这是村子里基本人人都会的手艺，所以可以"以工代钱"，现在建砖房，村子里的人往往没有这个手艺，只能雇用很少的人做这个活，不能平等地等价交换，所以就变成了以金钱直接交换的雇工。2011年时工钱大概是110元/天，现在是150~180元/天。在此影响下，改建民宿的其他工种也开始明确算账，而不是采用"换工"的方式。而在民宿的日常经营中，大部分客栈采取的是家庭式经营模式，一家人在客栈中开辟一块私人空间，抑或是混住在闲置的客房中，即商住合一，家中的劳动力大多也可维系客栈的日常经营。没有雇工，忙的时候选择叫亲戚来帮忙。这一定程度上能够缓解店主的经济压力，甚至降低经营成本；而雇用亲戚，实际上也为受雇者提供了就业机会与收入来源，雇用自己的亲戚朋友也是传统乡村社会中的人情往来在现代旅游服务业中的体现。少部分店主（以外地人为主）会请短工或是长工，比如绿影的店主就向我们抱怨这里的工人素质不高，很多事情都做不好。

"换工"是一种很适合传统乡村的交易方式。一方面是因为农村中没有如此巨额的流通资本，只能以物物交换或是劳力交换的方式完成交易；另一方面是出于村民之间的信任，因为"换工"不是及时的交换，而是一种延时的回报，这种承诺往往是不言自明的。如果没有信任，这种交易显然无法顺利进行。这与乡村中"熟人社会"的运行方式一脉相承。村子的普遍情况是自用的不收钱，但商用的就会收钱，这证明现代的交换方式、经营模式一定程度上冲击了乡村的传统生活方式。"商业"是农村原本不具有的元素，在这一"舶来品"中村民往往会学习外界的处理方式——金钱方式，这种方式更适应现代旅游经济，因此形成了不同的体系。而且这一方式会逐渐蚕食传统模式，金钱交换在村子里逐渐普遍，以前红白喜事可以免费参加，现在不行；以前会主动帮工，现在基本不会。这个寨子处于转型期，现代的一些元素已经冲击了自然村落的各种形态，帮工和计工方式的消逝表明，以往的互惠模式随着分工的细化已经不那么适合这个村寨，基于信任的交换体系也慢慢变成了即时的、明码标价的金钱交换，这不仅是物质交换方式的转变，也是村民们思维方式的转变——从小农思维到商业思维。

3. 客源

在龙脊古壮寨，分组接客是一种比较特殊的客源。所谓分组，就是将古壮寨的村民以家庭为单位按一定数量分为几组，一般是 5 ~ 8 家为一组。分组接客就是每个组安排不同的时间去寨子门口招揽客人。分组是一种完全抹杀竞争的模式，村子里一共有 12 组，组里以经营客栈、餐饮的村民为主，还有一些什么都没做的村民。每组轮流去村下的停车场等候散客，组内以抓阄的方式决定顺序，第一辆车进来就是 1 号人去揽客，以此类推。如果一天只有 3 个游客，那第二次轮到的时候就是 4 号人先去揽客。每天的收入会在组内平均分配，如果介绍给组外的客栈，一般会给 30% 的回扣。我们访谈了该村的老村主任，老村主任说这是古壮寨开寨发展旅游业开始时制定的规矩，是为了防止寨子里的村民为了争抢客人而发生争执。这对于生活在最上面的侯家寨的村民也更加公平一些，而且一般都是优先介绍给组内的客栈，不会破坏这个规矩。刚开始实行的时候，执行的人还挺多的，渐渐地就没有人去了，年轻人很少参与，就只剩一些年纪较大的阿婆会背着背篓去寨门口揽客了，并且揽客的方式非常消极，比如有辆车过来，阿婆只会默默地过去跟在游客后面，撑着伞看游客拍照，然后很不好意思地问要不要吃饭、住宿，如果游客拒绝她也不会多说什么，继续跟着游客进寨子，没有熟练的介绍技巧。我们刚刚到达古壮寨的时候，就只看到了几位阿婆在那里等着想帮我们搬东西，她们表现得也不像其他旅游的揽客者那样热情，只是简单说几句，然后一直跟着我们进入寨子里。我们访谈民宿店主都问了这个问题，他们表示这样能拉来的客人很少，现在大家也都不愿意去了。其实这种方式根本赚不到钱，很多人（尤其是年轻人）并不会参与这种活动。但是如果不把这个当成一种认真的营生手段，又何必要每个客人进来还跟着进寨子这么辛苦，只要随口问一句"要不要住宿、吃饭"就好了？所以我推测还是有相当一部分村民把这种方式作为重要的收入来源。

因为龙脊古壮寨开寨发展旅游业，古壮寨的人们觉得来旅游的人就一定需要住宿，古装寨里有 50 家把自己的房子改建成了客栈。客栈数量激增，然而游客的数量却没有大幅度的增加，相应地就会出现客源紧张、客栈之间的竞争激烈等一系列的问题。在这种情况下古壮寨的村民采取了随缘、中庸的解决方法，他们不去刻意地招揽客源，有客人来就很好，没客人来也无所谓。仍然停留在一种小农经济驱使下的没有较强商业性和竞争性的家庭经营模式。这种经营模式下所衍生出来的是一种较为消极的经营理念。

龙脊古壮寨的客栈客源主要有如下几种方式：回头客、游客之间的相互介绍、网站上游客自己订房、村民之间的相互介绍、散客来到古壮寨随缘住哪家、接待教授学校团队的长期住宿、与旅游公司合作接待旅游团。其中最主要的客源方式是回头客和游客之间的相互介绍。

在我们走访这些客栈的过程中，都会提及客源这个问题。观日楼位于古壮寨的最顶处，平时很少有人能爬到那么高的地方去。位于高地，也有一定的地理优势，观日楼的旁边就是一个观景台，游客一般会爬到观景台来观赏梯田的全貌，叫观日楼也是因为在这里看日出是非常好的，日出的景色很美。观日楼老板说："有些散客第一次来的时候，就冲着这个观景台来的，走上来挺累了，天色也晚了，就顺便住在这里了，回去后又介绍别人来，或者后面再来，就成回头客了。"回头客的方式主要是一种人脉关系，第一次来了之后感觉住得舒服，服务到位，店主人热情，那么会选择继续再来的，也会介绍给其他的朋友。观日楼的店主说，他和住过的房客都会成为较好的朋友，定期会互相送特产，也会在微信上经常聊天联络感情，这样的一种方式，保证了一些固定的客源。在平寨的绿影客栈也是这种回头客和游客的相互介绍为主。绿影的店主是外地人，来到这里投资，她是一个典型的经营朋友圈来经营自己的女强人，其有非常庞大的朋友圈，通过朋友圈来宣传自己的客栈，有朋友来了之后，感觉很好，就会继续介绍朋友过来。绿影的店主说："朋友传朋友，现在已经是第三代的顾客过来住了。"游客之间的相互介绍对于这里不发达的宣传是非常好的途径，也是最主要的途径。当然回头客都是来住过之后的游客，那么如何吸引游客第一次来就住在这里呢？古壮寨的一个基本情况是寨子里的青壮年大部分在外地打工，老年人留在寨子里，老人们基本无欲无求，生活过得去就可以了，对于如何去吸引第一次来的游客来住店是不多加思考的，只有几家由年轻人开的客栈和外地人来投资的客栈会采取一些措施来吸引游客的入住。二号景点楼是当地年轻人开的客栈，也是整个寨子里客流量最大的客栈，是整个寨子的典范。这里的客源回头客很多，游客相互介绍的也很多，还有很多是慕名而来的，更多的第一次来的游客是直接在网上订的房间，年轻的店主夫妻将客栈信息放在网上，并且有专人打理，在美团网上的评分甚至可以达到5.0分，是非常高的评分，住过的游客都是好评，所以第一次来这里旅游的人都会提前在网上预订房间，如此二号景点楼的客源又大大增加了。在古壮寨，将客栈信息放在网站上经营的只有少数的几家，主要集中在老板是当地的年轻人、外地投资人或外出打拼返乡的年轻人。网上订房的客源是比较少的，在这种寨子里，人们还没有习惯用网络来进行交易。

龙脊十三寨，古壮寨是最晚开寨，最晚进行旅游开发的，人们对于古壮寨的了解也是最少的。相邻的两个寨子开发较早，现在的商业化程度较高，商业宣传也比较到位，所以游客了解到的龙脊梯田都是平安寨和金坑瑶寨的梯田，来古壮寨的游客一般都是散客，或者是偶然来了这里很喜欢这里介绍别人过来，所以有一部分客源是散客在寨子里走，随缘走到哪里就住在哪里，如果对这一家的住宿条件不满意，就出现了村民之间的相互介绍客人，这样的介绍比较少，如初老屋客栈的廖大爷说："不满意我家的住宿条件了，我就介绍给别人家啊，一般都是介绍给关系好的、亲戚家的客栈，介绍过去要给我30%的介绍费。"这也是一种客源，基础是散客随缘住在哪里。这里偶尔也会有旅游团过来，但主要是过来看看百年古屋的，住宿等一般都是在平安寨，所以接待旅游团的这种客源形式比较少。还有一种客源方式就是接待教授的科研团队、大学生实践团队的长期居住，因为古壮寨还保留着比较古朴的壮族生活方式，建筑也保留了干栏式建筑特色，相对社会开放性程度是不够高的，所以对于研究村落的形成、建筑等方面是非常有价值的。这里的环境清幽，适合安心地做科研，所以这里成为社会学、建筑学等学科教授的宠儿。这样长期的科研团队一般是教授与当地有较高威望的人相识、有交情，会带领学生团队在这里居住研究。

客源方式的不同，体现出的是一种小农经济向商品经济转变的中间过程。"分组"带有非常强的计划经济的意味，与现代市场经济中充分竞争的原则格格不入。它更像是"大锅饭"的产物，目的是让村民平等地享受旅游业发展带来的福利，但是旅游业才刚刚起步，在我们看来根本谈不上福利。这种方式的弊端就是挫伤了村民的积极性，因为有了"保底"的客人，客栈就不会花心思在优化服务、改善装修等事情上，不会思考如何培养村寨的核心竞争力，催生像阳光楼店主一样的村民，但这绝不是没有必要的："公平感"在乡村中非常重要，村民往往具有的思想是"我可以赚少，但你不能赚得比我多"，这种公平感是乡村秩序维持的基础。

另外，村民们互相介绍客源仍然保留着小农经济下的传统人情往来，而同时索要 30% 的介绍费又带上了现代商品经济的量化服务，客源的最主要通道并不是通过现代信息网络平台的支持，而是仍然沿袭通过人来互相宣传和回头客的方式。

4. 经营理念

其实客源也是经营理念的一种体现。一个客栈的经营理念，应该从起初建造的目的、建设过程中的装修、所能提供的服务以及平时的管理等方面来探寻。在我们访谈过程中，很明显能够分出三种不同的经营理念，我们根据经营者的不同总结归纳为以下三点：当地年轻人的积极经营、外来投资者的积极经营、当地中老年的消极经营。所谓积极和消极的区别在于他们是否认真去管理经营客栈。

首先来说当地年轻人的积极经营，当然要以二号景点楼的小夫妻为例。二号景点楼的阿姐说的一句话令我印象深刻，并且对我有很大的启发，阿姐说："想要什么就要努力去做啊，人都是要打拼的，钱又不会自己来。"很朴实的一句话，透露出的是深深的生活哲理，也体现了阿姐的经营理念。阿姐和大哥做的是主动服务型的经营者，他们清楚地知道，提高自己的竞争力就是需要提高自己的服务质量，在这个小寨子里，提高服务质量是一件还算容易的事。二号景点楼是和几家网络交易平台合作的，在美团等网站上都可以订房，在美团上的评分甚至达到 5.0 的高分。评论里更是好评不断，房价很公正，物美价廉，性价比非常高，来这里的回头客非常多，第一次来龙脊旅游的人也有很多选择这里，他们在网络上可以预定到。大哥阿姐也做一些宣传，但是力度还不够大，现在他们想要做的也是能够有一个好的平台来宣传，并且努力地去做宣传。

其次看外来投资者的积极经营。外来投资者的客栈数量较少，以绿影和风景楼为例，绿影的老板是广东顺德人，在广东长期接受了开放的思想，并将比较先进的经营理念带到这里。她非常注重服务，并且在细节方面下了很大的功夫，对于卫生纸用什么品牌、洗漱用品的品牌等都非常讲究，追求更好的品质；客房内还会配置小的饮水机，饮用矿泉水。绿影的老板想要通过提高服务质量来俘获游客的心，能够再次过来。老板对于当地旅游资源的定位是一个适合短期小住的度假胜地，她所做的服务、设计的房间风格等也都是向着这个目标行进。她来这里投资的目的就是盈利，如果不能盈利，那么投资建设这个客栈就不划算，对于生意人来说是致命的。因此她会花费很多的心思和精力来把客栈的经营做好。再说风景楼，风景楼的老板是桂林人，老板娘是本地人，老板小时候的梦想就是要开一家客栈，从桂林来到这里不免带上了桂林旅游区的浓重商业气息，加上热爱这份工作，所以风景楼的客栈生意很好，老板有自己清晰的经营思路，无一例外，都是把服务做到很好，游客来玩，就是要来享受，必然要让人家住得舒心，住得开心。老板对客栈的宣传下了较大的功夫，所有的网站上都有这个客栈的信息，老板娘是外语系毕业的，外国客人也有，甚至连国外的网站都有客栈信息，例如 booking、airbnb，真正走向国际化。老板说："不管消不消费，服务一定要做好，需要什么，来了就给杯水，热情一点。起码 70% 是服务，30% 是硬件，都要提高。"风景楼的硬件设施也是比较齐全的，有一定的娱乐设施，有乒乓球、桌球。能够经营好的原因就是他们都能意识到服务对于旅游业、对于客栈的重要性。他们经营的目的也是盈利。

最后，最能体现当地经营模式的应该是当地中老年的消极经营。因为听闻平安寨旅游开发得很好，古壮寨的村民强烈要求开寨发展旅游业，开寨了之后，自然需要相应的服务业的发展，所以寨子里就开始大量兴建客栈，看着别人家拆了旧的木屋起了新的房子，就像廖大爷说的："他们家情况和我们家的差不多啊，他们家能建，我们也能建啊。"大量的客栈在自己家的基础上建了起来，自用和商用同时都有，在我们问到有没有客人时，这些客栈的回答近乎一致地告诉我们，没有多少人啊。再追问，有什么想法去吸引客源吗，云熙楼的老板说："现在没能力啊，装修也没装修完，客房也少，吸引不到的。反正都是自己家住，有人来住更好，我能多一份收入，没人来住也没关系啊。"逯家客栈的大姐说："也不指着这些来当作主要的收入，生活有其他的收入，有人了就赚点，没人了就自己住，修好了自己住着也舒服啊。"他们并没有强烈的经营欲望，而是随遇而安，有就有，没有也没关系，就好像是"该是我的就是我的，不该是我的，我也没必要去争取"。有客人住店也没那么热情，服务做得也不够好。很多是没有把客栈放在网站平台上，只能现场进行订房入住，很大程度上限制了客源。他们都把自己的发展寄托在整个寨子旅游业的发展，寄托在政府和旅游公司的帮扶，他们觉得有人拉动才行，甚至也有人寄托在其他的客栈发展好了，人满了自然会分一些到我的客栈。这是一种消极的经营理念，不愿意去发现自己的问题，不愿意努力地去改变自己的经营方式，而是在等待，在观望。这是传统小农经济受到旅游业商品经济的强烈冲击下所表现出来的一种踌躇，一种畏而不前。这里的人们还没有做好完全接受商品经济的准备，努力地模仿渴望发展，但是又担心各种问题的产生，只能观望，不敢向前，等待着别人的助力，小农经济下形成的保守固化思维，遭到冲击却没有被完全破坏，造成现在的一种不前不后、不上不下的局面。

不同经营理念下的经营方式，造成客源的不同。在两种经济形式的转变过程中，形成了古壮寨特有的一种生活经营方式，一种青黄不接的转变形态。

5. 成本

将客栈作为事业去经营是更为"现代"的模式，这些经营者也更明确只有一定量的前期投入才能保证后期稳定的回报，因此尽管面对亏损更多的风险，少数用心经营客栈的村民和外地投资者仍然会加大投入以保证品质。相反地，许多当地客店想不到也不愿花费如此大的前期投入来提升旅客的住宿体验。

（1）餐饮。

将自家房屋改造为客栈的人家一般会兼营餐饮服务，而食物的原材料多半是自家种养的果蔬、牲畜。在乡村楼饭店我们也注意到了邻居来这户人家的地里摘菜的现象，女主人向我们解释：邻近的几户人家都知道彼此种的什么作物，客人有需要的时候也会去邻家田地采摘相应食材，与"换工"这一交换形式类似，食材的交换不甚严谨，更类似于一种在长时间的互动中付出与回报趋于等价的交换。

总而言之，一方面，这种自产自销的餐饮服务模式本身是一种降低经营成本、规避风险的手段，没有实际金钱的投入自然也谈不上亏损；另一方面，自给自足、小范围交换也是古壮寨居民传统农耕生活方式的一种延续。这似乎也体现着传统的思想观念与生活方式在古壮寨村民们开展的现代餐饮服务中的影响。

而不事农耕的外地投资者的食物原材料，则是来源于与村民交易的所得。在与绿影客栈老板娘的谈话中我们了解到，村民对她的外地身份并不十分排斥，逢年过节也会主动给她送些礼物不计较成本。但她特意形容村民们将"账算得十分清楚"，当她需要食材等原材料加工后卖给游客时，他们便把她当作外地游客，按游客价卖给她，即作商业用途的东西在价格上便不给予外地身份的她以优惠。"是否以盈利为目的"在后文所提到的雇工还是"换工"中也是十分重要的区分标准。

（2）附加硬件。

以水云间为例，作为古壮寨的第一家客栈，我们观察它的建造风格与新建的家庭客栈别无二致。奶奶也说由于纯木房潮湿不能建卫生间，所以房子是水泥、砖结构为主，两边是木房。当年村里还没有固定的水泥匠团队，所以是从湖南请来的水泥匠，外观的木料则是本寨木匠所贴的。奶奶尤为自豪地讲道这家客栈外观看起来与别的客栈差不多，但在隔音、消防等细节上实际有更大的投入，为了加设隔音层木料都贴了两层，每层铺设消防管道和喷头，这都是很多客栈没有做到的细节布置，客栈外甚至还有泳池等高端配套设施。

附加硬件尤为突出的另外一例是外地商人投资的代表——绿影客栈。绿影客栈的老板娘在向我们介绍了客栈基本情况后，主动提出带我们去看看她布置的酒店客房，一共有十九间，主要为大床房与双床标间，还有别具特色的圆床房，主要为榻榻米形式，细节之处也能看出其独具匠心，房间内纸品的选用、饮用水的设置都能看出布置时的用心之处，公共区域的茶室、秋千躺椅等也十分舒适，适合度假休息。当然了，可以看出这些布置的花费也是十分大的，许多当地的客店主人想不到、也不愿花费如此大的前期投入来提升旅店的前期品质。这导致其客栈在古壮寨的定位有些尴尬，价位高出普通民宿 100 元左右，也因此无法接待旅游团。

（四）规划

对于古壮寨乃至整个龙脊景区旅游业的发展，村民们的看法不尽相同。大部分古壮寨的居民认为旅游业带动村落整体发展只是时间问题，早十几年开发的平安寨、金坑大寨便是珠玉在前，这一部分村民认为客栈生意不好的原因是相对于其他寨来说古壮寨游客较少，而游客较少又是因为古壮寨尚处在旅游开发的早期阶段——一切不尽如人意的现状都被归因为时间问题。在这种认知下，将自家民居改造为客栈的村民也不认为有提升服务、扩大宣传、提高客栈竞争力的必要，随着旅游业的发展，游客自然会越来越多，住宿与饮食两大基本需求也必然随之扩大，客栈的生意也会相应地越来越好。因此这一部分村民对于客栈发展的规划是寄希望于景区整体的发展，有着娱乐服务如酒吧等倒闭的前车之鉴，他们也会认为在这个阶段进行加大投入、提升服务、多样化经营类型的尝试是不合时宜也必然失败的。如前文所说，大多数村民都只对自家房屋做了"最低成本的改造"，他们对景区发展的乐观心态也是基于自己承担的风险较小——游客多自然是锦上添花，但哪怕没有游客，房屋用于自住也不会有太大损失。

另一部分村民则根据切身体会表示近几年景区客流量减少，生意越来越不好做。我们在古壮寨入口附近的一家客栈便看到了转让的牌子，这家客栈应对风险的选择是及时止损，将未来可能的风险转移给接手者。店主对于生意不好有着诸如几家客栈与旅行社合作垄断客源、景区开发晚发展滞后致游客少等种种解释，但没有想过尝试提高服务质量或是创新宣传方式以吸引更多的游客，与多数村民的想法截然不同的是少数本地经营者与多数外地投资者的规划。除了绿影和寻源·源筑两家外地投资的客栈外，我们还在乡村楼饭店遇到了前来考察投资环境的广东投资者，在交流中他们表示自己的经营自然是以盈利为目的，除去承租民宿的费用外，改造民宿至少需要30万~40万元装修费用，从商业角度来看5年内不能回本则不划算。外地商人开办的客栈本身便具有投资性质，少数用心经营客栈的村民也对客栈有着超越"仅作为额外收入"的期待，他们对古壮寨的旅游发展相较于村民会有更全面的考量，而不仅仅乐观随性地认为古壮寨游客增多只是时间问题，进而将客栈的规划冀望于景区发展带来的整体效益。这部分经营者对于客栈未来发展的规划，会更注重于自身品质的提升。

五、总结与反思

（一）总结

本研究从乡村旅游中现代性和乡村性共存并发展的背景出发，以龙脊民宿为载体，探讨中国旅游乡村现代性和传统性的相互交织。本研究的对象民宿作为龙脊古壮寨旅游业发展的产物，也处于该乡村迈向现代化的进程中，展现出乡村性与现代性交织的现状。民宿是古壮寨在旅游业影响下走向现代化的缩影之一，而古壮寨的民宿产生并成长于该村寨青黄不接的过渡时期，同时也携带着许多传统乡村的特征。本研究从民宿的设计、建房、经营、规划四个方面并联系当地农耕展示古壮寨民宿所发生的变化和目前的经营状态，从中探讨成为目前多数古壮寨村民重要收入来源的民宿中传统与现代的交织。

生存于作为现代性中心的都市，人们承担着现代性阴暗面挟带而来的外来干扰和内在压力，急需逃离现代社会城市化工业化的樊笼，寻找留存着原始生态的一方净土，乡村旅游便应运而生，乡村成为现代性影响下城市人的临时"避难所"。旅游社会学研究中，大批学者认为旅游与现代性有着密不可分的联系。旅游作为现代社会重要的娱乐方式，是现代人应对现代危机的一种手段，人们在对现代性"好恶交织"的矛盾心理的驱动下，通过旅游获得短暂的心灵慰藉，抚慰现代性所带来的心理创伤。而随着旅游的大众化和规模化，大众旅游"麦当劳化"使人们开始厌倦商品化、机械化的旅游，转而将目光投向旅游市场的边缘乡村旅游。乡村旅游吸引都市居民的关键是其具备的与城市现代性迥然不同的乡村性。乡村性中所包含的悠然自得的田园风光、简单的经济生活和传统的思想文化等都成为城市游客涌入偏远乡村进行休闲旅游活动的动机。可以说乡村旅游是现代性与乡村性共同作用的产物。

龙脊古壮寨便是在乡村旅游崛起的大背景下被纳入旅游市场，旅游开发推动龙脊古壮寨从传统乡村逐渐向现代化变迁，通过村民对村寨及个人生活的描述来看，人们逐渐从单一的农耕经济中解放出来，非农经济对村寨的影响逐渐加深，熟人社会特征有所消退，社会中的非乡村性得到了拓展延伸，现代社会的元素也渗透进小农社会中，这些都是乡村旅游对古壮寨的影响。但同时，我们明显地感觉到古壮寨乡土社会的特征并未完全消除，村民的交流方式、思维习惯仍保留着许多传统的乡土特征，乡村性和现代性的相互交集构成了复杂的龙脊古壮寨的现状。

总体看民宿的各个环节，我们可以发现进入民宿领域的过程也是一个从各方面规避风险的过程，做民宿生意的村民和外来商人在面对民宿设计建造、经营规划等问题时都体现出传统性与现代性并存的风险意识。根据我们收集到的资料，村民们面对民宿经济带来的风险时带着乡土社会传统性特征的有以下几个方面：（1）继续种田以保障基本生活，仅将民宿经营利润作为额外收入；（2）商住合一，使接待游客成为可有可无的事情；（3）换工，减少建房的资金成本；（4）自产自销、无食材成本投入的餐饮服务模式，自给自足、物物交换的生活方式；（5）分组轮流揽客，平均分配客源，避免恶性竞争；（6）减少对未来不可预期发展的前期投资，冀望于景区的发展而不是自身的改善。

可见，古壮寨大部分村民在面对旅游业这个新鲜的领域时并不能突破保守的小农思想，他们看似把握住旅游发展的契机逐步转变生产方式，但究其根本，许多村民不过是考虑到抱团跟风建民宿有利于风险共担。共进退、共负盈亏的集体主义思想实际上并不利于整个景区的民宿业发展，对风险的畏惧心理和不敢作为先行者冒险的小农思想束缚了古壮寨民宿的整体升级。从长远来讲，这在一定程度上使景区发展深度游、吸引回头客方面产生了住宿条件上的阻碍。

但从前文我们也能看到寨中有少数客栈则迎合了旅游市场的潮流，不是畏惧寒风抱团取暖、盲目模仿跟风，而是通过不断壮大自己的力量来抵御风险。从装修、设施、服务、体验项目等方面树立自己的品牌，扩展宣传渠道，加大宣传力度，面对旅游发展的风险时进行自我调整，既保持开放性，又使自身的民宿经营秩序不受旅游大市场沉浮的干扰。这明显是市场经济下承担风险的现代性思维，这种现代化的风险意识能将风险化为行业前进的动力，是促成民宿产业良性发展的必要条件。旅游作为现代社会新兴的产业，原本就是机遇与风险并存的复杂体，如何利用风险迎难而上是每个古壮寨民宿经营者应该思索的，也是中国旅游乡村应该关注的。

民宿作为旅游服务业的一部分，由商品经济孕育而出，本身就处于旅游商业运作中，但古壮寨村民对自身的身份认知仍是农民，他们赖以生存的是土地、农耕，他们仍未从小农思想桎梏中跳出来。现代性入侵了世代不变的传统村寨，又逐渐改变村寨，现代性与传统性在古壮寨中相互碰撞。现代性将如何继续影响和改变古壮寨、民宿的发展走向，都是值得继续关注的问题。

（二）反思

（1）本研究的对象为龙脊古壮寨全部民宿，除少数民宿拒访外，研究者基本对村寨中的每一位民宿经营者进行了访谈，因此本次收集的资料真实可靠。调研期间我们针对某些有代表性的民宿进行多次访谈，逐步深入了解经营者的理念和当地民宿业的实际现状，能够较准确地把握古壮寨不同类型民宿的特征和状况。

但是，在访谈的过程中，仍存在着与部分村民沟通不畅的情况，当地多数民宿仍处于较原始的阶段，部分村民对访谈问题的回答千篇一律，并且当地大部分年轻人外出务工，留守老人帮忙打理民宿生意，无法准确表达出筹建民宿的细节和经营民宿的想法，这对我们通过访谈进行深度挖掘造成一定的困扰。民宿作为旅游服务业的一部分，是村民的主要收入来源之一，各家各户之间存在竞争，加上村寨内长期积累的一些矛盾，在短时间的调研内村民并不能敞开心扉向我们诉说其中错综复杂的利益关系等，其中有许多问题需要通过更长时间的实地调研去了解和研究。

（2）在研究者和被访对象的关系中，研究者的大学生身份相对于古壮寨来讲携带着新兴的力量，因此年轻有想法的民宿经营者会将我们视为民宿经营理念、规划的理解者、倾听者，普通村民也会热情地接受我们的访谈邀请。但研究者与民宿经营者所处的环境不同、信息不对等，被访谈者对于民宿经营的一些情况和细节可能会有所保留。而我们作为一个外来者，容易以自身有限的知识和推测去理解古壮寨民宿各环节的行为，而不能完全跳出固有认知的束缚去考量。

（3）在民宿经营与村委会、旅游公司的关系这一方面上，访谈过程中村民有提及村委会带头分组揽客现象和旅游公司对民俗建筑的高度规定，但由于这方面的资料有所欠缺，本研究没有深入探讨民宿经营的过程中多方主体对其是否有影响以及影响的深浅。民宿生存并发展于村寨中，与其他主体也有着千丝万缕的联系，横向看待民宿现状更能洞悉古壮寨民宿的发展状况，在民宿业发展中多方主体如何互动也是一个值得关注的问题。

参考文献

［1］董培海. 旅游、现代性与怀旧：旅游社会学的理论探索［J］. 旅游学刊，2013（4）.

［2］甘琴. 现代性：社会学切入旅游研究的重要视角：兼论现代性条件下人们对旅游的情感纠葛［J］. 重庆科技学院学报（社会科学版），2016（5）.

［3］何景明，李立华. 关于"乡村旅游"概念的探讨［J］. 西南师范大学学报（人文社会科学版），2002，28（5）.

［4］冯淑华，沙润. 乡村旅游的乡村性测评模型：以江西婺源为例［J］. 地理研究，2007，26

（3）：616 – 624.

［5］何兰萍．大众旅游的社会学批判［J］．社会，2002（10）.

［6］安东尼·吉登斯．现代性的后果［M］．田禾，译．上海：译林出版社，2002.

［7］林刚，石培基．关于乡村旅游概念的认识：基于对 20 个乡村旅游概念的定量分析［J］．开发研究，2006（6）.

［8］李红波，张小林．乡村性研究综述与展望［J］．人文地理，2015，30（1）：16 – 20，142.

［9］李应民．现代性与后现代性的关系问题［J］．现代哲学，2000（2）.

［10］彭兆荣．旅游人类学视野下的"乡村旅游"［J］．广西民族学院学报（哲学社会科学版），2005（4）.

［11］宿伟玲，郑岩．旅游扶贫视域下大连金普新区乡村民宿发展研究［J］．对外经贸，2007（7）：69 – 71.

［12］王兵．从中外乡村旅游的现状对比看我国乡村旅游的未来［J］．旅游学刊，1999（2）.

［13］王宁．旅游、现代性与"好恶交织"：旅游社会学的理论探索［J］．社会学研究，1999（6）：93 – 102.

［14］熊凯．乡村意象与乡村旅游开发刍议［J］．地域研究与开发，1999（3）：70 – 73.

［15］张进福．西方旅游社会学研究进展［J］．旅游学刊，2004（5）：82.

［16］张小林．乡村概念辨析［J］．地理学报，1998（4）：79 – 85.

［17］左晓斯．现代性、逃避主义与后现代旅游［J］．思想战线，2009，35（5）.

［18］左晓斯．现代性、后现代性与乡村旅游［J］．广东社会科学，2005（1）：179 – 184.

［19］BIllB. & BERNARD L. Rural Tourism and Sustainable Rural Development［J］．UK：Channel View Publications，1994.

第三部分

站点志愿服务与社会工作

连南社工站介入妇女儿童生活方式服务的研究

一、前言

连南社工站是 2019 年新开的站点，绿耕与世界宣明会机构也刚入村工作一年，作为第一批进驻的志愿者，我们 5 个女生在出发前都怀着忐忑和激动的心情。作为开创者，没有之前志愿者的资料，我们工作的开展相对于四川的同学们来说肯定是更具难度的，而未知挑战所带来的还有十足的热情。我们策划了丰富的活动，将短短的两周时间填满，同时我们也考虑到现实与计划的差距，给予我们的计划很大的灵活性，以便于在实际田野中对活动计划进行调整。在下田野之前我们就和连南社工站龙塘村的社工有过深度的交流，知道龙塘村有一个发展较为成熟的妇女组织，称为"龙塘九妹"，她们是社工站在村里开展工作的先锋组织，我们借着龙塘九妹的美名，自称为"龙塘五金花"，希望我们也能像九妹一样为村里的发展做出一些力所能及的事情，也希望这个夏天我们能够在龙塘绽放出自己的美丽。

二、站点介绍

龙塘村位于粤北地区，是广东省内经济较为落后的地区，归清远市连南县大麦山镇管辖。龙塘村附近还有其他三个自然村：白芒、火龙冲、黄甘坪。相比于这三个自然村，龙塘村地处偏僻，经济发展缓慢，距离行政中心（白芒村委会）最远。龙塘有 700 多人，处于白芒河的上游。龙塘村里的居民大都为房姓，瑶族，男性青壮年劳动力多外出打工，村里大多是留守妇女和留守儿童。

早一年绿耕和世界宣明会共同进驻龙塘村，成立了连南工作站点，总共有三名社工。两个组织的合作是以儿童为本，发展生态型社区。项目设计是以三年为期，以农村家庭的整体发展为本，营造互助共融的生态社区。项目的关键生计——生态农业、文化教育，传统恢复整理、环境改造，村容村貌三者有机结合，搭建城乡合作的平台，增进村民的社区认同感，构建城乡（社区外）和本土间（社区内）的支持网络，促进由个人到家庭包括老人、孩子、妇女等弱势群体福利的增加。

三、前期准备

（一）服务策划

本次服务我们希望结合当地特色，为当地做实事、做对事。在前期的准备中，我们设计了四个服务项目，即广场舞教学、零食替代品制作、用脚画地图，以及植物科普册的制作。

1. 广场舞教学

广场舞教学最初的想法，来源于与当地社工的前期沟通。在与他们的交流中，我们了解到连南龙塘村当地有一个名为"龙塘九妹"的妇女组织，他们普遍反映了学习广场舞的愿望。

我们的初衷是根据不同年龄段的需要，教跳广场舞，可以丰富他们的农闲生活。在前期的准备中，考虑到年龄层分布较广以及网络设施的缺乏，我们下载了一系列瘦身操、儿童操、广场舞视频以及音乐，以便在当地进行教学。

2. 零食替代品制作

在与社工的沟通中我们发现，依照往年情况，龙塘村许多小孩子喜欢买不健康的零食。为了解决这个问题，社工联系到当地的妇女，发挥妇女的特长，定期为孩子们利用当地的绿色植物制作健康食品作为零食。

我们计划到达龙塘村之后，能够配合当地的社工以及妇女，创新食谱。为孩子们提供更多的口味和零食搭配。

3. 用脚画地图

"用脚画地图"最初的想法，来源于张和清老师在培训时为我们做的展示。连南龙塘村作为一个新站点以及待开发的民宿发展点，让别人了解当地的地理情况以及民居分布尤为重要。在前期准备中，我们小组成员进行了相关讨论，收集地图模板，并且决定在进入当地之后进行实地考察，徒步以谷歌标准地图为基础，为龙塘制作出卡通特色版的旅游地图，为当地的发展做出贡献。

4. 植物科普册的制作

植物科普册的制作想法也是来源于当地的社工。由于当地的教育资源不是很丰富，我们认为做出一个植物科普册可以对当地小孩子学习植物科普知识有所帮助。在前期准备中，我们联系了一个中山大学生命科学学院的师兄对我们收集的植物进行辨认，并准备了照相器材。我们计划在龙塘周边收集植物样本、拍照，找到相应的种类并标明名称、属性等基本信息。并且在项目完成后，将植物科普册做成成品，留给当地。电子版也留给当地社工，将来可以接着在这本植物科普册继续添加植物种类。

（二）服务分工

根据我们所设计的四个服务项目，每一个项目安排一个主要负责人，一到两个次要负责人，对组内成员进行分工。

（三）服务理念

在连南县龙塘村，社工开展的是儿童为本互助共融生态社区项目。在驻点村庄，社工们与村民同吃同住同劳动，通过制作零食替代品、各种社区活动以及材料资助，实现服务目的。与当地社工沟通后，加上后期的自身体验，我们认识到自身能力有限，服务时间不长，很难给当地带来显著的改善。但是我们相信，只要有努力，就会有结果，不管那个结果是大是小，不管结果是否明显，都是我们能够留在龙塘这片土地上、潜移默化地给他们带来的改变。我们更大的任务是去发现当地在发展当中的问题以及阻碍，去寻找他们追求美好生活所依附的条件，从而反馈给其他人，让有能力的外界人士提供力量，去改变这方土地。我们希望因为我们的存在，而让世界变得有一点点不一样。

（四）交通指引

交通方面，我们的消息获得渠道是和当地社工有一个前期的沟通，并且安排组内同学前往罗冲围客运站查看时刻表，购买车票，从而确定两条路线：

罗冲围客运站——寨岗（当天 7：45，长途汽车，票价 82 元，历时约 5个小时）

罗冲围客运站——水足塘（当天 8：10，长途汽车，票价 77 元，历时约 5 个小时），水足塘——寨岗（公共汽车）

到达寨岗后，需要联系龙塘村当地社工，由社工联系往返于龙塘村与寨岗镇的面包车司机，或者提前要来电话我们自己联系，乘坐面包车进入龙塘村。

四、实地情形

进入龙塘村后，随着对当地情况的逐渐了解，我们的计划进行了两次更改。

（一）第一次计划变动

7 月 5～6 日这两天，中山大学社会学与人类学学院张和清老师来到连南龙塘村进行指导。在张和清老师指导之下，我们进行了计划的第一次变动。

考虑到我们的服务时间只有 15 天，难以完成"用脚画地图"这一需要耗费大量时间与精力的工作。另外，在龙塘村实习的同学除了我们博雅项目志愿者之外，还有香港中文大学的同学们以及中山大学在当地实习的两位师姐，"用脚画地图"这一份工作由他们来实施更为合适。与此同时，我们了解到当地的零食替代品的制作是有计划的，下一次零食替代品的制作时间是在我们离开龙塘村之后，因而决定取消零食替代品的活动。因此，在这次变动中，我们将原先的四个计划缩减为两个：广场舞教学与植物科普册的制作。

（二）变动后的计划

对于广场舞教学，我们计划于周二、周四、周六上午在龙塘小学进行。我们的目的是希望能够贴近当地妇女的需求，丰富她们的日常生活，通过社区广场舞增强社区凝聚力。

而选择广场舞教学，不仅仅是因为它的娱乐性与短期教学的可能性，更是因为教学的可持续发展性。我们的主要教学对象是龙塘九妹，而在教学过程中，大家可以与香港中文大学的同学一同学习，在我们离开后依然有人可以继续组织广场舞，直到她们可以自行组织，并通过龙塘九妹带动其他妇女。因为地点在龙塘小学，广场舞教学有可能增强上、中、下村的联系。这在一定程度上为香港中文大学同学筹备七夕晚会的舞蹈做了一个准备。

另外一个活动即植物科普册的制作，则是贯穿于整个田野实习期间，以整个村为收集植物的地点，收集植物样本，拍照记录形态特征，在龙塘的分布地点找到相应的种类并标明名称、属性等基本信息，用汉语和瑶语双语表示。我们的目的是希望能够给村中儿童普及植物知识，增加他们对社区的认同感，发现家乡的美。

之所以保留科普册制作的一个重要原因，是由于我们认为，在香港中文大学同学为儿童提供培养个人素质、团队建设等活动的同时，科普册能起到增长科学知识的作用，能与他们的活动相辅相成，培养全面发展的儿童。我们相信，册子的内容会不断更新，我们在留守期间将负责册子的制作，再把模板和资料转移到实习生手上，不断完善下去。不仅如此，植物科普册也为导赏图做准备、打基础。

（三）第二次计划变动

在后期的实践过程中，我们对计划进行了第二次变动，这一次变动没有召开会议来决定，而是在服务过程中根据实际情况而变。我们减少了广场舞教学的次数，同时加入了青梅汁推广活动，而植物科普册的制作则继续进行。

（四）最终计划

我们进行广场舞教学的本意，是希望能够丰富妇女的生活，在我们离开后，她们依然可以自行组织广场舞，变成固定的活动。但是在实际的操作中我们发现，由于活动时间短促，加上有一些妇女过于害羞，使得我们的教学不够接地气，没有很好地适应妇女们的需要。特别是教学期间正好是农忙时节，妇女们没有太多时间参与广场舞活动，因此她们的热情并没有我们想象的那样高，也就导致了广场舞教学次数的减少。

青梅汁的推广，原本是列在当地社工的工作安排当中。这项活动的前期策划主要是由龙塘村当地社工以及香港中文大学的同学进行，但是在活动当天，香港中文大学的同学有他们自己的活动安排，而我们的工作安排比较灵活，因此我们博雅项目服务小组承担了当天的以米换青梅汁的宣传以及执行工作。

而在植物科普册的制作方面，我们在原定计划的基础上，也付出了许多精力，并且寻找当地的居民以及小朋友，在他们提供的许多帮助之下，我们的植物科普册制作取得了满意的效果。

（五）计划具体开展

1. 活动概况（见表1）

表1　活动概况表

时间	活　　动
7月2~6日	（1）了解村庄，同当地人一起辨认植物，收集资料 （2）中间配合其他志愿者进行其他活动的前期准备
7月7~10日	（1）分析，整理之前收集的植物资料，并爬山进行第二次大规模的植物资料收集 （2）中间穿插活动，比如武术班教学
7月11~14日	（1）对已经整理、分析的植物资料进行二次确认，对新收集的植物进行分析、整理 （2）主办一些活动，比如青梅汁的分发 （3）对当地民宿提出建议 （4）总结我们的活动行程及经验

2. 具体行程（见表2）

表2　具体行程表

时间	行　　程
7月2日	（1）到小学参观，认识学校的小孩子 （2）进社工站，简单走访村庄，了解村庄概况
7月3日	（1）绘制海报，为接下来的放电影、儿童系列活动、棋类比赛做宣传 （2）学习瑶族三三棋，与小孩子一起练习
7月4日	（1）向当地社工了解当地情况 （2）找到三位瑶族的答迪（大姐）陪我们进行第一次科普册制作——找植物活动，主要走的路线为河边
7月5日	（1）宣明会、绿耕分享社工经验，之后讨论计划的可行性，以及同其他志愿者团队的配合 （2）开展武术教学班，教孩子们散打防身术
7月6日	（1）第二次田野采风，与当地的小孩子一起找植物 （2）第一次的广场舞试教，最后变成了歌唱茶话会
7月7日	整理之前收集到的各种植物，包括照片、中英文名字、瑶语名称、功用等
7月8日	（1）将整理完的资料二次核对 （2）继续搜索资料，下载与社工有关的视频
7月9日	（1）爬山，认植物 （2）与香港中文大学、中山大学的同学配合放电影活动

时间	行 程
7月10日	（1）资料三次核对 （2）同社工走访村庄，收集瑶绣，为香港理工大学一位老师来看特色瑶绣做准备 （3）讨论投工投劳，大家工作分配的问题
7月11日	（1）听取村民对村庄修路投工投劳的看法 （2）将之前没整理的7种植物进行重新辨认 （3）听取香港理工大学的老师分析市场等
7月12日	（1）进行青梅汁的分发活动，宣传、分发青梅汁 （2）配合香港中文大学的同学进行小学活动，陪小学生在学校里开展活动、做游戏
7月13日	（1）和社工一起走村，在村口同当地大哥下三三棋 （2）清算费用 （3）听取村民对发展民宿的看法以及如何可以做得更好
7月14日	（1）总结在龙塘的活动，对当地的民宿发展提出一些建议 （2）我们一起煮饭给答迪吃 （3）穿当地衣服同答迪们合影

在进入村庄后，以制作植物科普册为主线，中间穿插一系列活动的配合。通过活动，同当地人融入在一起，逐渐进入他们的生活。

3. **活动详情**

（1）植物科普册制作（见表3）。

表3 植物科普册制作活动表

活动开展内容	主要是在龙塘周边收集动植物样本，并拍照记录下它们的形态特征，找到相应的种类并标明名称、属性等基本信息。动植物的名称需要用汉语和瑶语双语表示
活动开展时间	贯穿整个田野实习期间
活动人员分工	刘同学——拍照 黄同学——整理 麦同学——查找资料 余同学——排版 伍同学——后期
活动效果与思考	①由于缺乏专业知识，查询资料工作量大，特意联系了生科院的师兄作为友情顾问 ②应龙塘当地社工要求，我们将植物科普册排版成三种不同版面：折页派发版、PDF版、排版工具可修改版 ③由于专业知识不足以及植物数量庞大，整理后可用资源不多，有待改进 ④植物科普图册制作效果很好，得到社工的好评

（2）广场舞教学（见表4）。

表4　广场舞教学活动表

活动开展内容	参考实际年龄层分布广泛以及考虑到网络设施的缺乏，我们把一系列瘦身操、儿童操、广场舞视频以及音乐下载下来，在当地进行教学
活动预想	丰富当地妇女的农活闲余生活，让她们在农闲时期找到乐趣。更好的设想是带动她们萌发寻觅新的活动空间的需求以改造垃圾广场，化废为宝
活动开展时间	贯穿整个田野实习期间
活动人员分工	刘同学——广场舞教学 麦同学——广场舞教学 余同学——广场舞教学 黄同学——广场舞教学 伍同学——采风与后期
活动效果与思考	广场舞教学不能顺利进行，她们较为害羞 教学现场没有很好地做好秩序管理，导致瑶族大姐们控制了教学节奏，最终变为唱歌教学 反思群众真正所需的东西是什么，不是主观去给予他们什么东西

（3）特色的绿色厨房项目（见表5）。

表5　绿色厨房活动表

活动开展内容	社工联系到村里当地的妇女定期为孩子们利用当地的绿色植物制作健康食品
活动预想	使孩子们的零食更健康，摆脱对垃圾食品的依赖 活跃社区厨房，带动妇女们动脑筋，创意厨房
活动变化	最终与植物科普图册制作相结合
活动开展时间	田野实习的第5天
活动人员分工	刘同学——收集资料 麦同学——收集资料 余同学——食谱编写 黄同学——食谱编写 伍同学——食谱编写
活动效果与思考	第一，出发前没有预料到绿色厨房项目的制作具有一定的时间性，需要提早预定日子，但我们没有做好 第二，我们将绿色食谱与资源册两方面结合，做一个创意资源册，这样一方面可以科普，另一方面也可以让瑶族妇女知道利用身边的蔬菜制作更多的菜肴

（4）"用脚画地图"活动（见表6）。

表6 "用脚画地图"活动表

活动开展内容	通过实地考察，徒步以谷歌标准地图为基础，为龙塘制作出卡通版特色的旅游地图
活动预想	为龙塘制作一个精美的人文地图
活动变化	过多活动会导致重量不重质，因此我们决定放弃这个项目。制作植物科普图册的过程中使用了"用脚画地图"的方式
活动开展时间	贯穿整个实习
活动人员分工	集体参与
活动效果与思考	第一，我们进行了两次走村活动：第一次在实习第3天，由3个瑶族大姐带领我们绕着村河走了一圈；第二次在实习第7天，由瑶族大哥带领我们爬山；第二，我们将"用脚画地图"的方式运用到科普图册素材收集当中，彻底对龙塘村进行实地认识，对于我们都是难得的经验

（5）协助当地社工以及香港中文大学的同学进行活动。

① 绘制活动宣传海报；

② 协助小学活动的举办；

③ 青梅汁推广活动以及青梅汁的派发；

④ 参与村民会议。

五、服务特色

（一）同吃同住同劳动，融入当地的生活

在这次连南社工站的服务中，我们一直和村民们同吃同住同劳动。这一要求从我们第一次了解连南社工站的情况时就有提到，我们也将这一要求贯彻到整个志愿活动之中。同吃，与村民们共同用餐；同住，与村民们共同居住在一个院子中；同劳动，与村民们一起进行田间劳动、家务劳动。这三个"同"字，让我们为期两周的志愿生活与当地村民的生活更加贴近，也拉近了我们同村民之间的距离。只有融入当地的生活，我们才能更加清楚村民的需求，才能正确地做好志愿者的工作。

我们同为我们煮饭的龙塘九妹们共进午餐以及晚餐，早上在村民的家里同他们的家人一起吃早餐。与村民同吃既可以让我们更加了解他们的日常生活，

也可以增进和村民之间的感情。在用餐的过程中，我们和村民们聊天，从他们所说的话中更加了解龙塘村的生活。当地的妇女非常辛苦，白天要下田劳作，晚上要回家打理家务，而现实的经济条件也不允许他们的饭菜有多丰盛。虽然当地的现实条件很艰难，但当地的妇女小组、龙塘九妹，仍然每天为我们准备了最好的饭菜。我们吃早餐所在的妹二姐家也想着法子为我们提供几乎每天都不一样的早餐。这一切都让我们更加希望为龙塘的建设做出自己的贡献，也让我们更加用心地做好自己的工作。而在活动即将结束之际，我们也为当地作为招待的餐饮提出了一些自己的意见。这些意见都是根据我们的亲身体验总结出来的，我们也希望这些意见对村庄未来向民宿发展起到一定的作用。

从来到龙塘的第一天起，我们就住进了当地村民的家中。当地的居住环境并不好，房子比较简陋，卫生状况也不乐观。当地的房子基本上都是砖房，几乎没有装修，家具也非常少。我们来到之后便以最快的速度适应了当地的居住环境。后来在当地社工的指导下我们开始为房屋改造成民宿出谋划策。因为有亲身的体验经历，因此对于村民的实际居住环境有较深的认识。在我们志愿者服务的最后几天也为他们留下了一份民宿改造建议书，希望结合自身的居住体验来为当地村民提供实用而有价值的建议。虽然居住环境非常简陋，但龙塘村美丽的风景和村民的热情足以弥补这一切。

我们的志愿者生活离不开当地妇女的帮助，我们的工作开展也离不开这些妇女的支持。由于植物科普册需要当地妇女和我们一起外出寻找植物，而她们往往在寻找植物结束之后还要到田里劳作，并为我们准备晚餐。我们和妇女们一起下田，同她们一起弯腰摘野菜，抓田螺。在我们离开之前，我们的所有队员还合力为当地的龙塘九妹九个大姐烹制了一顿丰盛的晚餐，我们自己也体验了一次做饭的辛劳。虽然我们在两周时间内没有按照计划开展投工投劳，也就没有直接参与村庄的建设之中，但我们也为投工投劳做了一些前期的准备工作。与当地村民共同劳动，不仅能够体会到他们工作的辛劳，同时我们所做的事也为村庄的发展提供了一份直接的支持。

（二）粤港联手，互相帮助

这次到连南社工站进行志愿者活动的不只有我们一个队伍，还有来自香港中文大学的大中华博群项目的四名志愿者。他们在龙塘村生活了两个月的时间，我们到达站点的时候他们已经在那里生活了一个月，因此也比较了解当地的实际情况。我们通过交流，也能够从他们口中了解到一些我们所需要的信息。两队每天的工作总结交流，激发了我们进行志愿活动的想法和创意。在交流之中，我们两个队伍都在逐步地增进对龙塘的了解，看到了更多平时看不到的方面。

我们两个队伍尽量在活动上为对方提供一些必要的帮助。例如，我们为他们的棋艺比赛、小学团队建设活动、电影放映三个活动设计、制作海报，协助他们完成采风活动，还为他们的电影放映活动维持现场秩序等。他们也为青梅汁推广活动做了很好的宣传工作。在整个志愿服务期间，我们两队在工作上互帮互助，充分利用志愿者资源，共同为活动的完成而努力。

（三）联合社工，保持交流

我们这次的志愿者服务离不开社工的支持。他们已经扎根站点一年时间，与当地的村民非常熟悉，同时也相当了解当地的情况，因此我们工作的开展离不开他们的认同、支持和帮助。同时，由于他们已经有相对完整和长期的计划，因此我们所开展的活动也必须和他们的目的相呼应。因此，在整个服务过程中，我们都和当地社工保持密切的联系，并配合他们开展工作。我们这次服务的主要任务之一是制作植物科普册，就是根据社工所转达的当地孩童所需要的科学知识的普及开展。实际上我们的活动基本上都是根据社工为我们介绍的龙塘村的实际情况和需求而制定的。社工为我们介绍龙塘村的基本情况，让我们能够更快地了解村落，了解当地的需求。

除了从社工那里了解龙塘村的情况以外，我们还配合当地社工的工作计划，为他们所要达成的目标制定活动。在青梅汁的推广过程中，我们根据社工的要求做好活动的宣传、前期准备以及现场派发的工作。只有符合当地的需求，有利于当地的环境、人文资源的保护，才是真正被需要的志愿者服务。而要做到这一点，我们必须结合绿耕组织和世界宣明会所制定的一系列计划，帮助他们在限期内达到希望的效果，只有这样我们的成果才是有效的，是真正能够起到作用的。

（四）根据实际，调整计划

我们团队在出发之前制订的站点服务计划都是在与社工的交流以及站点介绍的基础上制订的。在到达连南站点之后，我们继续和当地社工交流，并结合自己所了解的实际情况及时调整。在这个过程中，老师也给了我们极大的帮助。在老师的指导以及当地的实际需求下，我们团队最终决定集中精力完成植物科普册的制作，再配合广场舞的教学，达到丰富当地妇女生活的目的。但由于当时处于农忙时节，妇女们几乎每天都要下田劳作，而且还要打理家务，因此较难抽出时间参与我们的活动。根据这一情况，我们再次调整计划。每天晚上开展的工作总结会既能够让我们总结一天所完成的工作量，也让我们知道其他志愿者以及社工所完成的工作。在这个过程中，我们也可以根据他们的建议修改自己的工作计划。总的来说，我们根据老师给的指导、社工提供的建议以及实际情况及时调整工作计划，让工作更加符合现实情况，更加贴合现实的需求。

六、效果评估

在志愿服务的十多天里，我们所做的服务和取得的成果得到了当地社工的肯定。植物科普册是大家花费主要心力去做的，制作植物科普册的难度较大，因为没有相关的专业知识，但是大家还是希望可以为龙塘制作第一份植物科普册，可以留给这里的小孩子们阅读。社工也很高兴我们一到服务地点就明确工作任务，着手去做，并且可以留下成品。在和其他志愿者的交流方面，我们配合得很好，也得到了他们的赞许。在志愿服务期间，几次大的活动都是大家互相协作开展的。

在和当地孩子的相处上，他们以十足热诚的心对待我们，我们也以真诚的心对待他们。在来了几天之后，我们都可以叫上小学生的名字，他们也天天到社工站或者我们寄宿的家里玩。中间会教他们练一些散打的拳法，教他们当地的特色棋三三棋（我们是到了才学会的），带他们踢毽子、跳绳，他们也和我们一起走街串巷采集植物照片，宣传各种活动。在彼此的付出中，我们收获了很深的感情。孩子是最容易相处，也是最容易配合社会工作的，平常的时候，我们会和孩子们一起玩，吃饭的时候尽管知道他们还不懂得深刻的人生道理，但还是鼓励他们好好学习，将来成为有用之才。我们走访村子的时候，通常周围都是跟着一群孩子，人还没有到，小孩子的笑声就先飘到了。这是我们感到很欣慰的地方。

另外不得不提的就是龙塘九妹了。在都有家庭重担的前提下，九妹主动承担了很多社会工作。我们很多工作的顺利开展，也都是由九妹带头进行的。我们和九妹一起找植物，认植物；一起唱歌，一起做饭，其间的欢声笑语，我相信会留在九妹记忆中的。从开始九妹害羞不同我们一起吃饭，到我们离开的时候大家一起做饭，一起吃饭，这中间经过了彼此的真心相待与付出。

七、思考与跟进

在龙塘村，我们并没有"神力"可以在十几天的时间改变一个村庄，我们希望做的，是走进这个村庄，了解这个村庄，尊重这个村庄。在这十几天，我们没有为村庄带来翻天覆地的变化，但是我们已经收获了当地村民的信任。有了信任，才有后来做事的可能。社会工作是一个长期的过程，首要的便是将自己融入其中。只有融入他们之中，才能明白他们所思所想，才能了解他们对于改变的态度。也唯有真心融入，才会明白当地村民期盼好日子的殷殷之心，才更有动力在追求"好"的过程中，坚持"苦"日子。

在改变的过程中，是要真正与村民站在一起，以己之心，度人之情，体会他们的辛苦。社会工作本身是极为辛苦的，在这个过程中，大家都是有心的，只要是真正对他们好，无论过程有多艰难，他们最终都会认识到。

在龙塘村，我们见识了社会工作的真实面貌，很辛苦，很缓慢，但是很值得。很希望龙塘能够找到村庄的特色，慢慢发展起来。现在龙塘村已经在寻找更加合适的道路，我们坚信，龙塘村会更好。

八、结语

在龙塘村的十几天，我们给村庄带来的改变远不如村庄对我们的改变多。

这是一个回归生活本身的经历，你会发现原来生活可以如此简单，人们可以如此淳朴。这次的龙塘之行，培育的是一颗关注的心。不是关注城市、关注焦点，而是关注农村、关注被人遗忘的角落。当我们被国际视野浸润太久之后，很容易忘记人文关怀，但这其实是中国的传统。以一颗关怀的心看待这个世界，看到别人的需要，解决别人的需要。

汶川启创·水磨社工站介入
震后旅游宣传服务的研究

一、服务背景

2008 年汶川大地震后，水磨镇按政府规划重建，由原先的第一、第二产业转变为第三产业——旅游业的定位发展。水磨古镇重建的"禅寿老街、寿溪湖、羌城"三大区，被誉为汶川大地震灾后重建第一镇。地震也让四川培育出新的旅游品牌——"地震旅游"，水磨古镇作为其中一个著名景点吸引了许多游客，发展势头良好。但两三年后"地震热"逐渐消散，"地震旅游"渐渐淡出公众视野，水磨古镇旅游业的发展呈现疲态。经前期调研发现，由于2008—2010 年经济不太景气，旅游业发展缓慢，水磨古镇人气较少，大多商户在傍晚就已经关门。但当地居民业余时间休闲娱乐活动较少，尤其本地居民，基本上没有太多消遣，大多都是茶余饭后在周边散散步，到公园活动一下，有些居民会选择到公园公共健身设施活动。在一些空旷的桥上，偶尔能看见一些中年阿姨围在一起跳当地特色的锅庄舞。总体看来，当地居民生活相对单调。

同时，志愿者走访发现，当地老人实际上不乏文艺爱好者。在水磨镇有大大小小自发组织的一些文艺团体，例如夕阳红合唱团、太极团队等。甚至有一位老大爷，在接受志愿者采访时开心地分享道，自己非常喜爱唱歌，表达了其对精神文化活动的需求与强烈意愿。当问到是否愿意参与社区文化活动时，许多受访者表示出积极的态度，家里有小孩的大多会选择带着孩子参与。

根据前期调研情况，结合当地启创社工站的意见与建议，最终确定服务项目——"情系水磨"游园会。此次游园会活动本着满足当地居民实际精神文化的需求，为丰富居民闲暇生活，策划组织具有当地特色的文艺节目，如太极扇、太极剑等；更邀请当地爱唱歌的老大爷进行节目表演，满足其文艺需求；设计开展一系列趣味游戏环节，增加体验性与互动性。在游戏摊位为普及居民居家安全、环保、急救等知识，以及社区服务方面的知识，借鉴"猜灯谜"的游戏形式，特别设置"有奖竞猜"环节。在丰富当地居民精神文化生活之余，我们也带着一点美好希冀——希望"情系水磨"游园会能够吸引外地游客的驻足，甚至短暂地体验和参与，通过这一活动向远道而来的游客传达出水磨古镇人民健康向上的良好风貌，促进当地特色文化的传播，展现和谐温情的古镇氛围，带动水磨古镇人气，助其发展。

二、服务内容

（一）分工

在前期准备中，我们在队长组织下定期进行讨论，来自不同专业不同背景的志愿者们畅所欲言，发表自己的建议，对活动展开设想，并有一个人负责记录会议内容。经过几次讨论之后，策划雏形出炉，再由每一队员进一步修改具体细节。为防止策划脱离实际，队长与启创社工紧密联系，从而确定把握性最大的活动并考虑到当地的交通物流问题，安排方便进行购物的队员提前从网上订购好相应的物品。活动的最后一步确认是结合当地的前期调研，所有队员对策划部分内容进行改进，使得服务内容更具有本土情怀。

与此同时，宣传方案以及物资准备如海报的制作等也相应开展，由一名队员负责宣传方案，其他队员参与讨论、修改，最终经过全体队员的同意确定。具体落实由全体队员分工负责，每个人各尽其长、分工明确。比如擅长做海报的队员负责做海报，表达能力强的队员上街宣传等，之后全体出动，通过张贴海报、分发传单等形式为活动做宣传和动员，使许多水磨镇居民了解此次活动。

在当日活动的具体分工上，按照游戏灵感的来源确定各自的游园会游戏负责人，同时要求所有队员都要掌握熟悉游园会所有的摊位规则；为了保证活动能够照常进行，我们事先对活动的流程进行彩排，并要求各负责人都出一份备用方案以备不时之需；而活动所需的一些大型的用品如音响、遮阳伞、桌椅等依托启创社工完成准备。

（二）前期准备

筹备活动阶段，西南财经大学的志愿者们做了一份完整的活动策划，中山大学的志愿者们也参与了策划的制作与修改。在制作活动策划时，考虑了当地的人口结构、风俗民情、天气因素，并借鉴了以往的活动经验，制订了突发问题应急预案，以备不时之需。并且考虑到当地的交通物流问题，提前在网上购买了当地购买不到的材料，同时与启创社工做好沟通，对需求、物资与场地进一步进行确认。

根据前期的调研活动中关于社区人民生活娱乐需求的调查结果，结合我们已经做好的策划，考虑当地特色文化并最大化地利用好志愿者的自身特长，适当地对策划部分内容进行调整，最终确定通过形式多样的文艺表演与娱乐性游戏，以丰富当地社区居民的生活、满足他们的精神文化追求，举办"情系水磨"游园会，使得最后的效果达到最好。前期通过走巷宣传、贴海报、发传单等方式，让更多的人知道这次活动。

在主持稿部分我们考虑到受众者与相应的语言问题，决定两位主持人一位用四川话、一位用普通话，相互搭配进行主持。在物资上我们多次清点并做好一定的备份工作，以保证活动的顺利开展；还准备了丰富的小礼品，让更多的人受益于此次活动。在活动开展的前期事先进行彩排，以便及时发现问题，从而做好应对措施。

（三）详细内容

本次活动采取游园会的形式，一切都按照策划进行。场地分为主舞台和广场两部分。主舞台开展文艺表演，由启创社工负责联系当地的文艺演出团体——羌城阿姨和太极拳团队。节目包括藏族舞表演、太极剑、太极扇、太极拳等，还有中山大学的志愿者们在前期调研和宣传时邀请的两位伯伯进行唱歌表演。节目表演完毕之后主舞台上继续进行露天KTV，参与者可自由上台唱歌表演，一展歌喉。

广场分为六个游戏区位，分别设置了"吹蜡烛""水中夹乒乓球""猜灯谜""手工""转呼啦圈""兑奖区"，并且各自有相应的别名以吸引参加人的注意："吹蜡烛"称为"一吹到底"；猜灯谜称为"水磨答人"；"水中夹乒乓球"又叫"小黄球大搬家"；"手工"是专门为小朋友设置的，称为"巧巧手"，包括"拼图"和"涂色"；"转呼啦圈"就以"圈圈大转动"来吸引人们的注意；"兑奖区"顾名思义，包括奖品的兑换、套圈赢取物资以及免费拍照。考虑到活动的创新性，我们用拍立得在水磨标志性建筑旁为参与者拍下照片，并手拿"我在水磨等你来""谈恋爱不如跳锅庄""我在禅寿老街吃豆花""我在和谐广场喝冰粉"等创意标牌，期望通过此方式提升本地居民对本地文化的认同感和传承，加深游客对古镇的良好印象，扩大对水磨古镇的宣传，以促进旅游业的发展。

同时，我们也制定了突发事件的应急方案：如果遇到下雨天，时间顺延到10日上午9：30；如果风大导致吹蜡烛游戏无法进行，那么我们就将吹蜡烛游戏换为吹乒乓球游戏；如果宣传超过预期设想，造成现场的拥堵，此时全体志愿者都要注意维持好秩序，保证人员的安全；若参与人员过多，会出现礼品不足的情况，此时交由采购组人员临时采购，用棒棒糖等小礼品替代；还有一个严重的问题是，如果音响设备临时出现问题，将借用当地社工的小蜜蜂和喇叭，冷静处理，随机应变；参与人员如果对游戏规则有质疑，甚至与摊位负责人起冲突，则由活动负责人出面协商解决，以免影响活动的整体进程；前期宣传方案具体分为三个部分，即海报、传单和喇叭，其中因为担心天气原因，海报张贴之后可能会自行脱落，所以需要提前踩点。

三、服务成果

本次大型游园会于7月9日15：30准时开始。虽然当天下午艳阳高照，天气炎热，但是两校志愿者穿着统一的绿马甲早早开始布场，前期的大范围宣传吸引了羌城、老街的叔叔阿姨弟弟妹妹们以及外地来此游玩的游客在活动现场驻足观看。现场气氛热烈，参与人员众多（见图1、图2、图3、图4）。

图1 活动即将开始，工作人员准备就绪，有心急的街坊已经迫不及待地加入游戏中

图2 舞台活动精彩纷呈，由当地老年人组成的歌舞团博得观众的阵阵掌声，同时也满足了老年人对文艺表演的需求

图3 在猜灯谜活动中，水磨居民学习到了环保、急救等知识，了解了一些实用的常识

图4 全体工作人员的合照

这场活动持续了两个半小时，直到结束，街坊们仍没玩够，不愿离去。我们很欣慰举办的这次活动受到大家的喜爱，虽然只有短短两个半小时，但是也为我们今后的服务指明了方向：真正接地气、服务于群众、能够给人民群众带来欢乐和福利的活动。

四、优势

整体上看，这是一场成功的游园活动，吸引了上到老人下到小朋友、广到外地游客的积极参与，丰富了当地居民的休闲娱乐生活，使小镇焕发生机与活力。我们看到了台下一双双鼓掌拍照的手，看到了游戏中参与者的笑脸，反馈表上都是居民对我们的赞许与鼓励。这不断激励着我们改进服务方案，为当地居民作出更大的贡献。

（一）活动筹备

（1）时间和场地设置合理。根据以往的经验，周末水磨古镇游客较多、人流量大。因此将活动时间定在7月9日（周六）下午进行。场地定在当地标志性建筑且面积较大的常用活动场所——和谐广场。和谐广场连接了羌城和老街，因此从两个方向聚集来的居民和游客很多。

（2）详细的策划。在活动筹备前期制定了完整的活动策划，包含清晰明了的日程安排、人员分工，规划合理、权责明确。其中还包括物资清单及预算表、预计困难及应对措施，包括天气状况、活动现场拥挤、物资不足、发生纠纷等各种情况的应对方法，完整全面且操作性强。

（3）摊位设计：手动、身动、脑动三位一体。摊位游戏的设计多样，包括动手的拼图和涂色游戏、活动身体的转呼啦圈、夹乒乓球等，以及活动大脑的猜灯谜游戏，活动丰富多样。

（4）在走访过程中获知居民需求。此次活动建立在前期调研基础之上，即居民平时休闲娱乐生活少，渴望娱乐文艺活动，并且当地有一些自发的民间文艺组织。在了解了居民的需求后才针对性地举办了此次表演和游园活动。

（5）活动宣传。设计了多种宣传方式，贴海报、走街串巷用喇叭喊、调研过程中向各户居民宣传动员，使得当地许多居民都了解这一活动。活动开始前志愿者一批批搬物资从老街经过，无形中吸引了老街的许多商户和居民。

（6）表演类型丰富多样，动员当地群众积极参与，提前联系表演者。本次活动通过社工提前联系了当地的藏族舞团队、太极团队，同时中山大学的志愿者队伍在调研过程中发现并邀请了两位积极参与表演唱歌的伯伯，动员当地居民积极参与，真正成为当地居民自己的文化活动。

（7）两校良好的沟通与合作。从策划到实施、从解决方案到购买物资制作手工品，两支志愿者队伍积极配合参与，在很短的时间内完成了全部的策划、宣传、准备和实施，共同为水磨古镇居民献上了一场热闹的游园会。

（二）活动现场

（1）主持人四川话、普通话双语主持，更接地气。主持人选择了一位会四川话的同学参与，两名主持用普通话和四川话相互配合，既保证了外地游客听得懂，又保证了接地气，效果很好。

（2）现场工作人员反应快、灵活机动。在舞台唱歌的群众不是很积极的情况下，临时修改规则，增加参与露天 KTV 可直接领取奖品，吸引了许多家长带小朋友参与；具体游戏规则的改动如拼图和涂色区位，难度较低的拼图需要拼更多数量才可以顺利通过；人员调配，较清闲的工作人员及时到较忙乱的区位帮忙，西南财经大学的一位志愿者更是在"猜灯谜"的区位做起了规则讲解和秩序维护。

（3）现场气氛组。现场志愿者们组成气氛组，在活动开场积极呼应主持人，使现场气氛高涨，有良好的开端。

（4）给表演者提供水等。表演者都是当地的叔叔阿姨们，社工和志愿者们给他们准备了水等，很贴心，让叔叔阿姨们玩得开心。

（5）活动后快速收场不造成卫生问题。活动过程中和结束后志愿者们都主动收拾清理现场杂物、垃圾，结束后快速收拾了所有物资，还原了一个干净的和谐广场。

（三）活动效果

（1）吸引了大量游客和本地居民参与，大家热情高涨。活动现场参与人数众多，从老人到小孩，从外地游客到本地居民，范围广泛。

（2）给当地自发的文艺组织提供了展示的机会。活动现场不论是从羌城来的跳藏族舞的阿姨，还是人数众多的太极团队，甚至是特意从山上骑摩托车下来唱歌的伯伯，每一个人都盛装出席，阿姨们还化了妆，太极团队统一了鞋服，让我们感觉到了他们对此次表演机会的重视。此次活动也给他们平日的兴趣爱好和训练的展示机会，活得漂亮，玩得开心，希望这些团体都能发展得越来越好，叔叔阿姨们永葆青春活力。

（3）奖品设置合理，当地居民参与热情高。我们购买了许多洗衣粉、香皂、杯子、牙膏、毛巾等生活用品，深受叔叔阿姨们和小朋友们的喜爱，也促进了他们参与游戏的热情。通过这样一种方式给当地居民发放了一次小小的福利。

五、问题与不足

（一）活动筹备

1. 区位游戏设计

（1）低龄化。游戏设计给成年人玩的较少，从海报设计到游戏名字命名都偏向于儿童。

（2）平庸化。游戏形式较老套，没能体现水磨古镇当地文化特色。

（3）难易程度不一，人流分布不均。各个游戏区位游戏设计难度不一致，导致人流在某几个区位滞留，而其他区位人流稀少、门可罗雀。比如区位 5 转呼啦圈（"圈圈大转动"）因为难度系数较高，少有人员参与此游戏；而区位 1 吹乒乓球（"一吹到底"）、区位 3 "有奖竞猜"因难度系数较低、速度较快聚集了大量游戏参与者，工作人员有点措手不及。

（4）内测不够完善。游戏正式内测在举办活动的当天上午，时间很紧，没有预留足够的修改时间；内测时流程走得不完整，仅规矩地走了一遍流程，没有考虑到许多突发情况，如小孩子不遵守规则如何处理等；游戏内测时各区位分别进行，只对自身游戏了解，对整体难易程度的比较不充分，应设置一个游戏者完成所有游戏，平衡各游戏难度。

2. 物资准备不足

活动筹备阶段填写了物资清单，但对活动所需物资预估不足，比如一共准备了两把剪刀，但六个区位都有需要，拉绳、胶带数量不够，兑奖和反馈区没有准备笔等。例如，在兑奖区参与者兑奖前需要填写反馈表，但是到现场布置时才发现笔没有准备，并且后来拿到的笔质量很差，很容易坏，人多时不够用，大家等得比较久，秩序混乱。

这要求我们在下一次准备活动时不能凭空想象，要不断地演练流程以充分了解所需物资的种类和数量，一些常用物品要备齐。

（二）活动现场

1. 表演

（1）表演类型少，较单薄。本次活动邀请了跳藏族舞的阿姨们、太极团队和前期调研时发现的两位自告奋勇来唱歌的伯伯。

（2）表演排列分布不合理。开场藏族舞的阿姨们很好地聚集了广场上的人流，许多居民都从家里和店铺里赶来，许多游客也驻足观看，现场热闹非凡。但第二个节目开始连续三个节目为太极团队的表演：太极拳、太极扇、太极剑。修身养性安静淡泊的节目排到一起，就使刚烘托起来的气氛逐渐降了下来，并且很难再调动现场观众的情绪。这与节目数量较少有关，社工可以加强和当地民间文艺组织的联系，丰富节目数量和类型，继而在节目顺序编排上也要注意动静交错。

（3）设备调试过晚。设备调试在活动当天中午才开始，音响和麦克风都出现了一些问题，用到了备用措施"小蜜蜂"；音响问题也影响了现场气氛。建议设备调试至少要在前一晚进行，以便发现问题时有充足的时间弥补、调整方案。

（4）未给表演者设置统一的休息区和上场区，现场较混乱；未给表演者设置专门的工作人员管理秩序及提醒上场。表演的阿姨们在和谐广场牌坊旁边的长廊下休息，而两位自愿表演的伯伯则在现场流动，常常找不到人。因此应准备一个专门的休息场地，安排一个专门的负责人负责联系表演者、通知上场信息等。

（5）秩序维护。现场小朋友较多，有的大声喊叫并跑到了舞台的红毯上嬉戏打闹。提醒我们下次举办活动时舞台需要有隔离带（可用气球之类的代替），保证舞台的独立性及活动的流畅性；设置机动人员维持现场秩序。

（6）现场可设立气氛组，在活动开场前和现场气氛不那么热烈的时候带动现场气氛。

2. 游戏区位

（1）露天 KTV 略显尴尬。本次游园活动主要面向居民，在水磨古镇主要是商铺经营者和老人孩子，应考虑到方案的可行性。当地居民是否会羞涩不敢上来唱？如何保持舞台上始终有人唱歌？有无准备足够的伴奏曲目？唱歌的风格是否符合水磨古镇的风情？这些问题没有考虑好，就会带来一些问题。活动现场我们发现没有人愿意主动上台唱歌，之后用奖品吸引了一些小朋友上台唱歌但没有相应伴奏，背景音乐过于前卫流行对于古镇的古色古香显得有些不伦不类……究竟什么样的游戏适合当地居民、适用哪些人群是我们需要反复斟酌的。

（2）人员安排不合理。兑奖区和反馈区人员较少，灯谜人员较少。通过完整的流程演练和历次活动经验的积累，合理安排工作人员而非平均分配，预留机动人员灵活安排岗位充当"救火员"；现场工作人员也应更加灵活，哪里需要就去哪里。

（3）规则遵守问题。因为现场很多是小朋友，为了过关和拿奖品，会出现不遵守游戏秩序和规则的情况，比如游戏区位 2 "水中夹乒乓球"（小黄球大搬家），很多小朋友会不绕过障碍物直接通过，第一次工作人员没有制止便导致了之后规则没人遵守，游戏难度骤降，聚集许多小朋友。建议在试玩的过程中尽可能想到多样的情况，并且要设置规则的底线，避免出现不公平和混乱。

（4）关于猜灯谜区位的问题。

① 人手不足。建议最好有 3~4 名工作人员负责该区位，一位负责验证答案盖章，一位负责维持排队秩序，一位负责给有兴趣参加活动的围观者讲解规则。

② 语言问题。有不少老人、阿姨愿意参加这一项活动，但他们听不懂普通话，甚至不少是不识字的，因而在这一区位应尽量设一位会讲当地方言的工作人员，以便讲解规则和读题。

③ 问题呈现方式。此次是以挂纸条的方式呈现题目，存在不少问题。纸条容易被撕坏，不利于二次利用；布置区位时工序多，耗费大量人力和时间；许多参加者撕了题目后答错，要再撕新的题目，工作人员又需要重新布置，导致这一流程非常低效。

④ 规则板的问题。悬挂在游戏区位前的规则板，几乎没有人阅读，而是

直接向工作人员询问游戏规则。出现这一问题的可能原因：规则板太小，没有引起足够的注意（可建议下次将规则板做大）；参加游戏的人根本不在乎规则，只是想盖章领奖品（建议将字谜游戏简化，以更快地满足村民们想要领奖品的愿望）。

3. 语言问题

因为当地很多老人不会讲普通话，所以用四川话与他们交流会更加亲近，也更容易理解他们的意思，让我们的调研和活动进行得更顺畅。因此志愿者在进入当地之前最好集中学习一下当地方言，会简单的交流；分组行动时人员分配要合理，本地人与外地人搭配、方言学习较好的和较弱的搭配，确保活动顺利进展。

4. 反馈表

活动结束后兑奖区设立了信息反馈处，需要游戏参与者和领奖者填一份简单的反馈表。因为参与活动的对象大多是小朋友，还有些老人和中年妇女，加上当地识字的人不是很多，反馈表大多需要志愿者帮填（类似一问一答），导致人多的时候，现场秩序混乱。建议反馈表的制作尽量采用打分评星制，例如对某某环节打多少分，简单直观，参与者容易理解，活动方后期统计也更方便。

（三）效果检测

1. 目标人群

举办晚会或者活动前需要明确活动的目的和服务人群，并有针对性地设计活动。本次活动的目标人群为社区居民，并且多为中老年人和小孩群体。因此在设计表演和游戏区位时应考虑到二者特点。既要有适合孩子的活泼偏低龄化的游戏，又要有适合中老年人特点的游戏。并且也要考虑到当地中老年群体识字很少这一情况。而我们的游戏设计只照顾到了小孩，整体游戏偏低龄化，如区位1吹乒乓球（一吹到底）、区位2水中夹乒乓球（小黄球大搬家）、区位4手工（巧巧手），以及区位5转呼啦圈（圈圈大转动）。游戏本身老少皆宜，但游戏名称和海报制作都透出一股"成人勿近"的气息，因此整场游园会更像是孩子们的大聚会。除此之外，灯谜摊位的设计也忽略了当地中老年居民识字较少的情况，因此参与者也多以孩子为主。

因此，活动设计时应做到目标人群的细分，哪一个活动主要对应哪一人群需要仔细考量与均衡，而这一前提是建立在对目标人群特点及其需求的充分了解之上。

2. 满足需求

在前期调研过程中，我们发现当地居民休闲娱乐活动较少，精彩热闹聚拢人气的文艺表演也较少，因此结合志愿者自身特长和水磨镇居民实际需求以及当地特色文化，举办了本次"情系水磨"游园会。而在实际操作过程中，文艺表演数量较少，游园会开场时聚集了很多居民和游客，然而随着节目的结束，人群逐渐散去，没有达到预期。这与当地民间活动团体仍较欠缺有关，社工可以在培养民间文艺团体方面有所作为，如提供活动场地、定期组织培训，以及定期组织大型社区活动，邀请民间文艺团体等，都有利于培养当地文艺组织的兴起和繁荣，真正达到满足居民精神文化需求、传承当地民俗和特色活动的效果。要结合历次活动的经验，并在日常工作中了解居民的真正需求。

3. 传播文化

举办游园会的目的之一是向小朋友和游客宣扬水磨当地文化，强化水磨特殊文化底蕴、培养小朋友对当地文化的认同感和传承精神，也为游客提供一个了解水磨的机会——水磨古镇不仅是一个环境优越的旅游景点，更是凝聚了川蜀特色、藏羌文化、震后兴建特征的集大成者。因此在活动设计特别是猜灯谜环节，我们设置了许多关于当地民俗的问题，以及拼图部分准备当地特色的服饰、建筑、图腾等图案。但最终发现由于问题设置不够合理，没有找到文化精髓和能引起人们共鸣的地方，以及可能由于当地居民并不认为自身文化特别，因此没有达到很好的效果。在增加居民对当地文化认同感的方面依旧任重道远，这也是社工站可以努力的方向之一。

4. 传播知识

我们还期待通过本次游园活动传达给居民一些生活小常识，这也是设置猜灯谜这一环节的核心目标。在问题设置方面都是难度中等偏下的生活小常识，还意图设立知识板让大家现场进行学习和了解。然而当地居民可能更注重领取奖品，挑选简单的问题进行回答，回答错误也不在意正确答案是什么，因此偏离了本意。猜灯谜这一游戏区位更多是活跃现场气氛、集印章领奖品的一个重要环节。在怎样更好传达生活知识方面还需要继续探索更为可行、接地气、接纳度高的方式，与社工站举办的定期讲座相结合，达到更好的效果。

（四）两校沟通

本次游园活动由汶川启创社工站、西南财经大学、中山大学的志愿者们共同举办，西南财经大学的志愿者们在前期活动筹备中付出了很多心血，中山大学的志愿者也提供了方案并且在决策和实施过程中积极配合。两校同学前期沟通较好，但在活动举办当天出现了一些沟通上的问题，因为布场和收场时间两校不同步出现了一些小问题。

在遇到这种问题时，两校的队长应该及时安抚队内成员情绪，并且两队队长应该以客观理性真诚的态度进行有效沟通。但很遗憾的是两校的队长都没能很好地安抚队内情绪，让摩擦持续发酵直到社工们介入。队长的缺位导致双方的不理解没能及时消除。

在今后的合作中，两支学校的队伍应主动增进了解、培养融洽的氛围，形成互为队友、目标一致的整体。社工也可以从这方面入手，在两支队伍见面时设计更多合作完成的任务以培养友谊和信任。当不可避免地遇到目标不一致和摩擦时，两队队长应发挥主导作用，自身不能陷入冲动的情绪中，要冷静处理，及时沟通，消除误解。如需要社工介入时，社工可以提供两队队长坐下来协商沟通的机会，低调冷静处理。

六、反思与建议

本次大型社区活动主要的问题是两所学校在合作上不够紧密，导致最后活动举办时出现一些小瑕疵。首先，没有形成系统的执行细则，存在人员分工重复的问题，导致现场出现岗位缺失的情况，物资的分配也没有落实到位；其次，活动开始前没有进行足够的彩排内测；最后，活动的应急机制较差，对于可能出现的状况没有进行预先评估，并给出对策，导致现场出现状况后应变能力不强。

主要原因在于前期准备工作不够完备，故建议：其一，在策划时应对可能出现的状况进行预估并给出可行的应急方案；其二，除正式策划外应另外准备一份执行细则，将人员的安排与物资分配细化到点，确保人手一份，所有成员清楚活动的流程与所在岗位；最后一个正式的活动内测十分必要，且在该内测中，活动策划者必须以一个参与者的身份参加，抛去策划者的身份，从参与者的角度体验该活动的不足，以期改善。

总而言之，本期水磨站点"麦芒行动"以调研为主，服务为辅。服务不足的原因有三：一是前期准备的服务内容只对当地社工进行了简单的交代，导致实际可操作性的偏颇，最后因不可行而放弃原计划。二是两所学校的分工有所侧重，但沟通交流不够。三是我们无法在短时间内了解当地深层次需求并设计出对当地人生活有长效性改变的服务。

针对以上三点，提出对应建议如下：第一，前期与当地社工的交流应尽可能深入，最好能够设计出一个较为成型的方案予之考量。第二，若再遇类似情况，两所学校可以提前交流沟通，进行破冰，更好地建立友谊关系。第三，传承因此变得尤为重要，每一届所得到的当地信息都应该尽可能多地传递给下一届。"麦芒行动"所要做的不只是短暂的出现，如果可以通过一代代"麦芒人"的努力，为当地人提供一些切实可行的长效性服务，真正惠及当地居民，也不辜负启创社工站对我们的支持和帮助，不辜负一届届志愿者的努力。

汶川启创·水磨社工站介入
居家养老服务的研究

一、服务背景

水磨镇是坐落在四川省汶川县南部的岷江支流寿溪河畔的一个小镇，早在商代便有"长寿之乡"的美誉，时称"老人村"。2008年汶川大地震中水磨镇作为地震灾区，在震后得到了佛山市的对口援建，打造成了现在四川省内的一个5A级景区。但是水磨镇本身旅游业不温不火，年轻人在外打工的现象较为普遍，当地家庭的人口结构发生了很大的改变。

目前，整个水磨镇60岁以上的老人有1700多位，分散在水磨镇2个社区和18个高山村落中，而且老年人类型较多。经初步了解，主要分为古镇老街上经商的老人、居住在马家营和羌城的失地老年人、居住在高山村落以种地为生的老人以及镇上部分老年精英。在水磨镇，老龄化现象相对突出，老年人口占比大，而水磨社区的老龄化更是相当严重，老年人口占总人口32%左右，同时老年人中贫困户较多。这些老年人大多数没有退休工资，以儿女赡养为主，享受一定的政府补贴，一部分依靠养老保险。因此，政府所领导开展的居家养老服务就显得尤为重要。

2014年四川省开始通过"政府购买服务"的方式大力推广居家养老服务，其对象主要为三类老年人：60周岁以上的散居城镇"三无"老人、散居农村"五保"供养对象；60周岁以上的居家养老城乡低收入家庭中的失能、残疾和独居老人；城乡低收入家庭中80周岁以上居家养老的老人。而水磨镇在2008年汶川地震后的工作重心是灾后重建，在有所成效后配合上级政策倡导大力发展居家养老服务，至今已有3年；近几年也同时开展精准扶贫政策，但是因为农村相隔较远、老年人文化水平有限，在汶川县开展的项目如"一块送米"

"助力联通"等，并不是很符合水磨社区的特点，所以水磨社区成立居家养老服务协会，其与老年协会、老年日间照料中心"三合一"，从而实现资源的高效利用。同时社工站的入驻，也帮助政府就以上两个政策加以实施与执行。

二、服务概述

基于此背景，我们经与社工站的讨论协商以及 2 天的上山寻访，针对老人养老模式多样、贫困户较多而情况各不相同的实际，确定了以"养老"和"精准扶贫"两个方面为主题展开调研，并协同当地社工对当地的居民与老人进行服务以及完成社工站的一些任务。

在为期 10 天的调研中，我们在前 3 天里与当地社工一起走进黑土坡村、大槽头村等村落探访老人，并协助当地社工完成老人个人档案以及走访服务资料卡的填写和归档。随后"老友乐为活动"相继开展，我们分组随着当地书记以及几位老人分头前往多位特贫户的家中进行探访交流，查看情况、进行慰问和赠送探望品。探访结束后，我们归档了每一位受访老人的信息，并整理出在扶贫政策和养老上的相关信息。

在接下来的一天中，经社工站的提前沟通，我们得以前去当地居委会与水磨社区书记和老人协会的兰爷爷分别进行了单独的长时间采访。从访谈中我们获取了更多政策上的详情以及当地政府执行情况等信息，同时也让我们对当地老年协会和其工作内容有了更多的认知。

随后，羌城的"亮灯计划"也随之进行。该活动由我们与老年协会合作共同开展实施，背景源于羌城居民楼楼道照明灯存在的问题，这也是羌城在汶川地震重建后出现的后期维护不到位的一个缩影。在为期 3 天挨家挨户的探访调查后，我们最后整合出了一份包含楼道灯以及路灯等一些周边问题现状和提议的报告书，并将其上交到了当地政府进行反馈。

最后，古镇上举行了"水磨镇中老年人夏秋季养身保健防病知识讲座暨文艺汇演"活动，我们也参与了活动的前期策划准备，并于活动当天负责搬运物资及布置现场。该活动给老人们普及了许多养生相关知识，也给老人们带来了许多精彩的演出。在当天的文艺汇演中，我们也展示了准备数日的歌唱与舞蹈表演。

除以上较为重要的活动外，为了能够使我们在调研中收集到的信息更加全面和详尽，在社工的帮助下，我们也对当地居委会的曹先生和马营村的村委会主任进行了访谈。在间隙中，我们也分组对古镇中生活卖菜的老人和一些非贫困户的老人进行了探访。同时，就当地原福利院、现改造为私营"福利大酒店"一事，就其现状以及改造缘由进行了咨询。

三、服务内容及成果

（一）村落走访与老人探访

1. 村落走访

水磨镇共 2 个社区，18 个行政村。水磨社区包含所有在户籍制度下的非农业人口，与政府及政策关联较为紧密，其居委会也会联合老年协会和社工站对整个水磨镇上的老人进行调查，提供居家养老服务和社会保障。此次村落走访活动，由我们与启创社工站密切配合展开，其调研对象主要是居住在各个村落的 80 岁以上老人。

地处山区，水磨镇村落分散在各个山头，而每个村落又分别由村落集中分布区与分散居住区构成，村民聚集性不强。在这样特殊的村落以及村民分布情况下，在当年 7 月 13 日、14 日的村落走访活动中，为寻找散居各处的服务对象，小组成员和启创社工翻山越岭，最终完成了对 12 位（村落走访时，因部分老人家中空无一人，探访无果）80 岁以上高龄老人的资料收集（见图 1）。

图 1　志愿者探访村落老人

在村落走访时主要从以下几个方面提问：老人基本信息、老人身体状况、家庭状况（含收入以及日常生活）、对扶贫政策的认知和其对自己的影响、对养老的看法。同时也会以"拉家常"的方式更加立体地了解老人信息。活动结束后制成如下汇总表格（部分，见表 1）。

表1 水磨镇老年居民基本情况汇总表（部分）

姓名	年龄	性别	民族	兴趣爱好/朋辈关系	健康状况	家庭状况	精准扶贫方面	养老方面	其他
C爷爷	82	男	藏	前往附近寺庙，参与活动，吃斋饭	患白内障，近两个月身体状况较差	育有四子一女，二儿子早逝，与二儿媳一家一同居住；余儿女皆在外各自成家；依靠种地、养猪以及子女务工获得经济来源	二儿子是精准扶贫户；认为扶贫对象选择欠灵活性；进行具有获得就业性，孙女获得就业保障；卫生局、民政局相关人员曾来探访	与二儿媳一家一同居住；对养老院基本了解，但认为住养老院必要性不强	单户
D爷爷	85	男	汉	腿脚不便之后较少找朋友聊天	眼、耳等身体机能受损，右半身腿脚不便	育有三子，皆常年出工此，一人独居（但与自己兄弟居住处相近（很近）老年人、老子部补贴	精准贫困户，但对扶贫政策了解较少；生活上有扶贫、补贴。政府送米送油	对养老院不了解；愿意与自己的家人一同居住	因扶贫无法报销医疗检查费用而不愿去医院接受治疗；震后重建房屋的过程中给子很大的补助
D爷爷	84	男	汉	与朋友偶有来往	多病	膝下无子女，侄子一起生活；与兄弟、侄子一起生活；兄弟及其子女提供基本生活保障，政府也会提供补助	为五保户；享受政府每年度950元补贴；政府相关人员以及部分社会人士会带油、米前去探望；过年时收到政府400元红包	政府提议让老人前往养老院，但老人自身不愿意前往	与段某为兄弟关系

续表

姓名	年龄	性别	民族	兴趣爱好/朋辈关系	健康状况	家庭状况	精准扶贫方面	养老方面	其他
L爷爷	85	男	汉	打牌, 打麻将, 喝茶; 朋友众多, 常一起打牌、聚餐	健康	育有一儿四女, 均在外居住; 种田、养猪, 能独立生活, 但也享受到政府补贴;	1. 社保政策: 农村养老金每月75元 (70岁) +50元 (80岁) =125元; 2. 政府关怀: 会有领导去送油、米	1. 养老院: 政府供养老人是好的, 但已有子女赡养, 不需要; 2. 一儿四女, 逢年过节一家人一起住	
L奶奶	81	女	汉	不会打牌; 赶集时遇到熟人一起聊天	高血压; 眼疾	育有四个子女; 与二儿子一家一同居住; 二儿子外出务工, 其余儿女各自成家离开	1. 曾患病, 与儿媳生活一起, 当时也因此被评为村里的贫困户; 2.2014年当只上门送过油和米, 没有其他实际政策; 3. 知道贫困户是开村民大会时, 所有人一起选出来的; 4. 之前所承诺的养殖技术等帮助都没有实现	知道隔得较远的县城有养老院; 家里还有人照料, 不会去养老院; 觉得待在家里更习惯	医保比较贵, 所以只有她和儿媳两个人买
W爷爷	82	男	汉	很少有朋辈间的交流走动	身体瘦弱; 曾因胃穿孔做过手术; 食难下咽	育有五个子女; 与小儿子一家一起居住; 有一儿子卧病在床, 靠打工以及养猪、养鸡挣钱; 儿女成家后逢年过节回家	1.2016年被确定为精准贫困户; 2. 提供有条件性的养殖类、建设性医疗、教育补助; 提供无息贷款; 3. 政府部门提供扶贫回馈; 4. 家禽产量达到一定数目不再享受补助, 生活基本走上正轨	对养老院不了解; 认为比较远, 不方便; 更愿意在家中和家人一起生活, 祖辈都生活于此, 不愿离开	

2. 老人探访

老人探访活动是以老人志愿者探访村落、重点服务老人的形式进行的。该活动是社工站、社区居委会和老年协会三个群体合作的活动，初衷是老有所为，尽可能发挥老年人余热，使其参与志愿服务，帮助需要帮助的人，同时温暖孤寡老人。今年暑假的老人探访活动小组由老人志愿者、水磨站社工和博雅项目水磨站志愿者组成，由于需要前往十几处位于不同山上的人家，志愿者分为三组分别进行探访。下面分为对象和成果两个部分具体加以介绍。

服务对象是由老年协会在 200 名高龄老人中确定的 12 位特困老人，志愿者对他们进行慰问并赠送牛奶。但在实际探访中，由于一些老人不在家中，可供探访的老人只有 9 位，分别居住于大岩洞、牛塘沟、连山坡、陈家山村、高峰村、灯草坪村、大槽头村等大山中。由于时间等客观因素，实际上仅有 7 位老人接受了我们的探访（见图 2）。

图 2　志愿者与社区姚书记一同探访特困老人

第一位老人 Y 爷爷，77 岁，未婚独居，五保户，扶贫政策上每年补助 4600 元，也有送米、食用油；灾后重建由民政局拨款 1 万元；政府人员如社区书记等前来看望访谈，主观上对扶贫政策评价是很感谢政府；独居在山上，交通不便，很少下山。Y 爷爷房屋存在漏雨、地面碎烂、道路不通等问题，老人志愿者表示将会反映给政府，将其居住地修整成水泥地。

第二位老人 P 爷爷，聋哑，养蜜蜂，其他信息未知。

第三位老人是 M 奶奶，81 岁，有六个儿女，与女儿同住，非贫困户，非五保户，在养老方面是居家养老，其他儿女开饭馆，逢年过节不常回来，会打电话和汇钱。

第四位老人 W 爷爷，五保户，膝下无子女，又患有眼疾，所以被算作五保户，现在与弟兄一起住。

第五位老人 X 爷爷 80 岁，配偶刘婆婆 75 岁，精准扶贫户。扶贫政策：①房屋修缮；②一年 3000 多元的补贴，每半年 10 斤米，10 斤食油；③产业扶持 80 只鸡；④定点医疗免费；⑤教育助学金及夏令营等；⑥预计 2018 年脱贫；⑦自己平时也会将补贴的钱存起来，为孙子将来打算。老人对政府政策表示感谢，但觉得医疗无法满足家人需求，希望继续享受国家政策补贴。

第六位老人 L 爷爷，61 岁，精准扶贫户，五保户，老伴因病过世。儿子有疾，全身乏力，几乎不能外出，无法劳作。老人自身也身患疾病，全身无力，无法劳作，仅能偶尔与儿子做些简单的家务。曾几次看病，并未医治好，必要时买一些应急的短时效药物。全家人仅由老人的哥哥照顾，老人哥哥每天的工作任务相当繁重，需要种地，为两人做饭，前去赶场买菜卖菜。在扶贫政策上有油米与粮食补助，有社工和一些周边工作的人照顾，帮忙做饭打扫房屋，每月会有经济补贴。

第七位老人 C 爷爷，75 岁，精准扶贫户，家庭情况较差。儿子为弱智，2 级残疾；妻子聋哑，1 级残疾；本人患有心脏病等多种疾病，发病时四肢无力，为慢性疾病。曾患有肠胃炎，在肠镜检查后取得一定效果。老人几乎一人撑起整个家。在扶贫政策上每月享有五保户补助；有医疗保险，享受免费医疗；有低保费，家庭里有残疾人补助，有 60 岁以上老年人补助。

老年志愿者细心地与老人们聊天，普及政府相关政策，了解身体状况、日常生活情况；也拉拉家常，与老人共同追忆峥嵘岁月。每个时代都有每个时代的印记，因此同时代的人更有一种难以名状的亲切感。担任老年志愿者的老人们都是老年协会的成员，大多曾担任过官医工等非农职业的人，他们在退休以后，依然有着一颗甘于奉献的赤子之心，像一把火一样驱走特困老人们的孤单凄寂。

3. 成果与意义

（1）收集老人基本信息，整合老人资料卡。由于水磨镇存在部分村落分散在不同高山上的现象，给社工站采集居家老人的资料带来不便，所以我们在三天的村落走访与老人探访中协助社工站完成了合计 18 位老人的基本信息收集。对于社工站而言，这样做能对老人们进行初步的了解以及需求评估，便于以后更有针对性地开展对他们的服务。

（2）从调研需求出发，提供宝贵资料。鉴于服务前期我们团队的调研主题比较模糊，但已经确定主要围绕在扶贫和养老两方面，因此三天的走访相当于我们的预调研，能帮助我们从前期的探访中更深入地了解当地老年人现状，明确调研主题，并最终在调研报告的撰写中提供有效例证。

（3）从探访中发现问题，向相关机构进行反馈。在探访过程中了解到不少问题，比如在谈及精准扶贫户的评选和入住养老院的问题时，部分老人态度消极，多认为贫困户的评选存在"潜规则"、入住养老院对子女的名声不好的情况。针对这一情况，我们将老人们反馈的问题收集起来，并在后期与老人协会会长、水磨社区姚书记等机构负责人的会谈中进行反映，间接为老人的生活水平改善出一些力。

（4）给予老人情感关怀，丰富老人生活。在探访中我们发现老人们的生活并不丰富，基本围绕在看电视、种地上，连上街逛、与朋友"摆龙门阵"（当地话，闲聊）都少有。而尽管我们与老人的聊天持续时间并不长，但还是能从中感受到老人们对于交谈的热情以及离别的不舍。在老人探访中也明显感觉到老人有与同龄人"摆龙门阵"的需求。

（二）羌城"亮灯计划"

1. 服务背景

羌城是佛山市对口水磨镇援建的社区，其住户主要是马家营村因阿坝师范学院建设而搬迁至此的村民，同时也包括其他村落村民、社区居民、暂时租户、政府单位等，大约1/5的住户都是60岁以上的老人，青壮劳动力外流严重。"亮灯计划"是由启创社工站的社工针对羌城路边和楼道里电灯故障问题所提出的一个解决方案，希望通过实地考察、问卷调查、入户访谈的方式了解电灯故障原因、收集真实数据以便给政府提供一份翔实的报告书，争取水磨镇政府的帮助，尽快解决电灯问题，点亮羌城。

2. 服务概述

"亮灯计划"的开展时间是7月19~21日，为了确保样本量充足，本队选择了多个时段去羌城所有街道进行入户访问，分别是水磨路、荷城街、桂城街、森城街四条街道，共得到31份有效问卷，涵盖了不同类型的住户，这些数据使我们全面了解到电灯长期故障存在的原因及居民对解决方法的意见。

具体而言，羌城电灯故障主要表现为以下三点：街区路灯大面积瘫痪、楼道线路老化或残损、楼道灯损坏以及乱接线情况严重。出现上述故障的原因主要在于居民认为电灯与线路属于准公共设施，应该归片区电力专员管理。然而，电力专员却认为属私人设施，应由居民自行协商解决，双方认知的差异导致电灯无人管、无人修；另外，划片区管理制度与户籍制管理制度在社区中相互交叉，同一片区、同一问题可能涉及多个基层组织和政府部门，因此在处理问题时存在沟通及量责方面的困难。居民的意见也是和家庭情况密切相关的，住在高楼层的、家里有老人小孩的，会更愿意自己解决楼道灯的问题，而楼层较低或可借助手机等其他工具的家庭则更加依赖于政府出面解决这一问题，对于路灯则没有人主动维修。尽管住户对于不同的情况有不同的期待，但是总体来说都希望能够获得政府的支持，在大家齐心协力的情况下，自己也愿意出一部分费用。

3. 服务成果

结合实地考察、问卷调查、入户访谈得到的数据和信息，我们撰写了一份《羌城亮灯计划报告书——防范危险于未然，爱在老人跌倒前》。在报告书中，我们针对电灯故障的不同情况提出了相应的解决方案，如表2所示（节选自报告书）。

表2 羌城电灯故障解决方案

序号	对象	现象概述	责任人
第一类	街区路灯	大面积瘫痪	电力公司片区专员与政府人员
第二类	楼道线路	线路老化或残损，用电不安全	电力公司片区专员与政府人员
第三类	楼道灯	私人接线问题与搭便车问题突出	网格化管理专员与住户

针对第一类情况，因为该片区公共设施在镇政府有专门对接管理的人，电力公司也有负责羌城电力设施的专员，因此应在政府人员的推动下，由电力专员进行整个片区的排查并加以整修，后期进行定期的追踪，经费由政府支出。

针对第二类情况，要解决楼道线路老化、残损问题，需要专业人员操作，而且这往往并非由住户自身造成，因此可以被纳入公共设施范畴。但是考虑到羌城住户规模较大，进行逐户排查耗时较多，建议事先发布公告，确保宣传到位，要求住户在一特定期限之前，将线路安全问题上报村委会或网格化管理专员，后者收集汇总后，再按照第一类情况的解决办法操作。此项工作可每一季度或每半年进行一次，以实时追踪，为居民提供更加安全舒适的居住环境。

针对第三类情况，事实上，特别是高楼层的住户，往往已经自行解决了该问题，定期更换灯泡，有的是全凭自愿，有的是与邻居协商。通过我们的采访，如果只是换灯泡，成本可以控制在 50 元以内，如果还要考虑私人拉线的问题，成本也可以控制在 200 元以内。但是私人接线存在两个弊端，其一为用电安全不能保障，其二为有一些私人住户在屋内设置开关，其他人无法共享。因此，这仍需要政府的介入，但是居民之间的协调更加重要。

从这一次的入户访谈中我们还了解到与高山村落老年人相比，羌城老年人的生活状态更好一些，接受访谈时大多表现得非常热情。尽管楼道灯出故障在一定程度上影响老人们外出娱乐，但是由于羌城里的老人物质生活条件相对较好，加上老年协会等社会组织的宣传比较到位，精神生活相对丰富。所以说，羌城的建设发展是有目共睹的，虽然存在基础设施不够完善、行政管理不够明晰的问题，但是我们相信在政府的支持下能够尽快点亮羌城，令羌城居民生活更加安逸。

（三）知识讲座及文艺汇演

1. 服务对象和职责分工

在我们抵达水磨镇后的见面交流会上，启创社工站与我们沟通了大致的服务内容；而在社区活动开展的前几天，我们又多次与社工召开了简短的分享会，调整了服务时间，讨论决定主要面向参加老年协会的中老年人，以知识讲座联合文艺汇演的形式展开这次社区服务活动，并交流了活动的流程、明确了活动地点和具体的分工。

在前期准备中，策划组织的工作主要由当地社工完成，由社工负责联系老年协会和汶川县中医院的工作人员，而我们作为服务志愿者负责协助活动的举办，并参与文艺汇演活动，准备两个表演节目。我们选定 2015 级李同学作为节目负责人，节目表演形式和内容联系当地老人的生活和文化背景，并由大家推选，再由她负责具体编排和监督跟进。采取这样的负责人制度使节目排练更具高效性，同时安排专人负责音频剪辑。

在当日社区活动的具体分工上，我们作为知识讲座和文艺汇演的场外协助人员，对队员进行了分工：由 2016 级申同学负责到场老人和相关工作人员的签到；由 2016 级李同学负责协助摄影采风；又由 2016 级庄同学负责现场，维持现场秩序；同时，设置气氛组和机动组，负责调动现场气氛和场地的布置、发放矿泉水与资料等，而一些大型设备如音响、桌椅等则由启创社工站负责。

2. 前期准备

我们作为服务的志愿者，需要做的前期准备主要是排练节目、搬运物资和场地布置。

在之前多次的分享交流会上，队员们各抒己见，提出了许多关于节目表演形式和内容的建议，最终结合水磨当地老人的生活和文化背景——年龄多为60岁以上，且多数经历过新中国成立前的战争和汶川地震的灾难，对党和国家多怀感恩之情——所以我们讨论决定了《红歌串烧》的歌唱节目。我们选取了一些经典的红歌、老歌合唱，这样更能引起老人们的情感共鸣，使我们的服务内容更加符合老人的精神需求；同时我们尝试加入新兴的娱乐性强的舞蹈，娱乐老人和大众，让老人感受到外界充满活力的新事物，丰富老年人的日常生活。为了保证节目质量和服务效果，我们在每天的上下午或晚餐后抽出空余的时间，进行多次排练，并从中及时发现问题加以改进。同时，安排有音频剪辑基础的队员准备相应的伴奏，充分发挥每位队员的优势特长。

在当日活动正式开始前，我们提早半个小时到达活动场地——水磨镇万年台，从社工站搬运如音响、凳子、桌子和矿泉水等物资，并悬挂"水磨镇中老年人夏季养生知识讲座暨联谊活动"横幅。随后队员们按照分工，部分人员与社工一起调试音响设备和录像设备，提前上传剪辑好的音频伴奏，部分人员开始摆放凳子、桌椅等，布置场地；考虑到当时的天气条件较为炎热和酷晒，为了避免老年人出现中暑等身体不适的情况，我们决定修改方案，将凳子摆放在背向万年台的阴凉处（见图3、图4）。

图3　主持人、主讲人现场筹备中　　　　图4　调整后场地布置方案

3. 服务活动流程

本次社区服务活动——"水磨镇中老年人夏季养生知识讲座暨联谊活动"的活动流程以讲座和文艺汇演穿插交替的形式编排，有利于充分调动听众的兴趣，做到"知识""娱乐"两不误，具体的活动流程如图 5 所示。

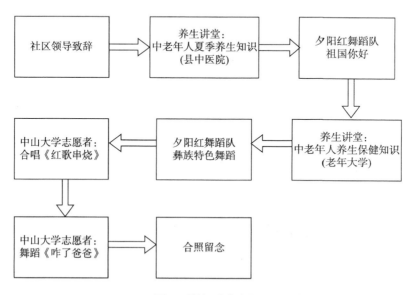

图 5　服务活动流程

4. 服务成果

本次社区活动第一次尝试在户外举行知识讲座等系列活动，突破以前在室内封闭式的演讲模式，结合文艺汇演等活动形式，创新性地采用开放式讲堂，真正把知识和欢乐"送到社区中去，送到群众中去"，活动不仅服务了水磨镇的中老年人，而且还吸引了附近的群众、游客、小朋友等驻足观看，展现出水磨当地良好的健康文化氛围（见图 6）。

县中医院的贾医生以中医的视角为老人们详细讲解了夏季的一些常见疾病及其预防方法，并且介绍了一些有益应季的养生保健蔬果、谷物等，增长了老年人的养生保健常识，普及了中医"预防治未病"的观念，从而促进水磨镇的基本公共卫生建设。

我们也邀请了老年学校的现任校长任爷爷为老人讲解癌症、支气管炎和湿气侵袭等老年易发常见病的防治方法，其内容并非晦涩难懂，任爷爷风趣幽默的演讲，以及列举的贴近生活的小常识，让老人们更深刻地认识到一些错误有害的不良生活习惯：如在讲到剩饭剩菜中的致癌物质——亚硝酸盐时，老人们也在议论和反省自己曾经食用剩饭剩菜的行为，任爷爷特别指出这是不好的，从而起到帮助老年人树立良好生活习惯的作用。

在讲座的最后，任爷爷还献上了一首自己原创的小诗《盛赞水磨沟》，并为在座老人发放了《应知应会读本》，起到了较好的宣传教育效果，也使得许多游客驻足旁听。

图6　演出掠影

夕阳红舞蹈队阿姨优美的舞姿和中山大学志愿者欢快的表演让在场的老人们称赞不已。我们在学习之余，既娱乐了大众，丰富了老年人的日常生活，又提供了一个展示平台，满足当地表演团体对文艺演出的需求。

活动持续了一个半小时，吸引了许多小朋友、游客；直至我们收场，仍有老人家坐在一起叙旧聊天。此次活动除为中老年人传授知识、丰富生活外，实际上还创造了一个维护社会支持网络的机会，同时也给我们带来启示：社区活动应该更加开放，从而真正将服务带到社区中去，惠及老年人和街坊群众。

四、服务意义

团队成员开展为期十天的不同种类的服务，其意义主要体现在两个方面：

其一为团队对于不同主体的贡献与团队自身的收获即现实意义，其二为服务对学术调研的铺垫与积累作用即学术意义。

（一）现实意义

1. 服务对象

团队成员通过走访村落和社区的老年人，了解到老年人的基本情况，陪他们聊天，为他们带去心灵慰藉。团队在社区的公共歌舞表演，也为水磨镇的老人、孩子甚至一些青壮年带去了欢声笑语。另外，团队在社工站指导下开展的"亮灯计划"，更是一个公益性与实践性兼具的项目，能够切实改善羌城居民的生活环境。

2. 当地政府

团队成员在服务过程中也采访了当地政府相关人员，结合当地政府的运作情况和政策的实施，以报告书的书面形式和以聊天的口头形式向政府反馈了我们对扶贫与养老政策开展效果的评估，并提出相关政策建议，包括改进政府与社会之间的关系，实现经济创新、人才回流与扶贫、养老政策的齐头并进，以及促进政策的宣传与公民意识的提升等。

3. 社会组织

水磨镇主要的社会组织是指启创社工站、老年协会、居家养老服务协会等，在上述各个活动之中，与他们深入接触。一方面，团队成员亲身参与其活动中，为组织开展服务提供了人力物力的帮助和支持；另一方面，团队也从参与者和观察者两个角度对他们的工作提出建议，包括重新精准定位其自身角色，丰富其服务内容，保证其开展服务的可持续性，推动水磨老年互助网络的建设等。

4. 团队自身

团队自身在此过程中不仅融入了当地的生活，更是获得了全方位的成长与提升。我们通过采访老人与贫困户，对于自身的年龄阶段、物质水平、生活情况有了更加清晰的认识；通过参与和开展各个活动，提升了自身的筹划水平与执行能力；通过采访不同组织机构、不同年龄层次的人员，以及撰写每天的田野笔记、即时的简讯和阶段性的报告书，增强了学术调研的能力。

（二）学术意义

1. 现状概览

除了上述的贡献与收获，团队也在此过程中一次次突破"铁板一块"的猜想。其中，老年人的身体状况、心理状态、家庭结构、经济来源、兴趣爱好、政策支持甚至生活的地理位置都会直接影响居家养老服务的展开，老年人与青壮年之间也在生活满意度、民主意识、政策支持度等方面存在明显的代际差异，扶贫及养老相关政策得到了贯彻却未得到完全的认同与支持……总的来说，团队通过观察法与访谈法获得了翔实的第一手资料，从各个不同角度认识水磨镇的现实状况，为学术研究提供丰富的数据，也为同类地区开展居家养老服务提供借鉴学习的依据。

2. 网络构建

结合团队的服务，我们的调研主要有两个方向，即精准扶贫与居家养老，两者都是目前的焦点政策，在水磨镇得到全面的落实。本来团队成员意见分化，但是切实多方面的服务让成员听到丰富立体的老人故事，看到各个主体的协调合作，感受到当地的长寿文化，认识到养老议题在未来的延续性，最终将居家养老作为主要研究对象，并且构建当地居家养老服务开展的网络。

理论上，政府应发挥领导者的作用，协调好与社会力量的关系，实际上却在较大程度上直接参与了居家养老服务的开展，并出现了经费与人力资源匮乏的情况。而老年协会、居家养老服务协会属于社会团体，应由汶川县民政局直接监督，实际上却由水磨镇镇政府管辖。同时，启创社工站提供的服务主要由县民政局购买，但有一定的自由度，可以结合当地具体情况开展服务，并且与政府人员或其他组织开展了密切的合作。由此，团队将当地居家养老服务的开展构建成一个彼此密切联系的网络，其中政府与各个社会组织之间并没有绝对清晰的界限，彼此协调合作，以实现人力物力的高效利用。而此网络不仅体现在养老这一个方面，同时因为老龄人口与贫困人口的交叉，也体现在扶贫政策的实施等方面，由此形成一个全面覆盖水磨镇发展的立体网络，同时为震后灾区的发展设计提供了新思路。

五、服务反思

(一) 访谈对象

访谈对象不全面，影响结论的客观性。

在走访高山村落的过程中，我们的访谈对象基本是高龄长者，与他们对话使我们直接获得了老年人的身体状况、家庭情况、养老观念等信息，这确实是很宝贵的第一手资料，但由于访谈群体过于单一，我们难以得到全面且客观的结论。众所周知，就家庭结构而言，子女会对老年人的养老方式和养老观念产生重要影响，当子女人数、经济条件、孝顺程度、闲暇时间等因素不同时，会导致老年人拥有不同的养老方式和养老观念。而且，从子女的角度出发，或许会对其父母的老年生活有不同的理解，这正好能与其父母自身的看法相比照，并从双方看法的分歧处入手，进行更深层次的代际分析。因此，老年人的子女也应当被当作重要的采访对象，这是本研究在访谈中欠缺的地方。

(二) 访谈维度

采访维度不完善，部分忽略对象的差异性。

根据社工站提供的老年人信息表格，本研究制定了一份统一的访谈提纲。虽然面对情况各异的老年人时，我们在按照固定的访谈思路，询问相似的问题之外，也会去了解其具体的家庭结构、朋辈关系等信息，有时还能听到具体的个人经历，但是老年人最具体细致的信息，往往没有深入了解。从一般性上讲，老年人具有民族差异、性别差异、家庭背景差异、经济条件差异、生活经历差异等，因应不同的老年人提不同的问题或许更加具体贴切，而非泛泛而谈。同理，我们的服务和研究也应该根据老年人的差异性来开展，例如从老年人的性别差异出发，男性长者和女性长者会有不同的兴趣爱好和社交活动，那么我们可以对男性长者和女性长者开展不同的服务，比如对男性长者开设棋艺课堂、对女性长者开设厨艺课堂。这种因人而异的社工服务将更加具有吸引力和适切性，让大家充分参与、各展所长。而在我们的研究中，也应该考虑到不同性别、民族文化背景的老年人会有不同的养老方式和观念，如果能将这些因素作为考察的维度，我们的研究会更加全面和饱满。

（三）社工定位

社工角色僵化，与政府权责划分不合理。

团队本身是在社工站的指导下展开服务，在几次服务中扮演了或是执行者或是策划者或是推动者的角色。因此，团队也应反思水磨社工本身的定位，这是我们自身服务评估的延展。我们发现，社工更多的是在完成基层政府交给他们的任务，达到一定的指标以通过政府的年度评估。比如，社工探访高龄长者是在完成民政系统收集老年人信息的要求；开展养身保健防病知识讲座也是为响应镇政府的居家养老服务项目的号召……用居委会姚书记的话说就是"政府搭台，社工唱戏"，即政府负责管理和分派任务，社工负责完成任务。可以说，社工在无形中成为政府的下级部门。

然而，这不仅与社工的专业定位不符合，还与今后我国社工的发展趋势不符。社工有其独特的专业思维和工作模式，是村民的同行者。通过扎根社区的工作模式与村民朝夕相处，形成亲密、深层的联结，社工让村民有话想说、有话敢说。因此，社工在评估社区需求上有着突出的优势。相反，基层政府始终是管理者的身份，政府和村民不同的本质属性使双方呈现二元对立的态势，村民难以接触到政府的公务人员，也难以大胆表达自身的需求与期望。由此看来，基层政府在联结村民、评估社区需求上难以与社工相提并论，因此基层政府应该正视自己的职能范围，将属于社工的工作交还给社工，明确二者的关系和权责范围，推动本土社工得到独立、长足的发展。

总　结

　　《我们的田野——行走川桂粤》收录了博雅项目十年以来的优秀研究成果，并整理归类为三大主题，代表着十年来博雅项目的主要研究方向。

　　第一，"灾后物质重建与生计状况"聚焦于 2008 年汶川特大地震灾区与水电站的移民搬迁带来的物质重建与生计状况。

　　灾区的重建，不仅包括修缮与新建聚居点、恢复和发展经济、提高当地居民物质生活水平这些硬性的方面，还包括灾难记忆对居民心理状况的影响，以及转变后的生计方式与当地的适应性这类软性的内容。南坝和映秀都是汶川地震中的重灾区，震后的生计方式都发生了较大的改变，由于当地少数民族众多，民族文化特色鲜明，在外界关注下开始发展旅游业，然而也面临着核心竞争力不足，旅游商业体系失衡，社工撤出后项目的可持续性存疑等诸多问题有待解决。

　　灾区重建和水电站移民搬迁在本质上是一样的，无论是在废墟抑或是他乡，这样一群人都要重新构建自己的经济和文化系统。虽然没有悲痛的灾难记忆，汉源的居民被迫离开故土，迁徙到他乡的新鲁，同样面临窘境。虽然教育和居住条件变好，但当地移民依然反映收入减少、政策优惠不翼而飞、社会保障迟迟不到位、地方政府权力缺位等问题，这些都给移民的生活带来威胁，不能满足他们对美好生活的向往。如何帮助移民融入当地社会，如何为失去生计手段的移民提供生活保障，是移民过渡期必须要解决的问题。

　　第二，"灾后家庭重建"，聚焦人类学传统命题，以"家庭"为主题，综合研究家庭功能在地震后的恢复状况、家庭养育模式、亲子关系，并将研究范围推广到留守儿童和养老问题的研究，审视社会对这两个群体的一般印象，发现普遍问题下的特殊性。在该主题下，收录了南坝镇、水磨镇、新鲁镇三个站点的四个研究。

南坝地区在汶川特大地震中死亡人数高达当地总人口的 10%，无数家庭支离破碎，家庭结构的破坏和家庭功能的缺失是灾后重建不能忽视的一个问题。经过几年的恢复，家庭重新组建起来，但也面临着一系列的问题，儿童抚养和未来的养老问题具有特殊性。

水磨社区新的居家养老体系成熟，"联动启创社工站、老年协会、居家养老服务协会助力，形成四位一体的服务体系"，能够为解决养老问题提供一些借鉴。

三台地区有很多外出务工的年轻人，留下大量留守儿童，在对留守儿童的心理状况调查中，志愿者们发现"留守儿童"这个群体并不总像他们往往被社会贴上的标签一样——孤僻内向、暴躁易怒。他们也有积极乐观、活泼开朗，不应该对这个群体形成刻板印象。同时，在对该地留守儿童阅读状况的调查中也发现，留守儿童的阅读中明显存在许多问题，监护人对教育不够重视，山区教育资源落后，图书资源相对匮乏，都成为当地儿童阅读率低下的重要原因。

第三，"社区发展与文化变迁"聚焦社区发展，通过对当地民族传统文化的研究与考察，推动文化的传承与保护。在该主题下，主要收录了新鲁镇、南坝镇、龙脊地区的三个研究。

新鲁镇乡村精英流动与发展研究，从社会网络资本的视角出发，以社会网络配置资源理论为基本框架，从微观的自我中心网络层面探讨了乡村精英垂直流动和水平流动的过程。乡村精英的流动在农村社区，作为当地社区发展的标志，利于我们深入了解农村生产力水平与社区发展水平。

南坝镇婚丧习俗的研究，全面记录了南坝地区关于婚姻和丧葬的仪式，唤起人们对传统习俗、传统文化的重视和保护，发挥一份人文历史关怀的作用。

关于龙脊地区发展状况的研究，探索旅游公司、管理局、村民、基层自治力量、生态博物馆五个主体在龙脊古壮寨旅游发展中的相互关系，呈现当地传统文化保护和开发的现状，为龙脊旅游业的进一步发展提供了思路和依据。

第四，"灾后社会服务"聚焦社会工作介入灾区弱势群体、日常生活、经济与文化发展等方面的社会服务。

志愿者们在调研地参与社会服务，体验社工的工作，更深入地了解当地社区，并能够参与社区的发展当中。这些社会服务研究记录着志愿者们的所思所感，有的是对社会服务的改进意见，有的是全新的感受与和体验，见证着志愿者们的心路历程，投射着志愿者眼中的当地社会。

　　综上，回顾研究开展的过程，历届博雅项目参与者指出项目中调研存在的问题主要集中在以下几个方面：一是时间不够充裕，历届博雅项目开展活动的时间大多控制在十天左右，时间有限，需要参与者们高效利用时间，提前做好调研的准备工作；二是调研对象样本有限，如何寻找到有代表性的目标，高效开展调研，是需要重视的问题；三是掌握不到调研的方法，博雅项目的参与者来自全校各个专业，除人类学和社会学专业学生外，其他专业的学生对田野调研的方法较为陌生，以至于在具体调研开展的过程中感到无所适从，这就要求我们在今后的博雅项目中重视调研方法的培训，努力让非相关专业的学生掌握实用的方法；四是志愿者在社会服务中的参与度有待提高，部分志愿者在服务报告中指出，社会服务的内容大多由社工制定，志愿者在活动中仅仅作为方案具体实施者，未来应当让志愿者更多地参与社会服务活动的筹备当中，提高志愿者的参与度。

　　"历时九届，回望十年"，博雅项目十年的缓慢萌芽终于结成今日的累累硕果，面对这份丰厚的成果，我们不应该忘记历代博雅人细水长流的付出与努力，不应该忘记烈日骄阳下走街串巷做访谈的他们，不应该忘记在他乡熬夜整理资料的他们，不应该忘记身处逆境却仍怀揣理想的社工，更不应该忘记殚精竭虑的老师们投入的心血。我们要将这份成果继续发扬光大，吸取前辈经验，继续在博雅路上砥砺前行。

后　记

"桃李春风一杯酒，江湖夜雨十年灯。"不觉中，博雅项目已经走过了十年的春秋。这十年，博雅项目走进四川、广东、广西三个省份，把足迹留在龙胜、连州、从化等十余个站点，同时也取得了丰厚的调研成果，得到广大师生的肯定。

2009 年，正值北川灾后重建，第一届博雅队员于南坝、陈家坝等站点驻扎，在重建中的灾区进行访谈和支教。转眼便是 2018 年，历经十年的博雅项目依然朝气蓬勃，并开启了全新的站点。当下博雅项目将目光凝聚在岁月的交织、历史的变迁上，探寻村庄更深层次的故事，书写魔幻又现实的田野篇章。

立德树人，十年同心，博学家国，情以致雅。

博雅十年，是汗水浇灌的十年，也是茁壮成长的十年。这期间，有赖诸位老师为学生提供悉心指导和博雅学员们对"他者"的好奇心与坚定的求学之心，让博雅项目得以熠熠生辉。也要感谢旅途中素未谋面却热情相助的每一个"他者"，让博雅项目走得更长、更远。

十年踪迹十年心，博雅项目在十年间的成长有目共睹，十年或许是博雅项目的里程碑，但绝不会是终点。它为中山大学学子体验"第二生活"，以全新的视角洞察"他者"提供桥梁，为感受学科交融、思考行走世间的意义提供机遇，必将日久弥新。

笔者虽然是本项目的策划者和组织者，但每一次活动是由张斯虹、海珊、李粤丹、李玉芝等老师具体组织和实施的，她们是真正的功臣。在此表示感谢！

博雅十年，在此特别感谢陈春声书记、颜光美副校长、余敏斌副书记、朱孔军书记、陈敏部长、钟一彪部长、莫华部长、陈慧副部长、陈昌龄副处长、侯志红书记、漆小平书记、张斯虹书记、黄毅主任，以及学院张应强院长、罗振忠书记、郑君雷副院长、海珊副书记、蔡禾教授、张振江教授、刘志扬教授、张和清教授、梁玉成教授、程瑜教授、杨小柳教授、贺立平副教授、余成普副教授、王兴周副教授、裴谕新副教授、万向东副教授、夏循祥副教授、祁红霞老师、黎玉河老师、香港理工大学杨锡聪老师、成都社工站社工等对博雅项目的热切关注与大力支持！感谢社会学与人类学学院团学联学术部的全体部员和陈媛媛博士对本集编写提供帮助！

周大鸣

2018.11.19